지은이 앨런 울펠트Alan D. Wolfelt

애도 상담 전문가로 활동하는 실천가이자 교육자. 북미
콜로라도대학교 의과대학 가정의학과 임상교수로 재직하면서
콜로라도주 포트콜린스 소재 상실과삶의전환센터Center for Loss and
Life Transition를 설립·운영하고 있다. 공공기관과 미디어, 그밖에
호스피스·병원·교육기관 등에서 폭넓게 애도 관련 워크숍을
진행해 왔고, 상실의 슬픔을 이해하고 다루는 법에 관한 그의
저술들은 전 세계 여러 언어로 번역되어 사별로 고통받는 이들에게
도움을 주고 있다. '치료'보다는 '동행'의 관점에서 애도자들과
함께할 것을 주장한다.

『슬픔의 우울』The Depression of Grief, 『슬픔을 이해하기』Understanding
Your Grief, 『사별자와 동행하기』Companioning the Bereaved, 『슬픔의
유령들이 드리운 그림자 속에서 살아가기』Living in the Shadow of
the Ghosts of Grief 등 50여 권의 책을 썼고, 국내에서는 이 가운데
『애도의 여정에 동반하기』와 『오늘의 애도』가 출간되었다.

옮긴이 김경희

이화여자대학교 철학과와 동대학원을 졸업했다. 현재 한국상담대학원
대학교에서 철학과 문학을 아우르는 인문학과 상담의 접점을 넓히기
위해 다양한 시도를 하며 학생들에게 인문상담을 가르치고 있다.
『논어는 아름답다』『문학, 내 마음의 무늬 읽기』『동양철학산책』
등을 공저로 출간했고, 『도덕경의 철학』『장자, 사유의 보폭을 넓히는
새로운 장자 읽기』『장자, 영혼의 변화를 위한 철학』을 번역했다.

오늘의 애도

슬픔의 시간을
지나는 이들을 위한
매일 치유 365

앨런 울펠트 지음　김경희 옮김

영원한 감사의 마음을 담아
이 책을 나의 소중한 세 아이,
메건, 크리스토퍼, 제이미에게 바친다.
이들은 내가 이번 생에서 만난 가장 뛰어난 스승들이다.
너희가 이번 생에서 내게 준 것에 감사하며,
언젠가 아버지이자 멘토로서
너희에게 걸맞게 살아가게 되기를.

들어가는 말

매일매일의 도전

슬픔은 사랑하는 사람이 세상을 떠난 뒤 우리 내면에서 생각하고 느끼는 것이며, 일상의 경험입니다.

말하자면 크나큰 상실로 슬픔에 잠겨 있을 때 우리는 단 하루도 빠뜨리지 않고 슬픔을 느낍니다. 매일 아침 눈을 뜰 때마다 우리는 압니다. 오늘도 상처 입고, 시시각각 변하는 고통스러운 생각과 느낌이 뒤죽박죽된 상태를 경험하리라는 것을요.

슬픔의 이런 악착스러움은 때때로 우리를 좌절하게 하고 시험에 들게 하며 지치게 합니다.

우리가 기댈 것은 매일매일 꾸준히 애도하는 것입니다.

애도는 우리가 슬픔을 밖으로 표현하는 과정입니다. 슬픔이 우리 안에서 일어나는 일이라면, 애도는 밖에서 일어나는 일이지요. 생각과 느낌에 관해 이야기하고, 울부짖고, 일기를 쓰고, 지지 모임에 참석하는 등의 활동과 그 밖의 표현 활동의 도움을 받아 우리는 비로소 슬픔을 우리 삶의 일부로 받아들이기 시작합니다.

네, 슬픔은 매일매일의 도전입니다. 하지만 우리가 적극적으로 애도하면, 슬픔 속에서 보내는 하루하루가 조금씩 치유를 가져다줄 수 있습니다. 생각과 느낌은 직접 대면하여 적극적으로 관여할 때 누그러집니다. 하루하루 조금씩 애도하면 하루하루 조금씩 치유가 찾아옵니다.

매일 아침, 잠에서 깨면 그 날짜의 페이지를 펼쳐서 인용문과 이어지는 명상의 글을 읽어 보세요. 그러면 곧 펼쳐질 하루 동안 진정으로 슬퍼하고 애도할 용기가 생길 겁니다.

이 365일간의 여정을 여러분과 나란히 걸을 수 있게 해 주셔서 고맙습니다. 이런 동행은 슬픔을 겪고 있는 이들에게 지극히 중요합니다. 언젠가 우리가 직접 만나기를 기대합니다.

1월

태양이 떠오르고 태양이 질 때
우리는 그들을 기억합니다.
바람이 불어와 겨울의 한기로 몸을 떨 때
우리는 그들을 기억합니다.
꽃봉오리가 열리고 봄이 다시 찾아올 때
우리는 그들을 기억합니다.
잎이 바스락대고 가을의 아름다움이 무르익을 때
우리는 그들을 기억합니다.
새해가 시작되고 해가 끝날 때
우리는 그들을 기억합니다.
우리가 살아가는 동안은 그들도 살아갑니다.
우리가 그들을 기억하는 한
그들은 우리의 일부니까요.
— 실번 케이먼즈와 랍비 잭 리머

묵은해에서 새해로 넘어가는 이즈음, 우리는 생각합니다. 세상을 떠났지만 우리가 사랑하는 이들을.

그들이 누리지 못할 한 해. 그들이 우리 곁에 있지 않을 한 해. 너무 빨리 그리고 고통스러울 만큼 너무 느리게 지나갈 한 해,

올해도 우리는 그들을 기억하고 사랑할 것입니다. 기억과 사랑, 이 둘은 우주에서 가장 강력한 힘입니다.

올해도 기억하겠습니다. 그리고 사랑하겠습니다.

이제 새로운 해를 맞이하자,

한 번도 일어난 적 없는 일들로 가득한.

— 라이너 마리아 릴케

상실의 슬픔에 잠겨 있는 우리로서는 새해를 축하하고 싶은 마음이 하나도 들지 않을 수 있습니다. 하지만 모질던 지난 1년이 끝났다는 사실에 가끔은 조금의 안도감을 느낍니다.

새해는 백지상태를 약속합니다. 새로운 시작을 위한 기회를 줍니다. 새해는 희망을 속삭입니다.

언제 어디서든 어떤 이유에서든 희망이 꿈틀대는 것이 느껴지면 그 희망을 기꺼이 맞이하기로 해요. 그리고 새로운 한 해를 향해 힘겹게 발걸음을 옮길 때에도 이해가 한 번도 일어난 적 없는 일들로 가득하리라는 걸 기억하기로 해요.

네, 새해에는 소중한 사람은 없겠지만, 놀라운 일들이 찾아올 겁니다. 선물, 기쁨, 사랑이.

그리고 힘겹더라도 적극적인 애도의 작업을 부단히 이어 간다면 조금은 치유될 겁니다.

새해에 나는 애도할 수 있고,

좋은 일들이 일어나길 기대할 수 있습니다.

이 모두를 할 수 있습니다.

이 민둥한 언덕에서 새해는 날을 갈고 있다.

도자기처럼 얼굴 없고 핏기 없는

둥근 하늘은 자기 일에만 여념이 없다.

당신의 부재는 눈에 띄지 않아

내가 무엇을 결핍하고 있는지 아무도 알지 못한다.

— 실비아 플라스

상실의 슬픔이 이토록 힘겨운 데에는 이것이 눈에 보이지 않는다는 이유도 있습니다. 우리는 속으로 갈기갈기 찢어져 있지만, 겉으로는 여전해 보입니다. 우리에게 무엇이 결핍되어 있는지 아무도 알지 못합니다. 때로는 우리와 가장 가까운 사람들조차도.

예전에는 애도하는 이들이 검은 옷을 입거나 특별한 장신구를 착용해 자신의 슬픔을 다른 이들에게 알렸습니다. 우리 역시 상실의 상징물을 착용할 수 있습니다. 예를 들면 암밴드나 사진 배지를 착용하는 겁니다. 이곳 상실센터Center for Loss에서 하듯이 '재건 중'Under Reconstruction이라고 쓴 배지를 달 수도 있습니다. 또는 평생 솔직하겠다는 자세로 무슨 일이 있었는지를 사람들에게 알리고 내 현재의 생각과 느낌을 함께 나눌 수도 있습니다.

우리는 우리가 느끼는 결핍감을 적절히 전달할 수 있습니다.

다른 사람들이 내게 어떤지 물을 때, 정말로 괜찮은 게 아니라면 '괜찮습니다'라고 말하지 않겠습니다. 대신 나의 진심대로 살아가고 그 진심을 전하고자 내 내적 현실을 함께 나누는 법을 배우겠습니다.

방 안에 누군가 있기를 원하는 것만큼
방을 텅 빈 듯 느끼게 하는 것도 없다.
— 작자 미상

아, 죽은 사람을 그리워하는 고통이라니. 추억이 있고 사랑도 여전히 남아 있는데, 우리 눈앞에 있던 육체적 존재는…… 사라졌습니다. 영원히.

저는 아버지가 돌아가신 지 16년이나 되었지만, 지금도 아버지를 이 세상에서는 다시 볼 수 없다는 걸 불현듯 깨닫는 순간이면 괴로움에 거친 숨을 헐떡입니다.

우리가 지닌 오감은 현실을 확인시켜 줍니다. 우리는 세상을 보고, 듣고, 만지고, 냄새 맡고, 맛봅니다. 누군가가 그리울 때면, 그들이 입었던 옷을 손으로 만지고, 베개에 배어 있는 내음을 깊이 들이쉬고, 녹화해 둔 소중한 영상으로 그들을 보고 들을 수 있습니다. 저는 이런 것들을 '연결 대상'linking objects이라고 부릅니다. 우리 눈앞에 있던 이토록 그리운 육체적 존재로 우리를 연결해 주기 때문입니다. 연결 대상은 우리를 달래 주고 존중해 주고 눈앞의 존재 대신 기억의 관계로 이행하도록 도와줍니다.

당신이 여기 있으면 좋겠습니다.
바로 여기, 당신을 보고 만지고 들을 수 있는 여기에.
나는 언제나 당신을 그리워하고 사랑할 겁니다.
사랑은 여전히 여기 있습니다.

암울한 한겨울, 매서운 바람이 신음 소리를 냈다.
대지는 강철처럼 굳어 있었고, 물은 돌처럼 얼어붙어 있었다.

— 크리스티나 로세티

제가 사는 콜로라도는 겨울이 무지막지합니다. 특히 1월은 어두컴
컴하고 혹독하게 추울 때도 있지요. 저희 집은 로키산맥 기슭의 작
은 언덕에 있어 마치 살을 칼로 저미는 듯한 바람이 붑니다. 강철처
럼 단단한 땅바닥은 눈과 얼음으로 뒤덮여 있어, 운전은커녕 걷기도
위험합니다.

한겨울은 하던 일에서 물러나 슬퍼할 시간입니다. 실내에서 몸을
움츠리고 난롯가에 앉아 삶과 죽음의 의미를 사색할 시간입니다. 한
겨울은 우리가 아끼는 사람들과 함께 뜨거운 코코아를 마시며 의미
있는 대화를 나눌 시간이기도 합니다. 슬픔은 고요함을 필요로 한다
는 사실에 유의하며 이 성찰의 시간을 다른 이들과 함께 나눌 수도
있습니다.

한겨울은 잠시 쉬어 가는 시간이 될 수도 있습니다! 나이가 들며
저는 1월에는 시간을 내어 따뜻한 곳으로 휴가 가는 것을 좋아하게
되었습니다. 여행을 떠날 수 없을 때는 친구 집이나 좋아하는 레스토
랑에 가기도 하고, 그저 가만히 있으면서 시간을 보내기도 합니다.

우리는 슬퍼하면서 하던 일에서 물러납니다. 따뜻함과 안도감을
얻으려고 잠시 쉬어 갑니다. 지금은 슬픔의 1월입니다.

가장 암울한 날이면 기억하겠습니다. 하던 일에서 물러서는 게
필요하다는 것을, 다른 사람에게 이야기하는 것이 도움이 된다는 것을,
그리고 이따금 휴식이 필요하다는 것을, 잊지 않겠습니다.

일기 쓰는 일은 내면으로 떠나는 여행이다.
— 크리스티나 볼드윈

슬픔을 일기로 쓰면서 우리는 생각과 느낌을 표현합니다. 그러니 일기 쓰기는 애도의 한 형태이며 치유에 도움이 될 수 있지요.

슬픔을 일기로 쓰는 법이랄 것이 정해져 있지는 않지만, 예를 들면 이런 방식을 생각해 볼 수 있습니다. 아침에 눈을 뜰 때나 매일 밤 잠들기 전, 가장 먼저 여러분의 생각과 느낌을 적습니다. 종이 일기장이나 컴퓨터를 이용하면 됩니다. 도입부는 원하는 만큼 길어도 짧아도 괜찮습니다. 무엇을 쓸지, 얼마나 잘 쓸지는 걱정하지 마세요. 그냥 머릿속과 가슴 속에 떠오르는 대로 쓰세요.

일기 쓰기는 시간이 흐르면 우리가 거쳐 온 과정을 돌아보는 데도 도움이 됩니다. 몇 달 전에 쓴 내용을 다시 읽으면 우리의 슬픔이 어떻게 달라지고 누그러졌는지 알게 됩니다. 때로는 이미 얼마나 멀리 와 있는지를 보는 것만으로도 계속 살아가는 데 도움이 됩니다.

이제까지는 일기를 쓰지 않았지만, 오늘 한번 시도해 보겠습니다.

잘하면 일기 쓰기를 좋아하게 될지도 모르지요.

실생활에서는 일일이 설명을 듣지 못한다. 절대적으로, 완전히, 설명할 수 없을 정도로 이상한 순간들을 맞닥뜨릴 뿐이다.

— 닐 게이먼

슬픔 속에서 우리는 설명을 찾곤 합니다. 우리가 사랑하는 사람이 왜 죽어야만 했는지? 왜 그런 식으로? 왜 나는 여전히 여기에 있고 그들은 없는 것인지?

이런 질문을 하는 건 당연하고 꼭 필요합니다. 슬픔은 영혼의 여행이며, 인생의 커다란 의미를 묻는 것과 그 답을 찾는 것은 그 여행의 일정에 포함되어 있으니까요.

물론 항상 답을 찾을 수는 없습니다. 많은 경우 우리는 어깨를 으쓱하며 그 미스터리에 항복하고 맙니다.

혼란을 겪을 때 우리는 신뢰할 만한 방법을 찾지요. 인생은 참 이상합니다. 하지만 이상한 많은 것이 그렇듯, 인생은 그 기이한 성질 때문에 아름답기도 합니다. 깔끔한 설명이 늘 좋은 것만은 아니지요.

설명을 찾으려고 할 수는 있지만, 결국 설명을 찾지 못하는 데에서 평온 같은 것을 찾을 수도 있습니다.

일부가 무너져 내리는 것처럼 보일지라도 모든 것이 완벽히 조화를 이루고 있다. 지금 당신이 겪고 있는 과정을 믿어라.

— 닐 도널드 월시

슬픔은 길고 구불구불한 길입니다. 슬픔은 한순간이 아닌 과정입니다. 우리가 그 여정의 한가운데 있을 때는 아무 진척도 없는 것처럼 보일 수 있습니다. 사실 모든 게 점점 더 무너져 내리는 것처럼 느껴질 수도 있습니다.

슬픔 속에 있을 때는 상황이 더 나아지기 전에 더 나빠지는 경우도 종종 있습니다. 모든 것이 무너져 내리는 것처럼 느껴질 때, 실제로는 모든 게 제자리를 찾아가고 있다는 것을 우리는 상기해야 합니다. 슬픔을 마주하고 표현하는 그 일을 계속하는 한 모든 것이 완벽히 조화를 이루고 있다는 것을 믿어도 됩니다. 어떤 순간이든 그렇게 보이지 않을 수도 있지만 다 괜찮습니다. 우리가 겪고 있는 과정을 믿어도 됩니다.

오늘 나는 내 슬픔이 애도가 되도록 하겠습니다. 어떤 일이 있더라도, 이 여정이 나를 치유로 이끌 것이라 믿겠습니다.

나는 이런 잿빛의 차가운 겨울날이 좋다. 이런 날은 나쁜 기분을
음미하게 된다.

— 빌 워터슨

우리 대부분은 이따금 나쁜 기분을 즐기기도 한다는 점을 시인해야
합니다. 투덜거리면서 불평하거나 입을 꽉 다물거나 심지어 문을 쾅
닫으며 만족감을 느낄 때가 있지요.

우리가 나쁜 기분에서 얼마간의 만족을 얻는 것은 그런 기분이 필
요하다는 걸 인식하기 때문일 겁니다. 사실 그건 정말로 '나쁜' 기분
은 아닙니다. 그저 다른 느낌의 기분일 뿐이지요. 감정은 결코 좋거
나 나쁜 것이 아닙니다. 그냥 그런 것일 뿐입니다.

우리는 결코 상실감에 흠뻑 빠져 있을 수만은 없습니다. 우리는
원상태로 되돌아가려 합니다. 할 수만 있다면요! 하지만 그럴 수 없
기에 우리는 '나쁜 기분'이 들 때마다 그 기분에 빠져들 수 있습니
다. 하던 일에서 물러나 불평하며 실컷 울 수도 있습니다. 자신을 안
쓰럽게 여기며 자기 연민의 파티를 벌일 수도 있습니다. 우리는 이
렇게 하면서 우리가 처한 현실을 그저 인정하고 고통을 받아들이려
합니다. 이 두 가지 모두 우리가 치유의 길을 가며 감당해야 할 과제
입니다.

'나쁜 기분'이 들면 그 기분 속에서 뒹굴겠습니다.
그럴 마음이 든다면요.

고통은 지혜와 진리로 통하는 출입구이다.

— 키이스 밀러

'1월'January이라는 단어는 출입구를 주관하는 로마의 신 야누스Janus
에서 유래합니다. (야누스는 문을 뜻하는 에트루리아어 야누아janua
에서 왔습니다.) 야누스는 천국으로 들어가는 관문뿐 아니라 물리적
이고 비유적인 의미의 모든 출입구와 문을 관장했습니다. 그는 종종
두 얼굴을 가진 것으로 묘사됩니다. 앞쪽을 보는 얼굴과 뒤쪽을 보
는 얼굴입니다.

우리의 슬픔도 비슷합니다. 우리는 죽은 사람들과 함께했던 과거
를 되돌아보는가 하면, 그들이 없는 미래를 내다보기도 합니다. 야
누스처럼 우리는 출입구에 서 있습니다. 그런데 이 슬픔의 출입구는
편안한 곳이 아닙니다. 우리는 이도 저도 아닌, 이른바 '경계 공간'
liminal space에 있습니다. 리미나Limina는 문턱을 뜻하는 라틴어이며, 림
보limbo라는 개념과 관련 있습니다. 우리는 이 림보의 출입구에 서 있
는 것을 좋아하지 않습니다. 차라리 과거의 상태로 되돌아가거나 미
래의 어떤 시간으로 '빨리 감기'를 하려 하지요. 거기서는 다시 안정
감을 얻을 테니까요.

하지만 중요한 것이 있습니다. 그 경계 공간의 출입구에서만 우리
는 산산이 부서진 세계관을 재건하고 변화된 모습으로 다시 등장할
수 있습니다. 또다시 충만히 살 준비가 된 온전한 사람으로요.

이 슬픔의 출입구를 좋아하지 않지만, 존중하는 법을 배우고 있습니다.

우리가 게으름을 피우거나 꿈꿀 때면 간혹 가라앉아 있던 진실이
수면 위로 떠오르곤 한다.

— 버지니아 울프

슬픔으로 인한 무기력이 우리를 덮치면, 마치 진흙탕 속을 헤쳐 나
가는 듯한 느낌이 들 수 있습니다. 무슨 일을 하든 너무 큰 노력을 요
구하는 것 같지요. 우리는 육체적으로, 인지적으로, 정서적으로, 사
회적으로, 영적으로 지쳐 있습니다.

이것은 정상적이고 꼭 필요한 일이기도 하지만, 때때로 우리는 자
신이 너무 게으른 것 같아 스스로 질책하거나 죄책감을 느끼기도 합
니다. 하지만 그런 질책의 태도를 뒤집어서 바로 이런 게으름이야말
로 치유의 진전을 가능하게 한다는 것을 알아야 합니다. 슬픔에서
오는 무기력은 우리가 속도를 늦추고 내면을 들여다보며 이도 저도
아닌 상태에 편안히 머무를 필요가 있음을 뒷받침합니다. 아무것도
하지 않은 채 그저 존재하기만 하는 시간을 통해서 우리는 새로운
통찰을 발견하고 돌파구를 경험할 수 있습니다.

우리가 고요하게 있을 때, 진실이 수면 위로 떠오를지도 모릅니다.

문득 내가 게으름에 젖어 있다고 느낄지도 모르겠습니다.
하지만 오늘은 한껏 게으름을 피우겠습니다.
심지어 게으름을 위해 따로 시간을 마련할 수도 있습니다.

힘든 시간은 진정성에 대한 본능적 갈망을 깨운다.

— 코코 샤넬

슬픔은 곧장 본론으로 들어가는 경향이 있습니다. 가식은 사라집니다. 거짓된 것과는 조금도 엮이고 싶지 않은 우리 자신을 발견하게 됩니다. 꾸며 낼 에너지도 없을뿐더러, 그런 게 갑자기 무의미해 보이고, 심지어 혐오스럽기까지 합니다.

새롭게 싹튼(또는 더 강렬해진) 진정성에 대한 본능은 슬픔에서 비롯된 것입니다. 우리는 삶에 의미를 부여해 준 누군가를 잃었습니다. 그 상실로 인해 우리에게 의미 있는 것과 그렇지 않은 것을 예민하게 의식하게 되었습니다. 이는 마치 캄캄한 방에서 자외선 조명을 켜는 것과 같습니다. 그전에는 또렷하게 볼 수 없었던 어떤 것들이 환히 보이는 것이지요.

좋은 소식이라면, 우리가 슬퍼하는 이 시간을 틈타 더 이상 우리 내면의 진실과 공명하지 않는 습관, 소유물, 심지어 사람들까지도 버릴 수 있다는 것입니다. 어떤 것이 진짜가 아닌 것 같거나 더는 거기에 마음이 가지 않는다면, 버리세요. 이렇게 걸러 내는 과정은 값지고, 남은 인생을 더 풍요롭고 더 의미 있게 만드는 힘이 있습니다.

내게 정말 중요한 것에 주의를 집중할 작정입니다.

그 밖에 모든 것은 관심 밖으로 제쳐 두겠습니다.

자기 자신이 되어라. 다른 사람이 되는 것은 내 몫이 아니다.

— 오스카 와일드

우리는 모두 애도하는 중이지만, 다른 사람과 똑같은 슬픔의 여정을 가고 있는 사람은 단 한 명도 없습니다. 우리의 슬픔은 각자의 고유한 역사, 성격, 고인과의 관계, 영적 또는 종교적 배경, 죽음을 둘러싼 상황, 지원 시스템이나 기타 요인에 의해 형성된 고유한 것입니다.

우리는 자기만의 방식으로 슬퍼할 것이며, 자기에게 맞는 방식으로 애도해야 합니다. 다른 사람들이 우리에게 이렇게 해야 한다든가 저렇게 해야 한다고 말하더라도, 우리는 그 말을 무시할 권리가 있습니다. 슬픔 안에서 저는 제가 되고, 여러분은 여러분이 될 것입니다. 다른 사람이 되는 것은 우리 몫이 아닙니다.

나는 슬픔 속에서 나 자신이 될 것입니다. 나의 본능적 직감은 내게 무엇이 옳고 무엇이 그른지 말해 줄 것입니다.

지나간 일은 서막일 뿐이다.

— 윌리엄 셰익스피어

셰익스피어는 단 네 개의 단어로 이처럼 심오한 인생의 교훈을 포착하는군요. 상실의 슬픔을 겪고 있는 우리에게는 '잊고 그냥 앞으로 나아가는' 태도가 권장되곤 합니다. 우리는 "그만 놓아 주세요" "잊고 넘어가세요" "과거의 일은 과거의 일로 두세요"라는 말을 듣곤 합니다. 우리 문화는 정서적-영적 고통은 나쁜 것이고 지금 우리에게 고통을 주는 과거의 경험은 뭐든 간에 '잊어야' 할 뿐이라는 잘못된 생각에 서서히 물들어 왔습니다.

말도 안 되는 소리지요. 과거는 우리 미래의 서막입니다. 첫째, 우리는 잊지 못합니다. 우리 뇌는 그런 식으로 만들어져 있지 않으니까요. 둘째, 잊고 싶어 해서도 안 됩니다! 기억은 바로 우리 존재가 머물 집이니까요. 기억은 지금의 우리가 누구인지를 알려 주고 우리에게 맥락을 부여합니다. 특히 과거의 관계에 관한 기억은 가장 의미 있는 우리의 보물입니다.

그렇습니다. 오늘은 우리 남은 인생의 첫날이며, 우리에게는 원하는 미래를 만들 수 있는 힘이 있습니다. 그럼에도 과거는 언제나 '내일의 나'를 구성하는 중요한 부분이 될 것입니다.

당신을 기억하겠습니다. 당신은 오늘 내 모습의 중요한 부분이며,
모든 내일의 내 모습에서 중요한 부분으로 남을 것입니다.

공황 발작이 일어나는 동안 나는 떠올린다. 오늘은 오늘일 뿐이고, 그게 전부라고. 숨을 깊게 들이쉬며 지금 이 순간 나는 괜찮고 모든 게 아무 문제가 없다는 것을 깨닫는다.

— 맥스 그린필드

우리 중 10퍼센트는 가끔 공황 발작을 경험한다고 합니다. 공황 발작은 갑작스럽고 저항할 수 없는 극심한 공포입니다. 호흡 곤란, 발한, 가슴 두근거림, 떨림, 그리고 통제력을 잃거나 죽을지도 모른다는 불안 등의 증상이 따르지요. 이 증상들은 보통은 경고 없이, 적어도 겉으로는 안전하거나 정상적으로 보이는 상황에서 일어납니다.

공황 발작은 본질적으로 우리 안에 내재된 투쟁-도피fight-or-flight 시스템이 잘못 작동하는 것입니다. 현재 공황 발작은 우리 뇌가 '위험!'이라고 해석하는 내부와 외부의 자극에 의해 촉발된다고 알려져 있습니다. 슬픔에 빠졌을 때 경험하는 자연스러운 공포와 걱정이 그런 자극으로 작용할 수 있습니다. 사실 슬픔에 빠졌을 때 찾아오는 공황 발작은 공포와 불안을 느끼게 만드는 상실의 모든 측면을 한 발짝 뒤로 물러나 탐색해 보라는 권유인 경우가 많습니다.

만약 공황 발작에 시달리고 있다면, 전문 치료사를 만나볼 것을 강력히 권합니다. 치료사는 공황 발작을 탐색하고 통제하는 일을 도울 수 있습니다. 공황 발작이나 극심한 공포를 다스리는 방법을 찾기 전까지는 여러분은 슬퍼하고 애도하고 치유하는 데 필요한 집중력이나 안전하다는 느낌을 갖지 못할 것입니다.

공황을 느끼거나 공황 발작이 온다면, 이는 내 몸의 투쟁-도피 시스템을 진정시키기 위해 도움이 필요하다는 의미일 뿐입니다.

"하지만 미친 사람들 사이로 다니고 싶진 않아"라고 앨리스가 말
했다. 그러자 고양이가 말했다. "아, 그건 어쩔 수가 없어. 여긴 다
들 미쳤는걸."

— 루이스 캐럴

슬픔의 여정에서 어느 지점에 이르면 우리는 대부분 미쳤다고 느낍
니다. 결국 그 지점은 우리가 있기에는 미친 곳이지요.

우리는 여기에 있고 싶지 않지만 여기에 있습니다.

정말 미쳐 버릴 일은, 슬픔 속에서는 제정신이 아닌 것이 정상이
라는 것입니다. 상실은 우리를 고꾸라뜨립니다. 그리고 우리는 깨닫
게 됩니다. 우리 삶이 이전에 우리가 산다고 여겼던 안정적이고 그
럴듯한 모습의 현실로는 완전히 돌아가지 못하리라는 것을요. 이제
우리는 압니다. 미친 것은 우리의 슬픔이 아니라 인간 존재 자체라
는 것을요.

오늘 나는, 여기 있는 우리 모두는 미쳤다는 것을 기억하겠습니다.

아름다움, 사랑, 기쁨 역시 광기 속에서 살아갑니다.

> 죄책감이 항상 합리적인 이유를 가지고 있는 것은 아니라는 사실
> 을 클리오는 깨달았다. 죄책감은 우리가 그것을 느낄 만한지 안
> 한지와 상관없이 우리를 짓누를 무게다.
>
> ─ 모린 존슨, 『바다의 소녀』girl at sea 중에서

상실의 슬픔을 겪고 있는 사람은 죄책감을 잘 느낍니다.

다른 누군가는 죽었는데 우리는 아직 살아 있다는 것에 죄책감을 느낄지도 모릅니다. 죽은 사람은 우리가 지치지 않고 슬퍼해야 할 대상이라고 판단하기에, 순간순간 행복을 느끼는 자신을 발견할 때면 죄책감을 느낄지도 모릅니다. 죽은 사람과의 관계에서 있었던 나쁜 일들을 생각하며 죄책감을 느낄 수도 있습니다. 우리가 했거나 하지 않은 일로 죄책감을 느낄지도 모릅니다. 그 일들이 그의 죽음에 어떤 식으로든 원인이 되었을 수 있다고 상상합니다. 이런 생각이 아무리 비합리적이어도 말입니다. 암 같은 질병으로 오래 앓다가 떠나보낸 경우, 안도감을 느끼는 것에 죄책감을 갖는 경우도 종종 있습니다.

죄책감을 단순히 무시할 수는 없습니다. 다른 모든 생각이나 느낌과 마찬가지로 죄책감도 옳거나 그른 것이 아닙니다. 그 느낌이 그저 있을 뿐이고, 그것이 있으니 우리는 그것을 표현할 방법을 찾아야 합니다. 이것이 바로 죄책감을 누그러뜨릴 방법입니다. 더 이상 죄책감을 느끼지 않을 때까지 그것을 밖으로 표현하는 것이지요.

죽은 이와 관련한 어떤 일에 내가 죄책감을 느낀다고 해서,
내게 실제로 책임이 있다는 의미는 아닙니다. 제대로 귀를 기울여 주는
사람에게 그 일을 이야기할 필요가 있다는 의미입니다.

그대의 몸은 소중하다. 몸은 깨달음을 위한 수단이다.

조심히 다루어라.

— 붓다

우리는 슬픔을 몸으로 느낍니다. 두통이나 복통, 요통, 속쓰림, 그 외 흔한 증상이 나타날 수 있습니다. 호흡 곤란이나 메스꺼움을 느끼거나 전반적으로 '몸이 좋지 않다'라고 느낄 수도 있습니다. 바이러스에 감염될 가능성도 높습니다. 잘 먹지 못하거나 잘 자지 못할 수도 있습니다.

슬픔에서 오는 이 모든 증상은 실제로는 애도가 필요하다는 사실에 주목하라는 신호입니다. 하지만 몸이 건강하지 않다면 우리에게 꼭 필요한 일, 즉 슬픔을 다루는 일을 하기가 어렵습니다.

해결책은 우선 자신을 돌보는 일에 집중하는 것입니다. 영양가 높은 음식을 먹고, 거의 매일 가볍게라도 운동해야 합니다. 탈수 위험이 있으므로 날마다 큰 컵으로 물 여섯 잔을 마셔야 합니다. 휴식은 특히 중요합니다. 잠이 오지 않더라도 하루에 두세 번, 20분씩 누워 있어야 합니다. 불면증이 지속적으로 문제가 되면 의사의 진찰을 받아야 합니다. 잠을 잘 자지 못하면 애도도 잘할 수 없으니까요.

내 몸을 스스로 잘 돌보는 것을 최우선으로 삼겠습니다.

그것이 치유에 꼭 필요한 일이니까요.

자존심보다 이기심을 더 많이 닮은 것도 없다.

— 조르주 상드

상실의 슬픔에 빠지면 초반에는 특히 다른 이들의 요구에 귀를 닫고 있는 자신을 발견할지도 모릅니다. 다른 사람들의 문제에 귀 기울이고 싶지 않을 수도 있습니다. 자녀나 다른 가족 구성원(역시 슬퍼하고 있을지 모를 이들)을 돌볼 에너지가 없을 수도 있습니다. 우리 삶은 완전히 멈추었는데 세상은 여전히 돌아가고 있다는 사실에 큰 당혹감을 느끼는 경우도 종종 있습니다.

우리가 제멋대로인 걸까요? 지나치게 자신에게 몰두하고 있는 걸까요? 슬픔이 우리를 자기애에 빠진 자기중심주의자로 바꿔 놓은 것일까요?

사실 슬픔으로 인한 일시적인 이기심은 자존심의 한 형태입니다. 자신의 감정만이 전부가 된 것은 우리 자신이 갈기갈기 찢어졌기 때문입니다. 다른 이들에게 도움이 되려면 먼저 자기 자신을 추스르는 일부터 해야 합니다. 우리의 자기 집중은 이런 현실을 존중합니다. 저는 이것을 '칩거 현상'cocooning phenomenon이라고 부르는데, 이것은 정상적이고 꼭 필요한 일입니다.

이 현상을 항공기에서 재난 상황이 발생했을 때 산소마스크부터 착용하라는 현명한 조언과 비슷한 것으로 생각해 보세요. 산소마스크를 착용하지 않으면 완전히 기절할 텐데, 그러면 자신과 다른 사람에게 무슨 도움이 되겠습니까?

지금 당장 나 자신의 슬픔을 돌보아야 합니다. 내가 최우선입니다.

> 우리는 시험을 통과하거나 문제를 극복하는 일이 중요한 것이라 생각하지만, 실상은 그렇지가 않다. 실제로는 해결되지 않는다. 세상만사는 모여들었다 흩어진다. 그러고 나서는 다시 모여들었다 다시 흩어진다. (……) 치유는 이 모든 일이 일어날 여지를 두는 데서 온다. 슬픔, 안도, 불행, 기쁨이 일어날 여지를.
>
> ― 페마 초드론

우리는 슬픔을 해소할 수 있기를 간절히 바랍니다. 슬픔을 고칠 수만 있다면, 치료할 수만 있다면, 해결할 수만 있다면. 그냥 사라지게 하는 거죠.

우리가 죽은 이들에게 사랑만 느끼고 고통은 전혀 느끼지 않을 수 있다면 얼마나 다행스러운 일이겠습니까?

안타깝게도 인간은 그렇게 생겨 먹지 못했습니다. 우리는 슬픔을 치유할 수 없고, 다만 그것과 화해할 수 있을 뿐입니다. 계속되는 삶에 슬픔을 아우르는 법을 배울 수 있을 뿐입니다.

치유는 고통을 제거하는 것이 아니라 고통을 위한 자리를 만드는 것에서 비롯됩니다. 아픔을 받아들일 때 사랑과 기쁨을 위한 공간도 만들어집니다.

나는 세상만사가 모여들었다 흩어지고 다시 모여든다는 것을 이해하고 그 사실을 받아들이기 시작했습니다.

내 인생에는 이 모든 일이 일어날 여지가 있습니다.

나라면 나랑 살지 않을 것이다. 나는 기분 변화가 심하다.

— 마리오 캔톤

우리 중에는 예전에는 특별히 변덕스러운 사람이 아니었는데도 슬픔을 겪으면서 자신이 기분 변화가 심한 사람이라는 사실을 알게 되는 이가 많습니다. 기분 변화는 미묘하고 극적일 수 있습니다. 익숙한 장소, 노래 한 곡, 무신경한 지적, 심지어 날씨 변화에 의해서도 유발될 수 있습니다.

그런 기분들은 단지 슬픔이 우리에게 말을 건네는 것일 뿐이겠지요. 널뛰는 호르몬이 10대 청소년과 임산부의 감정을 불안정하게 만드는 것과 마찬가지로 슬픔은 우리 마음과 몸, 영혼을 관통하며 난데없는 것처럼 보이는 순간에 급격히 솟구칩니다.

변덕스러운 느낌이 치밀어 오르는 것을 알아차렸을 때는 인내심을 가지고 자신을 이해하려고 애씁시다. 생소한 기분이 들 때마다 그 기분을 받아들이고 경험하는 동시에 그런 느낌이 드는 것이 정상이고 일시적이라는 점을 차분하게 자각하면 됩니다. 다시 말해 우리는 롤러코스터를 타는 동시에 롤러코스터를 타고 있는 우리 자신을 옆에서 지켜볼 수 있습니다. 마음챙김 기법은 연습이 필요하긴 하지만, 변화무쌍한 것이 당연한 애도의 한가운데에서 평화를 얻는 데 도움을 줍니다.

기분 변화가 심하면, 심해지면 되죠. 괜찮습니다.

슬픔은 장애나 질병, 나약함의 징후가 아니다. 슬픔은 정서적으로, 육체적으로, 영적으로 필수적인 것이며, 사랑을 위해 치러야 할 대가이다. 슬픔의 유일한 치유법은 슬퍼하는 것이다.

— 랍비 얼 그롤먼

때때로 우리는 슬픔을 해결해야 할 문제라고 생각합니다. 우리는 고통을 느끼고 있고, 고통이 사라지게 할 방법을 찾아야만 하죠. 슬픔이 마치 두통이나 어깨 통증인 듯 말입니다. 하지만 슬픔은 문제나 장애가 아닙니다. 없애 버리거나 회피해야 할 무엇도 아닙니다. 슬픔은 나쁜 것이 아닙니다. 오히려 슬픔이 사랑 못지않게 우리 삶의 일부임을 이해해야 합니다.

슬픔은 해결해야 할 문제가 아닙니다. 경험할 수도 있는 정상적이고 꼭 필요한 영적 여정입니다. 물론 고통스럽고 힘들지요. 하지만 고통을 충분히 탐색하고 표현하는 것이 유일한 돌파구입니다.

삶은 사랑입니다. 삶은 슬픔입니다. 슬픔이 밀려올 때
이 두 가지 사실을 모두 받아들일 용기가 내게 있었으면 합니다.

무슨 일이 일어나고 있는지, 또는 어디로 가고 있는지 정확하게 알 필요는 없다. 필요한 것은 현재 순간에 주어진 가능성과 도전을 인식하고, 용기와 믿음과 희망으로 이를 받아들이는 것이다.
— 토마스 머튼

이렇게 현재를 살아간다는 것은 말도 안 되는 것처럼 보일 수 있습니다. 특히 슬퍼하고 있을 때는 과거에 대해 끊임없이 생각하는 자신을 발견하게 됩니다. 또한 미래에 대해서도 끝없이 걱정하게 되지요. 그럼, 현재는 어떨까요? 현재는 그저 아픕니다. 그뿐입니다. 잠깐이라도 벗어날 틈이 없습니다.

하지만 예외는 있습니다. 어쩌면 우리는 현재의 순간 속에서 평화의 오아시스를 발견할 수 있을지도 모릅니다. 우선, 우리는 때때로 온라인 검색이나 TV 시청 같은 오락거리로 지금 여기에서 기분 전환을 할 수 있습니다. 슬픔으로부터의 그런 휴식이 매일 필요합니다. 둘째, 떠오르는 기억이나 생각, 느낌을 있는 그대로 받아들일 수 있습니다. 지금 이 순간에도 우리는 슬픔의 고통을 적극적으로 맞닥뜨릴 수 있고 또 그래야 합니다.

하지만 셋째로, 우리는 용기와 믿음, 희망으로 지금과 마주할 수도 있습니다. 그렇습니다. 현재 순간은 아프기도 하지만 가능성으로 북적거리기도 합니다. 슬픔에 잠겨 있는 매 순간은 한 가지 역설을 품고 있습니다. 우리는 애도하지만 살아가기도 합니다. 두 가지를 함께하는 법을 배울 수 있습니다.

오늘 나는 적극적으로 애도하겠습니다. 그리고 용기와 믿음과 희망을 품고 새로운 매 순간을 받아들이려고 노력하겠습니다.

1월은 정원에서 가장 잠잠한 달이다…… 하지만 잠잠해 보인다고 해서 아무 일도 일어나지 않는다는 의미는 아니다. 하늘을 향해 열린 토양은 깨끗한 빗물을 흡수하는가 하면, 미생물은 갈아엎은 사료를 다음 작물에 적합한 영양분으로 바꿔 놓는다. 잔치가 벌어진 지렁이들은 터널을 뚫고 다니며 흙에 공기를 통하게 하고 씨앗과 맨뿌리를 맞이할 준비를 한다.

— 로잘리 뮐러 라이트

슬픔이 겉으로 잠잠해지고, 우리가 내면의 가장 깊은 곳으로 물러나면, 아무 일도 일어나지 않는 것처럼 보일 수 있습니다. 아무런 진척도 없는 것처럼 말이지요.

하지만 슬픔이 내면으로 향하는 것은 꼭 필요한 과정으로, 정말로 정지 상태인 것은 아닙니다. 우리의 머리, 마음, 영혼 속에서는 많은 일이 벌어지고 있습니다. 우리는 계속 기억을 떠올립니다. 삶과 죽음의 의미에 관한 도전적인 물음들을 하나씩 풀어 나가고 있습니다. 생각하고 느끼고 있습니다. 영성과 씨름도 하고 있습니다.

머잖아 슬픔을 우리 밖으로 드러내서 공유해야 할 때가 올 것입니다. 애도해야 할 때가 올 것입니다. 하지만 잠잠한 가운데 우리는 앞으로의 적극적인 애도와 치유를 준비하고 있습니다.

슬픔이 잠잠해지는 것은 내가 내면으로 향하는 데 꼭 필요한 작업을 하고 있다는 의미입니다.

자신에게 상냥해져라. 나무와 별들처럼, 당신은 우주의 아이다.
삶의 소란스러운 혼란 속에서도 영혼의 평화를 지켜라.

— 막스 에르만

우리는 각자 우주의 아이입니다. 우리 모두 고유한 걸작입니다. 우리 몸에는 단 하나뿐인 영혼이 살고 있습니다. 우리는 태어난 것만으로도 인류라는 별 무리에서 유일하고도 영광스러운 자리를 차지했습니다.

우리는 슬픔에 빠져서 우리 자신의 신성함을 잊곤 합니다. 슬픔은 우리를 작고 하찮게 느껴지게 만들 수도 있습니다. 우리의 자존감을 황폐화시킵니다. 우리를 깎아내리지요.

하지만 슬픔의 파괴력은 착각일 뿐입니다. 네, 지금 당장은 지상에서의 우리 삶이 찢기고 영혼은 아파하지요. 하지만 정말이지 슬픔은 우리가 시간을 초월해서 존재한다는 불변의 사실을 건드리지는 못합니다. 건드릴 수가 없습니다. 아픈 우리 영혼의 깊은 곳에는 꺼지지 않는, 영원한 영광과 평화의 불꽃이 있습니다.

나는 우주의 아이입니다. 소란스러운 슬픔의 혼란 속에서
나는 내 영혼의 평화를 지키는 법을 배우고 있습니다.

무력감은 정말 끔찍한 느낌이다. 할 수 있는 게 아무것도 없다. 무력해지는 것은 마비되는 것과 같다. 병이다. 치료하려면 일어서서 어딘가를, 어디든 걷기 시작하는 엄청난 노력이 필요하다. 하지만 그건 참 힘들다.

— 척 배리스

슬픔에서 오는 무력감은 끔찍한 느낌입니다. 우리의 어떤 부분은 이미 일어난 일을 우리가 통제하지 못했음을 깨닫지만, 다른 부분은 그것을 막을 수 없었다는 사실에서 무력감을 느낍니다. 삶을 예전 방식으로 되돌리고 싶지만, 그럴 수가 없습니다. 일이 벌어지는 방식에 무력감을 느낍니다. 슬픔은 우리를 마비시킵니다.

그렇지만 무력감은 사실 병이 아닙니다. 정상적이고 자연스럽습니다. 그리고 통제할 수 없는 현실에 항복하는 것은 슬픔을 다루는 작업의 일부입니다. 하지만 준비가 되면 우리는 행동을 취할 수도 있습니다. 일어서서 어딘가를, 어디든 걷기 시작할 수 있습니다.

우리는 슬픔을 활성화하여 그것을 애도로 변화시킬 수 있고, 또 그래야만 합니다. 우리는 삶에서 일어나는 일을 통제할 수는 없지만, 그 일에 대해 무엇을 할지는 통제할 수 있습니다. 거기엔 엄청난 노력이 듭니다. 그렇죠. 하지만 그것은 변화를 불러오기도 합니다. 우리는 무력감 속에서도 강력한 힘을 가질 수 있습니다.

너무 무력한 느낌이 듭니다. 그렇지만 일어서서 어딘가를, 어디든 걷기 시작할 수 있습니다.

오늘 할 일:

1. 일어나기

2. 살아남기

3. 다시 자러 가기

— 작자 미상

슬픔 속에서 보낸 어떤 날들은 생존의 날입니다. 하루를 간신히 버틴 것만으로도 우리는 많은 것을 이룬 것입니다.

매일이 '진척'이나 '전진'에 관한 이야기일 수는 없습니다. 어떤 날은 뒤처지지 않으려고 씨름하는 것에 관한 이야기이고, 또 다른 날은 미친 듯이 후퇴하는 것에 관한 이야기입니다.

그런 날들을 잘 버텨 낼 때 변화를 일으키는 어떤 일이 일어납니다. 우리가 그런 날들을 버텨 낼 수 있음을 알게 됩니다. 그리고 그 사실은 다음에 어떤 일이 닥쳐오든 잘 버틸 수 있다는 자신감을 다져 줍니다. 슬픔이나 삶을 통제할 수는 없지만, 흐름에 맡기는 법을 배우면 어느 정도의 평화가 찾아온다는 것을 알아 가고 있습니다.

오늘도 살아남겠습니다. 어떤 날은 그것으로 충분합니다.

때로는 영문도 모른 채 그저 울기만 한다.
— 작자 미상

우리는 때로 세상을 떠난 이를 생각하며 웁니다. 우는 것은 좋은 일입니다. 눈물은 억눌린 감정을 표출하는 데 도움이 됩니다. 하지만 다른 종류의 울음도 있습니다. 저는 그것을 '빌린 눈물'이라고 부릅니다. 이것은 보고, 듣고, 만지고, 맛보고, 냄새 맡는 어떤 것이 마음을 건드릴 때 갑자기 솟아나는 눈물이며, 우리는 격한 감정으로 그 어떤 것에 반응합니다. 빌린 눈물은 종종 난데없이 튀어나오는 듯 보이며, 우리가 죽은 사람과 연결 짓지 않거나 평소라면 심란해질 것도 없는 어떤 것에서 촉발됩니다.

빌린 눈물이라고 부르는 것은 다른 누군가의 고통과 기억의 저장고에서 '빌린' 듯 느껴져서입니다. 그 눈물은 우리 것이 아닙니다! 우리는 TV의 최루성 광고나 창밖의 작은 새를 보며 울기도 하지만, 이전에는 이런 것들이 우리를 슬프게 만든 적이 없습니다. 그런데 왜 우리는 지금 우는 것일까요?

마음과 영혼이 아프고 감정이 여려져 우는 것입니다. 이렇게 생각해 보세요. 손으로 다리를 부드럽게 누르면 아프지 않습니다. 하지만 다리를 부러뜨린 다음 누르면, 살짝만 건드려도 아플 수 있지요. 지금 우리 마음은 망가진 상태이며, 뭐가 되었든 마음을 살짝만 건드려도 아플 수 있습니다. 이것은 정상적인 것이며, 마음이 치유되면서 사라질 현상입니다.

필요하면 눈물을 빌릴 수 있습니다. 끝나면 돌려주겠습니다.

기적을 믿지 마라. 기적에 의지하라.

— 로렌스 J. 피터

상실의 슬픔을 겪는 우리 중에는 어떤 기적들에 대한 믿음에 의지하는 사람이 많습니다. 기적은 우리를 계속 버틸 수 있게 해 주는 유일한 의지처입니다.

죽은 사람으로부터 신호를 받았다고 믿을지도 모릅니다. 죽은 사람이 그보다 먼저 죽은 가족이나 친구와 지금 즐거운 시간을 보내고 있다고 믿을지도 모르고요. 그의 죽음이 웬일인지 지상의 이곳에 있는 다른 이들의 생명을 구했다고 믿을 수도 있습니다.

기적이 있어 다행입니다.

더 많은 기적을 볼 수 있도록 계속 눈을 부릅뜨고 있기로 해요.

죽은 사람과 나의 관계는 하나의 기적이었습니다.
그것은 앞으로 찾아올지 모를 다른 모든 기적을
내가 받아들여야 한다는 증거입니다.

어둡게 만들고, 암울하게 만들고, 고달프게 만들어라. 그렇더라도
제발 농담 한마디는 꼭 하라.

— 조스 웨던

상실의 슬픔은 어둡고 암울하고 고달픕니다. 이 어둠 속에서도 우리
가 해야 할 힘들고 서글픈 일이 많습니다. 그 사실을 피할 수는 없습
니다.

그래도 가끔은 잠깐씩 빛을 쐬어야 합니다. 농담이 필요합니다.
웃음이 필요합니다. 가벼움이 필요합니다. 제발이지, 우리에겐 내리
쬐는 햇빛이 필요합니다.

우리가 어둠을 받아들이는 방법을 거듭해서 그리고 적극적으로
찾을 때, 치유는 모습을 드러내기 시작합니다. 하지만 치유에는 매
일 조금씩 빛이 필요합니다. 어둡다, 어둡다, 어둡다, 밝다! 어둡다,
밝다, 어둡다, 밝다! 이렇게 왔다 갔다 하는 것이 우리를 살아있게
합니다.

가끔은 웃어야 합니다.

잠깐씩 즐거워하면서 상실감을 접어 둬야 합니다.

밧줄 끝까지 갔을 땐 매듭을 묶고 버텨라.

— 프랭클린 D. 루스벨트

가끔은 슬픔이 우리를 밧줄 끝에 매달리게 합니다. 마지막 남은 대처 능력과 은총도 다 소진하고 더 이상 버틸 수 없을 것처럼 느껴지지요.

우리에게 친근한 루스벨트 대통령은 한 가지 제안을 합니다. 밧줄 끝에 매달려 있을 때도 우리는 무언가 할 수 있다고요. 삶이 우리에게 보내는 나쁜 일에 계속해서 수동적으로 휘둘리는 대신, 우리는 행동할 수 있습니다. 그저 매달려만 있는 것이 아니라 손을 뻗어 매듭을 단단히 묶을 수 있습니다.

슬픔에 잠겨 있을 때 매듭을 단단히 묶는다는 것은 친구에게 전화를 거는 것을 의미할 수도 있고, 아니면 슬픔을 함께해 줄 인정 많은 상담사를 만나려고 약속을 잡는 것일 수도 있습니다. 혹은 시간을 내서 영적인 장소를 방문하거나 지지 모임에 참석하는 것일 수도 있습니다. 우리는 상실감을 사라지게 할 수는 없지만, 매듭을 묶을 수는 있습니다.

설령 밧줄 끝에 있는 기분이 든다 해도, 나는 매듭을 묶겠습니다.

2월

인생은 질서정연하지 않다. 아무리 그렇게 만들려고 애써도, 도중에 우리는 죽고, 다리를 잃고, 사랑에 빠지고, 사과잼 병을 떨어뜨린다. 여름이 되면 우리는 정원을 말끔하게 가꾸려고 열심히 움직인다. 정원의 가장자리를 팬지로 두르고, 매발톱꽃·피튜니아·금낭화를 줄줄이 심거나 무더기로 심어 정원을 꾸민다. 그러다 보면 숲을 그리워하는 자신을 발견하게 된다. 숲에서는 모든 게 무질서한 모습을 하고 있지만, 우리는 그곳에서 평화로움을 느낀다.

— 나탈리 골드버그

상실의 슬픔은 질서정연하지 않습니다. 아, 물론 우리는 슬픔을 억누르려고 애쓰지요. 그냥 그렇게 하려고 애씁니다. 이따금 자신에게 소소한 포옹이나 악수, 울음을 허락하기도 하지만, 대개는 정해진 궤도에서 벗어나지 않습니다. 정말로 열심히 노력하다 보면 슬픔을 어느 정도 울타리에 가둘 수 있음을 알게 됩니다.

그렇지만 우리는 슬픔을 지나치게 경계하느라 진이 다 빠졌습니다. 신물이 날 정도로 억눌러 왔습니다. 슬픔이 미친 듯이 날뛰도록 내버려두면 어떤 일이 일어날까요?

역설적으로, 억제되지 않은 슬픔에 자신을 내맡길 때 우리는 평화로운 기분을 느낍니다. 숲처럼 슬픔도 본래 거칠고 질서정연하지 않기 때문입니다. 있는 그대로 받아들일 때 평온함이 찾아옵니다.

슬픔을 거칠고 무질서한 경험 그대로 받아들이겠습니다.
받아들임 속에 평화가 있습니다.

> 만약 한곳에 갇힌 채 매일 똑같은 일이 반복되고 중요한 게 아무
> 것도 없다면 어떻게 하시겠어요?
> — 영화『사랑의 블랙홀』의 주인공 '필'의 대사

로맨틱 코미디 영화『사랑의 블랙홀』은 똑같은 날을 되풀이해서 살아야 하는, 지칠 대로 지치고 자기중심적인 한 남자의 일상을 다룬 영화입니다. 우리의 슬픔도 그렇게 느껴질 수 있습니다. 우리는 매일 똑같고 지긋지긋한 현실 속에서 눈을 뜹니다. 하루하루의 사소한 세부 사항은 다를 수 있지만, 고통과 절망의 24시간을 또다시 무거운 발걸음으로 뚫고 나아갈 수밖에 없습니다.

우리는 한곳에 갇혀 있습니다. 매일 똑같은 일이 반복되는 것 같습니다. 중요한 건 아무것도 없습니다.

영화에서 주인공 필은 결국 무한히 반복되는 그라운드호그데이 Groundhog Day(겨울잠에서 깬 그라운드호그(마멋)를 두고 봄이 언제 올지 예측하는 북미 전통 행사로 매년 2월 2일에 열린다. 영화『사랑의 블랙홀』의 원제이기도 하다.)를 즐기려고 매일 다른 일을 시도합니다. 피아노를 연주하고 얼음 조각을 하고 프랑스어를 배웁니다. 무엇보다도 친구를 사귀고 타인을 돕는 법을 배웁니다. 사랑과 타인과의 연결에 집중하는 법을 배우자 비로소 타임 루프에서 벗어납니다. 무슨 말인지 아시겠죠?

슬픔에 갇혔다고 느껴질 때, 다른 이들과 연결되려고 노력하겠습니다.
이 일은 슬픔에서 놓여나는 데 도움이 될 것입니다.

큰 상실은 매번 우리에게 삶을 다시 선택할 것을 요구한다. 이 일을 제대로 해내려면 슬퍼해야 한다. 상실의 고통을 겪으면서도 슬퍼하지 않는다면, 그 고통은 언제까지나 우리와 삶을 갈라놓을 것이다. 슬퍼하지 않으면 우리 안의 어느 부분은 뒤를 돌아보다 소금 기둥으로 변한 롯의 아내처럼 과거에 사로잡히게 된다. 슬퍼하는 것은 망각하는 것과 관련된 일이 아니며 우리가 치유되도록, 고통보다는 사랑으로 기억하도록 한다. 그것은 분류하는 과정이다. 떠나간 것을 하나하나 놓아 주면서 애도하는 것이다. 반면 당신의 일부가 된 것을 하나하나 붙잡고서 다시 세워 가는 것이다.

— 레이첼 나오미 레멘

애도는 다시 삶을 택하는 과정입니다. 슬픔을 인정한 다음 그것을 받아들이고 표현할 때, 우리는 슬픔과 적극적으로 관계 맺는 쪽을 택하게 됩니다. 그리고 적극적으로 관계 맺는 쪽을 택하는 것은 곧 살기를 택하는 것입니다.

여러분은 어떤지 모르겠지만, 저는 살고 싶습니다. 제 마음은 비록 상실을 겪으며 여러 차례 망가졌지만, 저는 망가진 마음을 수선할 방법을 찾았고, 그래서 계속 살아갈 수 있습니다. 지금 마음은 상처투성이에 간신히 이어 붙이고 꿰맞춰 놓았지만, 그럼에도 시작할 때보다 더 크고 강해졌습니다.

인간으로 사는 삶은 특권입니다. 애도는 이 사실을 확인시켜 줍니다.

소금 기둥으로 변하고 싶지 않습니다. 살고 싶습니다. 정말로 살고 싶습니다. 그래서 기억하고 슬퍼하고 애도하고 다시 세울 것입니다.

그 일이 끝났다고 울지 마라. 그 일이 있었으니 웃어라.

— 닥터 수스

저는 닥터 수스를 좋아하는 편이지만, 그의 이 말은 잘못되었다고 생각합니다. 이건 우리 문화가 슬픔에 대해 가지고 있는 가장 지배적인 생각이기도 합니다. 다음과 같은 이유로 우리는 상실을 서글퍼하면 안 된다는 것이지요.

　—죽은 사람들이 우리가 서글퍼하는 걸 원치 않으니까.
　—우는 것은 누구에게도 도움이 되지 않으니까.
　—우리는 마땅히 행복해야 하니까.

　하지만 우리는 정말 서글픕니다! 아무렴요! 그리고 우리가 정말 서글프다면, 그건 우리가 서글퍼할 필요가 있다는 뜻입니다.
　더욱이 우는 것은 우리 몸과 마음에 좋습니다. 울음은 스트레스 화학물질을 방출하고, 다른 사람들에게 내가 지지가 필요하다는 신호를 보내 주며, 이후에 기분이 나아지는 데 도움을 줍니다. 이는 적극적인 애도의 한 형태이며, 적극적인 애도는 언제나 좋은 것입니다.
　그러니 어디서든 이 말을 듣게 되면 마음속으로 이렇게 생각하세요. 그 일이 끝났으니 우세요. 그리고 그 일이 있었으니 웃으세요. 우는 건 우리에게 좋습니다. 좋은 기억과 우리가 여전히 느끼고 있는 사랑에 미소 짓는 법을 배우는 것도 그렇습니다. 우는 것과 웃는 것, 이 두 가지는 서로 배타적이지 않습니다. 둘은 손을 잡고 갑니다.

　그 일이 끝났으니 울 수도 있고, 그 일이 있었으니 웃을 수도 있습니다.

> 당신이 사랑하는 누군가가 기억의 대상이 되면, 그 기억은 보물이
> 된다.
>
> — 작자 미상

애도에서 본질적으로 꼭 필요한 활동 중 하나는 죽은 사람을 기억하는 것입니다. 처음에는 고통스럽겠지만, 대개 시간이 지날수록 기억하는 것이 더 쉬워지고 더 보람 있는 일이 됩니다.

준비가 되었을 때, 기억을 모으고 보존하는 일을 시작해 보면 슬픔을 치유하는 데 도움이 될 수 있습니다. 예를 들어 죽은 사람의 사진첩이나 스크랩북을 만드는 것입니다. 사진뿐 아니라 유품과 기념품으로 채워진 기억 상자를 만들 수도 있습니다.

의욕이 있다면 다른 이들에게 그 특별한 사람에 관한 일화나 생각을 이메일로 보내달라고 부탁해서 기억을 모을 수도 있습니다. 아니면 형식에 구애되지 않은 인터뷰를 하면서, 다른 사람들이 들려주는 대로 그 기억을 적어 둘 수도 있습니다. 일종의 전기 같은 것을 구성해 볼 수도 있습니다. 죽은 이의 삶에 대해 가급적 많은 것을 담은 하나의 문서를 만드는 것이지요.

우리의 기억은 정말로 보물입니다. 기억을 모으고 보존하는 활동은 보물을 그것에 걸맞은 영예와 존중의 태도로 대하는 것입니다. 또한 그 활동들 덕분에 우리는 보물을 미래 세대에게 넘겨줄 수 있습니다.

기억을 모으고 보존하고 싶다면, 내게 맞는 방식으로 그렇게 할 수 있습니다. 또한 다른 이들에게 이 일을 도와 달라고 부탁할 수도 있습니다.

삶의 의미. 인생에서 헛되이 보인 세월. 인생의 나쁜 선택들.
신은 한 단어로 엉망진창인 삶에 응답한다. '은총'으로.
— 맥스 루케이도

슬픔에 빠져 있을 때, 우리 삶은 엉망진창이고 혼돈 상태이며 심지
어 무의미해 보이기까지 합니다. 우리는 혼란스럽습니다. 지리멸렬
하고 앞뒤도 맞지 않습니다. 꽉 붙잡을 수 있는 단단한 무언가를 찾
아 헤매지만, 아무것도 찾지 못합니다. 도와주세요!

그런 다음 은총이 찾아옵니다.

은총은 인생에서 '의미 있는 우연의 일치'synchronicity와 축복을 경
험하는 것입니다. 은총은 이 순간이 좋다고, 심지어 마술 같다고 인
식하는 것입니다. 한창 혼란스러울 때 우리는 문득 아이로부터 포옹
을 받기도 하고, 얼핏 고개를 들어 머리 위로 드리운 구름을 바라보
며 경이로움을 느끼기도 합니다. 세상을 떠났지만 우리가 여전히 사
랑하는 이가 보낸 신호임이 분명한 것을 보기도 하지요.

은총은 받아들임에 대한 보답으로 우리에게 주어집니다. 마음을
활짝 열기만 하면 우리는 날마다 은총을 누릴 수 있습니다.

은총이여, 나는 당신을 기다릴 것이며 당신이 나타날 때마다
감사할 것입니다.

어떤 일들은 그다지 중요하지 않아. 집의 색깔처럼 말이야. 인생 전체 계획에서 그게 얼마나 큰 비중을 차지하겠어? 하지만 한 사람의 마음을 북돋우는 일, 그건 중요해. 사람들의 모든 문제는 말이지…… 중요한 게 뭔지 알면서도, 그걸 택하지 않는다는 거야…… 세상에서 가장 어려운 일은 중요한 걸 선택하는 거야.

— 수 몽크 키드

우리는 우리 자신에게 가장 중요한 일에는 시간을 많이 쓰지 않고 늘 하던 대로 하루하루를 보내는 경향이 있습니다. 하지만 사랑하는 사람을 잃으면 진정으로 중요한 게 무엇인지, 하루하루를 무엇을 하며 보내고 있는지를 절실히 자각하게 됩니다.

왜 우리는 사랑하는 사람들과 더 많은 시간을 보내지 않을까요? 왜 우리는 이토록 열심히 일하고 있을까요? 왜 우리는 가구나 자동차, 집 색깔에 호들갑을 떨고 있을까요?

죽음은 커다란 정화기입니다.

세상에서 가장 어려운 일은 중요한 걸 택하는 것입니다. 지금 우리는 진정으로 중요한 게 무엇인지를 본능적으로 보고 느끼고 이해할 수 있는 상황에 내몰렸습니다. 그러니 이제부터라도 중요한 걸 택해야 하지 않을까요?

가능한 한 오늘을(그리고 앞으로 남은 오늘들을)
진정으로 중요한 것에 쓰기로 마음먹겠습니다.

인생의 어떤 순간에는 아무 말도 할 수가 없다.

— 데이비드 셸처

우리는 슬픔을 말로 표현할 수 없는 순간들이 있다는 것을 알게 됩니다. 슬픔은 말보다 더 큽니다. 말보다 더 넓습니다. 말보다 훨씬 더 깊고 더 심오합니다.

　언어가 도움이 안 될 때는 다른 표현 형식에 의지해도 됩니다. 포옹하고 손을 잡는 것에서 위안을 얻을 수도 있습니다. 예술 작품을 만들고, 음악을 연주하거나 감상하고, 이런저런 신체 활동에 참여하는 데에서 도움을 받을 수도 있습니다. 촛불을 밝히고 영적인 예배에 참석하는 등의 의례도 언어를 초월해서 슬픔을 치유하는 출구를 제공하기도 합니다.

대화로 슬픔을 표현할 수 없거나 표현하고 싶지 않을 때는
슬픔을 나눌 다른 방법들을 찾겠습니다.

자신을 믿어라. 당신은 많은 어려움 속에서도 살아남았고, 어떤
일이 닥쳐와도 살아남을 것이다.
— 로버트 튜

우리가 온 마음을 다해 사랑했던 사람들이 세상을 떠났습니다……
그런데 우리는 여기 있습니다. 우리는 살아남았습니다.

처음에는 살아남을 수 있을 것 같지 않았습니다. 현실은 너무나
끔찍했습니다. 고통이 너무 심해 으스러질 것 같았지요. 고통이 우
리를 죽일 것이 확실했습니다.

하지만 우리는 살아남았습니다. 살아가고 있습니다. 어쩌면 이제
어떤 일이 닥쳐와도 우리 자신을 믿으며 버텨 낼 수 있을지도 모릅
니다. 어쩌면 모든 희망이 사라진 듯 보일지라도, 이제는 상황이 나
아질 거라고 믿을 수 있을지도 모릅니다.

나는 믿는 법을 배우고 있습니다. 살아남고 슬퍼하고 애도하고 치유해야
한다는 것을 본능적으로 알고 있다는 것을요.

> 산은 구불구불한 길을 통해서만 오를 수 있다.
> ― 괴테

저는 로키산맥 기슭의 작은 언덕에 살면서 눈부신 광경이 펼쳐지는 수많은 탐방로에서 하이킹하는 것을 즐깁니다. 하지만 힘든 하이킹을 시작하면서 앞으로 4~5마일에 걸쳐 1,000피트 높이로 올라가야 한다는 것을 의식하면, 버거움이 밀려옵니다. 그건 천 개의 계단이나 마찬가지니까요!

바로 여기서 지그재그 길이 중요해집니다. 지그재그 모양의 탐방로는 저를 곧장 산 위로 데려다주지 않습니다. 대신 앞으로 갔다 뒤로 갔다, 올라갔다 돌아갔다 약간 내려갔다, 조금 더 올라갔다 돌아갔다 하면서 빙 둘러 가게 하지요. 이 길은 가장 힘든 구간을 분산해서 그사이에 있는 비교적 평평한 곳에서 체력을 회복할 수 있게 해줍니다. 저는 도중에 여러 차례 멈춰 쉴 수 있고, 실제로도 그렇게 하고 있습니다.

슬픔은 구불구불한 길을 따라 완주해야 하는 오르막길과 같습니다. 지그재그 길은 이 여정이 끝나지 않을 것처럼 보이게 할 수도 있고, 때때로 길을 잃었다고 느끼게 할 수도 있습니다. 하지만 하이킹을 할 수 있는 것은 바로 왔다 갔다 하는 이런 과정 덕분입니다. 그 과정에서 우리는 종종 멈춰 쉬어 갈 수 있고, 또 그래야만 합니다.

슬픔에 잠겨 길을 잃었다고 느껴지면, 구불구불한 길을 떠올리면서 나는 길을 잃은 게 아니라 산을 오르듯 앞으로 갔다 뒤로 갔다 하는 것뿐이라고 믿겠습니다. 또한 필요한 만큼 종종 멈춰서 휴식을 취하겠습니다.

> 1년 후 당신은 '1년 전에 시작했더라면 좋았을 텐데'라고 생각할
> 것이다.
>
> ― 캐런 램

상실의 슬픔을 겪고 있는 이는 일을 미루는 사람이 될 수 있습니다.
당연히 우울하고 에너지도 떨어집니다. 그래서 일을 미루게 되지요.
미루고. 또 미루고.

슬픔에 빠진 초반에는 미루는 게 정상이며 심지어 꼭 필요하기까
지 합니다. 우리는 슬픔의 상처 속에 머물러 있습니다.

하지만 참 고마운 일이죠. 우리는 지금 당장 내면으로 시선을 돌
려 슬픔에 집중해야 합니다. 우리에게 시간이 필요하다는 점을 이해
해 주세요. 필요한 일이 있으면 그때 가서 하겠습니다.

너무 오랫동안 미루면 안 되는 한 가지 일이 있습니다. 바로 슬픔
을 표현하는 일입니다. 애도를 미루면 슬픔을 제대로 표현하지 못한
채 짊어지고 가게 됩니다. 그리고 그렇게 짊어진 슬픔은 우리 삶에
서 온갖 종류의 문제로 변합니다.

우리를 짓눌러 온 그 느낌이요? 그 느낌에 대해 말할 시간입니다.
우리를 괴롭히고 밤잠을 못 이루게 하는 그 생각이요? 그 생각을 일
기에 쓰거나 영적인 멘토에게 말해도 좋은 시간입니다. 지금부터
1년 뒤는 너무 늦습니다. 망설여질 때 바로 털어놓으세요.

내 슬픔의 생각과 느낌을 표현할 시간이 되었습니다.

> 감사는 삶의 충만함을 열어 보인다. 그것은 우리가 가진 것을 충분한 것으로 그리고 그 이상으로 바꿔 놓는다. 거부를 수락으로, 혼돈을 질서로, 혼란을 명확함으로 변화시킨다. 감사는 식사를 잔치로, 집을 가정으로, 낯선 이를 친구로 바꿔 놓을 수도 있다. 감사는 우리의 과거를 이해하게 하고, 오늘을 위한 평화를 가져다주며, 내일에 대한 전망을 창조한다.
>
> — 멜로디 비티

아, 감사가 선사하는 것들이군요. 하지만 우리가 슬픔에 빠져 있을 때는, 특히 처음 몇 주나 몇 달 동안은 고마움의 이유를 찾기가 어려울 수 있습니다. 우리 삶에 의미를 부여했던 누군가를 뺏겼으니까요! 어떻게 감사할 수가 있겠습니까?

하지만 감사는 우리의 사랑이 살아 숨 쉬는 곳입니다. 우리는 죽은 이에 대한 사랑을 기억하고 계속해서 그 사랑에 한껏 빠져 있을 수 있는 방법을 찾아야 합니다. 그럴 때 우리는 그와 함께하는 특혜를 누렸던 그 시간에 고마운 마음을 느끼게 됩니다. 그리고 날마다 경험하는 소박한 즐거움뿐만 아니라, 우리 삶에 계속 함께 존재하는 다른 이들에게 느끼는 사랑에 의식을 집중할 때, 우리는 감사의 마음을 꼭 붙잡고 살아갑니다.

가능한 한 감사하는 마음으로 살도록 자신을 훈련시키는 것이 치유의 핵심입니다. 노력과 단련이 필요하지만, 우리는 할 수 있습니다. 그리고 그에 대한 보답은 의미와 기쁨으로 새로워지는 삶입니다.

오늘은 내 인생에 내려진 모든 축복에 감사하는 데 집중하겠습니다.

슬픔이 느껴질 때는 슬픔을 느끼도록 허용하겠으며,

동시에 그 이면에서 감사함을 찾겠습니다.

> 당신이 있었던 그곳에 세상의 구멍이 생겼습니다. 나는 낮에는 끊임없이 그 주위를 서성이고, 밤에는 그 구멍에 빠지는 나 자신을 발견합니다. 지독히 보고 싶습니다.
>
> — 에드나 세인트 빈센트 밀레이

낮에는 너무 바빠서 슬픔을 제쳐 둘 수 있는 경우가 종종 있습니다. 몸치장을 하고, 일을 하고, 학교에 가고, 식사를 준비하고, 청소를 하고, 개를 산책시키고, 전화를 하고, 가게에 들르는 등 고통으로부터 주의를 딴 데로 돌리려 무엇이든 합니다.

하지만 그러고 나서 밤이 찾아오면 우리는 더 이상 숨을 수가 없습니다. 아, 물론 넷플릭스를 몰아보고 태블릿 컴퓨터로 게임을 하기도 합니다. 와인을 한두 잔 마실 수도 있겠지요. 그러나 그렇게 해도 많은 밤, 당신이 떠나면서 우리 삶에 남겨 놓은 구멍에 빠지고 맙니다.

오늘 밤 그 부재의 구멍에 빠진다면, 주의를 돌릴 만한 다른 일을 찾거나 눈을 뜬 채 누워 있지 말고 다른 방법을 시도해 보기로 해요. 연중무휴로 온라인에서 운영되는, 슬픔을 나누는 지지 모임에 글을 게시해 보면 어떨까요? 일기를 쓰는 건요? 떠난 이의 사진과 유품을 정리하는 데 몰두해 보는 것은 어떨까요?

당신이 지독히 그립습니다.
오늘 밤 당신이 남겨 놓은 구멍에 빠진다면,
내 슬픔과 적극적으로 마주하겠습니다.

> 인생에서 가장 중요한 일은 사랑이다. 아니, 어쩌면 그것이 유일
> 하게 중요한 것일지도 모른다.
>
> ― 스탕달

삶을 의미 있게 만드는 것은 사랑입니다. 사랑하고 사랑받는 특혜를
누린 이들은 이 심오하면서도 지극히 단순한 진리를 잘 이해합니다.

죽음은 우리 눈앞에 있던 사랑하는 이의 육체적 존재에서 우리를
떼어 놓지만, 사랑 그 자체에서 우리를 떼어 놓는 것은 아니며 그럴
수도 없습니다. 우리는 슬퍼하는 바로 그 순간에도 계속 사랑을 합
니다. 마지막 숨을 거둘 때까지, 어쩌면 그 이후에도 계속 사랑할 것
입니다.

사랑은 계속됩니다. 그리고 우리 삶을 계속해서 의미 있게 만들어
줄 것도 사랑입니다.

슬픔을 느낄 때마다 사랑 또한 함께 느끼고 있다는 것을 기억하려고
애쓰겠습니다. 슬픔을 존중하고 사랑에 감사하겠습니다.

> 사랑하는 사람이 죽었을 때, 당신이 할 수 있는 최선은 살아 있는
> 동안 그의 영혼을 기리는 것이다. 그 사람이 당신에게 가르쳐 주
> 려고 애썼던 것이 무엇이건 그걸 배우겠다고 다짐하는 것…… 그
> 것은 그의 영혼을 당신 안에서 계속 살아 있게 함으로써, 세상에
> 서도 계속 살아 있게 하는 적극적인 방법이다.
>
> ― 패트릭 스웨이지

사랑하는 사람은 죽었고, 우리는 살아 있습니다. 슬픔에 빠져 고통
스럽더라도 지상에 있는 이곳에서의 우리 삶은 계속됩니다. 이것은
새롭고도 달콤쏩쓸한 진실입니다.

그렇지만 놀라운 기회가 있다는 점도 이 진실의 일부입니다. 그
기회란 이 순간부터 앞으로 충실하게 살고 사랑하는 것입니다. 어쩌
면 죽음 덕분에 자신의 삶에서 소중한 것을 더 잘 알게 되었는지도
모릅니다.

우리는 또한 세상을 떠난 이를 기리고 추억하면서 살아가려고 할
수도 있습니다. 우리의 삶을 풍요롭게 살면서도 죽은 이의 삶을 기
념하는 방법을 찾을 수도 있지요. 사랑하는 사람이 미완으로 남겨
둔 일을 끝낼 수도 있고, 그들이 열정을 느꼈던 일을 계속해 나갈 수
도 있습니다. 요컨대 우리는 죽은 이와 우리 모두를 위해 살아가려
고 애쓸 수 있습니다.

죽은 사람도, 삶 그 자체의 소중함도 모두 기리며 살아가려
노력하겠습니다.

> 아주 오랫동안 해안가를 보지 못한다는 각오를 하지 않고서는 새
> 로운 땅을 발견할 수 없다.
>
> ─ 앙드레 지드

때때로 슬픔은 초보자의 공중그네 타기와 같습니다. 우리는 앞뒤로 왔다 갔다 합니다. 하지만 새로운 방식으로 생각하고 느끼는 길로 나아가려면 우리가 필사적으로 잡고 있는 그넷줄을 놓고 새로운 줄을 꽉 붙잡아야 합니다.

　다시 말해 익숙한 것을 놓아 주기로 결심해야 합니다. 새로운 애도 활동을 시도해야 합니다. 여러 사람에게 말을 걸어야 합니다. 용기를 내어 항해를 시작하고 해안가로부터 멀어져야 합니다.

　최악의 경우 어떤 일이 일어날까요? 길을 잃을 수 있습니다. 하지만 사실 우리는 이미 길을 잃지 않았나요? 우리는 새로운 광경과 감각, 새로운 사고방식과 만나게 될 가능성이 큽니다. 그리고 새로운 땅을 발견하면서 단지 살아남는 데 그치지 않고 번영하는 법을 배우게 될 것입니다.

　해안가에서 멀어질 준비가 되었습니다. 잘 다녀오겠습니다!

자신의 망가짐을 받아들이는 것은 그 모습이 어떻든, 그 원인이
무엇이든, 치유를 받아들일 수 있는 가능성을 품고 있다.

— 로버트 벤슨

자신의 망가진 상태를 받아들이는 것은 우리가 이 삶에서 언젠가 하
게 될 가장 어려운 일인지도 모릅니다. 사랑과 기쁨을 받아들이는
것. 네, 그러겠습니다! 더 많이, 더 많이, 더 많이! 하지만 고통, 서글
픔, 절망, 실망, 후회를 받아들이는 것은…… 아뇨, 됐습니다!

그렇지만 우리에게 무슨 선택권이 있을까요? 우리는 고통, 서글
픔, 절망, 실망, 후회를 느끼고 있습니다. 이 느낌들은 무시하거나 애
써 부정한다고 해도, 사라지지는 않을 거예요. 사라질 리가 없죠. 그
것들은 우울증, 불안, 인간관계 곤란과 같은 문제를 통해 우리의 남
은 인생을 파괴할 것입니다.

그래서 우리는 용기를 내어 고통을 받아들이고, 그렇게 함으로써
언젠가 찾아올 치유를 받아들이게 됩니다.

망가진 상태는 아프지만, 그것과 친구가 되는 것은 언젠가 찾아올
치유와 친구가 됨을 의미합니다. 그럼, 시작하겠습니다.

> 휴대전화의 가장 큰 장점은 당장 내가 차 안에서 혼잣말을 할 수
> 있고, 아무도 그것을 이상하게 여기지 않는다는 것이다.
>
> — 론 브래킨

애도하는 이들 중에 제가 아는 많은 분이 죽은 이를 향해 소리 내어 말하는 것이 치유에 도움이 된다고 말합니다. 그들은 죽은 이가 가깝든 멀든 어딘가에 있고, 단지 볼 수 없을 뿐이라고 상상합니다. 죽은 이는 그들이 하는 말을 모두 들을 수 있고, 또 항상 귀를 기울이고 있다는 것이지요.

우리는 죽은 사람의 사진에 대고 말을 걸 수 있습니다. 침대 협탁에 놓인 사진을 향해 "좋은 아침이야!" "잘 자!"라고 말하는 것을 정해진 일과 중 하나로 만들 수 있습니다. 묘지나 납골당, 유골을 뿌린 장소를 찾아가 소리 내어 말을 건넬 수도 있습니다. 차 안에서 보내는 시간을 틈타 세상을 떠난 이에게 말을 걸 수도 있습니다.

죽은 사람에게 소리 내어 말하는 것은 애도의 한 형태입니다. 우리 생각과 느낌을 밖으로 표현하는 것이기 때문이죠. 그것은 우리가 특별한 그 사람과 맺은 사랑의 관계를 지속하는 방법이기도 합니다. 그리고 누가 알겠습니까? 그들이 실제로 우리의 말을 들을 수 있는지!

언제든 말하고 싶은 마음이 들면, 말할 수 있습니다.
그렇게 하면 할수록 더 자연스럽고 더 도움이 됩니다.

슬픔이 공포처럼 느껴진다고 말해 주는 이는 아무도 없었다.
— C. S. 루이스

불안, 공황, 공포의 느낌이 우리가 겪는 슬픔 경험의 일부가 되는 일이 종종 있습니다. 안전하다는 느낌이 위협을 받았으니 당연히 불안해집니다. '나는 괜찮을까? 이걸 견디고 살아남을 수 있을까? 다음에는 무슨 일이 일어날까?'

장차 무슨 일이 일어날지, 아니면 다른 상실을 겪는 건 아닌지 두려울 수 있습니다. 우리 자신의 연약함이나 죽음을 피할 수 없는 운명을 더 의식하게 될지도 모르지요. 그건 무섭습니다.

집중할 수 없다는 것 때문에 당황스러워할지도 모릅니다. 재정적인 문제가 불안감을 가중시킬 수도 있습니다.

본질적으로 세상 모든 게 좋지 않아 불안하고 두려울 수 있습니다. 단순히 두려워할 필요가 없다고 말하지 않고, 진심으로 걱정하면서 귀를 기울여 줄 수 있는 사람과 함께 우리의 공포에 관해 끝까지 이야기를 나누는 것도 한 가지 돌파 방법입니다. 자신을 진정시키는 기술과 의식儀式을 열심히 익히는 것도 또 다른 방법입니다.

두려움이나 불안을 느낄 때 무엇이 나를 진정시키는지
알아차리겠습니다. 필요할 때면 건강하게 자신을 진정시킬 수 있는
이 기술에 의지하겠습니다. 또한 내가 느끼는 두려움을
귀 기울여 들어 주는 자에게 큰 소리로 이야기하겠습니다.

새로운 철학을 개발했어. 오늘은 오늘 몫만큼만 무서워하는 거야.
— 찰리 브라운(찰스 M. 슐츠)

무서움은 어떤 일에 대해 쇠약해질 정도로 걱정되는 기분입니다. 그것은 곧 다가올 경험이 끔찍할 것이라는 예상입니다.

슬픔 속에서는 어떤 일들을 무서워하는 게 정상입니다. 기일이나 다음 명절이 무서울 수 있습니다. 사랑하는 사람의 물건을 살펴보거나 사진을 분류하는 일이 무서울지도 모릅니다. 좀 더 일반적으로는, 다가올 몇 주나 몇 달이 두려울 수도 있습니다. 너무나 고통스러울 것으로 예상되기 때문입니다.

무서움을 느끼는 것은 정상이지만, 그런 예상을 바꾸는 것도 우리 힘으로 할 수 있습니다. 예상은 현실 그 자체가 아니니까요. 그것은 현실이 어떨 것이라는 예측일 뿐입니다. 어떤 일이 일어날지에 대해 스스로에게 들려주는 이야기일 뿐이죠. 그리고 우리가 예상하는 것만큼 상황이 나쁘게 돌아가는 경우는 드물다는 걸 알고 있지요?

그러니…… 어쩌면 가끔은 더 즐거운 결과를 예상하는 쪽을 택할 수도 있겠네요.

어떤 일이 무서울 땐, 더 즐거울 것으로 기대되는 이야기를 스스로에게 들려주겠습니다.

사람마다 각자 다른 방식으로 슬퍼한다. 어떤 사람에게는 더 오래 걸릴 수도 있고 더 짧을 수도 있다. 슬픔이 절대 사라지지 않는다는 것은 나도 잘 알고 있다. 내 안에는 불씨가 여전히 남아 있다. 보통은 눈치채지 못하지만, 어느 날 갑자기 불꽃이 활활 타오를 것이다.

— 마이라 V. 스나이더

상실의 슬픔을 겪고 있는 우리는 누구든 슬픔이 폭발하기 쉽습니다. 고인이 세상을 떠나고 시간이 한참 지난 뒤에도 냄새 하나, 단어 하나, 몸짓 하나, 기억 하나와 같은 단순한 그 '무엇' 때문에 상실이 우리를 다시 덮칠 수도 있습니다. 고통으로 숨도 제대로 못 쉬며 흐느껴 울고 있는 자신을 발견할지도 모릅니다. 그 경험은 우리를 완전히 주저앉게 만듭니다.

슬픔이 폭발하면 우리는 기진맥진하게 될지도 모릅니다. 하지만 그것은 정상적이고 자연스러운 것이기도 합니다. 그것은 슬픔이 항상 우리 안에 살아 있으며, 무언가가 그것을 건드리면 다시 활활 타오른다는 증거입니다.

슬픔이 폭발하는 것을 막을 수는 없습니다. 하지만 그것이 타오를 때 받아들이는 법을 배울 수는 있습니다. 그거 단지 이따금 슬픔이 우리의 관심을 여전히 필요로 한다는 것을 알려 줄 뿐입니다.

다음번에 슬픔이 폭발하면 하던 일을 멈추고 슬픔이 누그러질 때까지 그것에 온 관심을 기울이겠습니다.

누군가와 이야기하고 싶었다. 하지만 누구와? 세상이 가장 작게 느껴질 때는 누군가가 가장 필요한, 바로 이런 순간이다.

— 레이철 콘

어떤 이에게는 세상을 떠난 사람이 가장 가까운 동료이자 가장 귀 기울여 자신의 말을 들어 주던 사람이었습니다. 이제 우리는 누군가에게 슬픔에 관해 이야기해야 하는데…… 가장 필요한 사람은…… 세상을 떠났지요. 어떤 사람은 지인은 많지만 가깝고 믿을 수 있는 친구는 없습니다.

그렇다면 대체 누구와 이야기할까요? 우리는 인생에서 다른 사람들과 더 끈끈한 유대감을 형성하거나 새로운 친구를 찾아야 할 상황에 직면해 있습니다. 둘 다 버거운 일처럼 보일 수 있습니다.

타고난 공감 능력을 갖췄거나 다른 이들의 말을 듣는 데 숙련된 경험을 가진 사람을 알고 있다면, 거기서부터 출발하면 됩니다. 상담사나 지지 모임을 찾아보는 것도 좋습니다. 비슷한 상실을 경험한 사람 또한 가능성이 꽤 높은 후보가 될 수 있습니다.

누군가가 필요한데 아무도 없다면, 세상이 너무 작게 느껴집니다. 평소의 한계를 넘어 손을 뻗는 것으로 우리는 이 작은 세상을 돌파할 수 있습니다.

내 말에 귀를 기울여 줄 다른 이들과 연결이 되면, 이 작은 세상을 돌파할 수 있습니다.

1 2 3 4 5 6 7 8 9 10 11 12 13 14 15 16 17 18 19 20 21 22 ㉓ 24 25 26 27 28

용기가 언제나 우렁찬 소리를 내는 것은 아니다. 가끔 용기는 하루를 마치면서 '내일 다시 시도할 거야'라고 말하는 작은 목소리이다.

— 메리 앤 라드마커

발에 가시가 박혀 제대로 걷지 못한 사자 이야기를 기억하시나요? 사자는 아프리카 초원의 다른 동물들에게 도와 달라고 외쳤지만, 용감하게 다가와 가시를 뽑아 준 건 작은 생쥐 한 마리뿐이었지요.

슬픔 속에서 우리가 내는 용기는 한 마리 작은 생쥐인 날이 많습니다. 조그마하고 약해 보이더라도 용기를 내면 큰 힘을 가진 작은 애도 작업을 해낼 수 있습니다.

물론 어떤 날은 작은 생쥐가 전혀 모습을 드러내지 않습니다. 슬픔에 잠겨서 어떤 용기도 나지 않는 것이지요. 그럴 때는 잠깐의 소심함(내면에 집중하기 위한 정당한 요구일지도 모릅니다)을 받아들이고, 내일 다시 시도해도 괜찮습니다.

작게 찍찍대는 용기가 큰일을 해낼 수 있다는 걸 믿습니다. 적극적으로 애도하겠다는 나의 용기는 작고, 어떤 때는 전혀 모습을 드러내지 않습니다. 하지만 시간이 지나면, 규칙적이고 작은 행동들이 삶을 바꾸는 큰 추진력을 만들어 냅니다.

나는 마음이 회복할 수 없을 만큼 너무 철저히 망가져서 다시는 진정한 기쁨이 없을 것처럼, 기껏해야 작은 만족만 있을 것처럼 느꼈다. 모든 이가 내가 도움을 받아 삶에 복귀하고 정상을 되찾아 앞으로 나아가기를 바랐다. 나도 그러려고 애썼고, 그러고 싶었다. 하지만 나는 진흙탕 속에서 두 팔로 내 몸을 감싼 채 두 눈을 감고 슬퍼하며 간신히 있어야만 했다. 더 이상 그렇게 할 필요가 없을 때까지.

— 앤 라모트

진흙탕 같은 슬픔의 날들은 강력하고 고통스럽습니다. 하지만 둘러서 갈 방법도 없습니다. 진흙탕이 잡아당기는 힘에 항복해 뒹구는 수밖에요.

많은 사람이 슬픔을 회피하는 문화에 찌들어 있습니다. 이들은 우리에게 삶에 다시 복귀해 정상을 되찾으라고, 잊고 앞으로 나아가라고 말합니다. 그들이 깨닫지 못하는 것은 자신들이 잘못된 조언을 하고 있다는 사실입니다.

두 팔로 자신을 감싼 채 진흙탕 속에 있는 것처럼 느껴질 때, 그건 그렇게 감싼 채 진흙탕 속에 있어야 할 때라는 뜻입니다. 더 이상 그렇게 할 필요가 없을 때까지 우리는 그곳에 있을 것입니다.

여전히 진흙탕 속에 있는 것처럼 느껴진다면, 여전히 진흙탕 같은 날들을 보내고 있는 것입니다. 진흙탕 같은 날이 몇 달째 계속되고 있다면, 슬픔을 함께해 줄 상담사를 만나 볼 때입니다. 그렇지 않다면 아직 그 속에서 뒹굴 필요가 있어서 뒹굴고 있는 겁니다.

오래된 슬픔이 서서히 조용하고 부드러운 기쁨으로 변해 가는 것, 이것은 인간 삶의 크나큰 신비다.

— 표도르 도스토옙스키

시간이 지나면 슬픔이 누그러지지만, 슬픔을 적극적으로 탐구하고 표현할 방법을 찾아야만 그렇게 됩니다. 슬픔은 더 많이 탐구하고 표현할수록 더 조용해집니다.

우리는 결국 오래 잘 애도한 슬픔이 부드럽고 달콤쓸한 기쁨으로 변화하는 것을 발견합니다. 고통은 결코 완전히 사라지는 법은 없지만, 종종 오래된 황동의 고색창연한 빛을 띱니다.

인간의 삶은 수많은 신비를 품고 있습니다. 슬픔은 크나큰 신비 중 하나입니다.

슬픔을 더 많이 탐구하고 표현할수록, 시간이 흐름에 따라 그 슬픔이 달콤쓸한 기쁨으로 변해 감을 발견하게 될 것입니다.

내가 상상했던 것보다 더 많은 미국인의 마음속에 끝나지 않은 슬픔의 침전물이 쌓여 있다. 이 주머니가 열리고 그 안의 내용물이 공기 중에 드러나기 전까지 그것들은 상상조차 못할 정도로 큰 인간의 성장과 잠재력을 가로막는다. 그것들은 기괴하고 설명할 수 없는 행동을 낳고, 그로 인해 이루 말할 수 없는 내적 스트레스가 발생한다.

— 로버트 캐버노

우리는 중요한 무언가나 누군가를 잃을 때마다 속으로 슬퍼합니다. 때로는 그 슬픔을 표현하지도 않습니다. 애도하는 대신 슬픔을 자신 안에 담아 둡니다. 슬픔을 애써 벽 안에 가두고 알아서 치유되기를 바라는 것이지요.

문제는 표현하지 않은 슬픔은 알아서 치유되지도 않는다는 점입니다. 시간만으로 모든 상처가 치유되지는 않습니다. 그리고 상실과 애도하지 않은 슬픔이 더 쌓여감에 따라 불안, 우울증, 인간관계, 약물 남용 및 여타의 문제로 어려움을 겪는 자신을 발견하곤 합니다. 애도하지 않은 슬픔을 모두 드러내고 표현하는 것만이 충분한 치유와 건강으로 이어집니다.

허우적거릴 때는 과거를 돌아보며 애도하지 않은 슬픔이 있는지 찾아보겠습니다. 슬픔을 탐색하고 표현하며 마침내 치유하는 것을 도와줄 인정 많은 상담사를 찾아보겠습니다.

아무것도 하지 않을 때는 압도당하고 무력한 기분이 든다. 하지만 깊이 관여하면 상황을 개선하려고 노력하고 있다는 인식에서 오는 희망과 성취감을 느낄 수 있다.

— 폴린 R. 키저

많은 사람이 자기가 겪은 슬픔에 대해 거의 아무것도 하지 않거나 아예 아무것도 안 합니다. 슬픔을 혼자만 간직하면서 가능한 한 빨리 '슬픔을 이겨 내는' 것이 더 낫다는 잘못된 문화적 믿음을 따르면서 자신의 진실한 생각과 느낌은 내면에 가두어 놓습니다. 그러다 결국 압도당하고 무력한 기분이 들지요.

하지만 슬픔에 몰두할 때, 애도를 통해 슬픔을 움직이게 할 때, 우리는 희망이 있다고 느낍니다. 스스로 상황을 개선하려고 노력하고 있다는 데서 오는 성취감을 느끼기도 하지요.

슬픔을 회피하는 문화가 있다는 것은 애석한 일입니다. 그런 문화가 실제로는 우리를 아프게 만듭니다. 슬픔과 적극적으로 관계 맺을 때만 우리는 치유됩니다.

오늘 나는 나의 슬픔에 깊이 몰두하겠습니다.

어둠 속에서 친구와 함께 걷는 것이 밝은 곳에서 혼자 걷는 것보다 낫다.

— 헬렌 켈러

슬픔의 어둠 속에서는 진정한 친구를 만나기 어려울 수 있습니다. 애도 중인 사람과 함께 시간을 보내는 것은 힘든 일입니다. 하지만 비슷한 상실을 겪은 사람과 연결되려고 노력한다면 지금 우리에게 필요한 지지를 받을지도 모릅니다.

'슬픔을 함께하는 단짝'grief buddy은 슬픔이라는 공감대가 있는 친구입니다. 어쩌면 새로운 친구일 수도 있습니다. 저는 그런 사람을 길동무로 부르곤 합니다. 그들 역시 슬픔의 황무지를 헤쳐 나가는 여행을 하고 있으며, 종종 누군가의 동행을 고마워할 것입니다.

슬픔을 함께하는 단짝들은 만나서 커피, 점심 식사, 산책, 골프 등을 할 수 있습니다. 함께 이야기하면서 정기적으로 시간을 보낼 수 있는 활동이라면 무엇이든 괜찮습니다. 우리가 서로를 이해할 수 있다는 것은 큰 안도감을 줍니다.

오늘, 슬픔을 함께하는 단짝이라는 아이디어에 관해 생각해 보겠습니다. 그리고 누군가와 연결될 수 있도록 발걸음을 내디뎌 보겠습니다.

3월

삶은 놀라운 것이다. 그러다 끔찍해진다. 그러다 다시 놀라운 것이 된다. 그런 놀라움과 끔찍함 사이에는 평범하고 그저 그런 일상이 있다. 놀라운 날에는 숨을 들이쉬고, 끔찍한 날에는 잘 버티고, 평범한 날에는 긴장을 풀고 숨을 내쉬어라. 그것이 바로 가슴 아프고, 영혼을 치유하고, 놀라우면서도 끔찍하고, 평범하기도 한 삶을 사는 것이다. 그런 삶은 숨이 멎을 정도로 아름답다.

― L. R. 노스트

슬픔은 끔찍할 수 있습니다. 삶도 슬픔 속에서는 끔찍할 수 있습니다. '끔찍하다'awful라는 단어는 본래 경외감awe과 가득한full이라는 단어의 합성어입니다. 경외감으로 가득한 것이죠. '경외감'은 경이로움과 비슷합니다. 행복하지 않다는 점만 빼면요. 심리학자 로버트 플럿칙은 경외감은 두려움과 놀라움의 복합물이라고 말했습니다. 그렇죠. 슬픔은 놀랍도록 두려울 수 있다고 생각합니다. 두려울 정도로 놀랍기도 하고요.

슬픔을 경멸이 아닌 경외감의 시각에서 본다면, 애써 무시하려 하기보다 존중한다면, 슬픔을 제대로 대하고 있는 것입니다. 끔찍한 일을 버텨 내기란 어려운 일입니다. 하지만 회피할 수도 없습니다. 그리고 시간과 노력을 들여서 버티면 우리는 다시 놀라운 일을 경험할 것입니다.

삶은 놀랍기도 하고 끔찍하기도 합니다. 한쪽의 특혜를 누리려면 다른 한쪽에도 당당히 임해야 합니다.

모든 건강의 뿌리는 뇌에 있고, 그 줄기는 감정에 있다. 가지와 이 파리는 몸에 해당한다. 모든 부분이 함께 돌아갈 때 건강의 꽃이 피어난다.

— 쿠르드인의 속담

슬픔은 우리 몸에 영향을 미칩니다. 우리는 종종 피곤하고 아프고 기진맥진합니다. 바이러스에 더 쉽게 감염되고, 사랑하는 이가 죽기 전부터 가지고 있던 신체적 문제가 더 심각해질 수도 있습니다.

때로는 죽은 사람이 가졌던 증상을 느끼기도 합니다. 예를 들어 그녀가 뇌종양으로 죽었다면, 문득 내게도 두통이 있는 듯 느껴집니다. 그가 심장마비로 세상을 떠났다면, 가슴 통증이 느껴질지도 모르지요. 의사를 만나 확인하는 것이 중요하긴 하지만, 대개는 우리 몸이 죽은 사람과 자신을 동일시하고 여전히 그와 가까이 있으려고 해서 일어나는 일입니다.

어떤 식이든 죽은 이와 관련된 신체적 증상을 경험한다고 하더라도 충격받지 마세요. 당신은 미치지 않았습니다. 당신의 몸은 단지 상실에 반응하고 있을 뿐입니다. 모든 건강의 진정한 뿌리인 마음과 영혼을 치유하면서 몸도 점차 나아질 것입니다.

나의 몸 역시 슬퍼하고 있으니 상냥한 보살핌을 받아 마땅합니다.
몸도 세상을 떠난 이를 그리워하고 있습니다.

하느님, 제가 바꿀 수 없는 것들을 받아들이는 평온함을 주시고,
바꿀 수 있는 것들을 바꿀 용기를 주시며,
이 둘의 차이를 아는 지혜를 주소서.

— 라인홀드 니버, 「평온을 비는 기도」Serenity Prayer

슬픔의 폭풍 속에 있을 때는 평온함이 종종 우리를 피해 갑니다. 무엇을 느끼든 평화와는 거리가 멀지요. 불안하거나 두려울 수 있습니다. 혼란하거나 우울하거나 후회할 수도 있습니다. 바람은 울부짖고 비는 세차게 우리를 내려칩니다. 천둥과 번개는 우리를 안절부절못하게 하지요.

우리는 고요한 평온을 갈망하지만, 거기에는 역설이 있습니다. 평온함에 다가가려면 슬픔의 폭풍을 받아들여야만 한다는 것이지요. 그 폭풍을 고스란히 겪을 용기를 냈을 때, 마침내 슬픔의 폭풍은 바뀝니다.

하느님, 제게 슬픔을 받아들일 용기와 지혜를 허락하시어 평온함에 다가갈 수 있게 해 주세요.

그녀의 슬픔은 그토록 크고 거칠어 그녀를 겁에 질리게 만들었다.
마치 마룻바닥 밑에서 튀어나온 사악한 짐승처럼.
—— J. K. 롤링

때때로 우리는 우리가 느끼는 슬픔 때문에 겁을 먹습니다. 슬픔은
난폭하고 요동치며 소란할 수 있습니다. 비명을 지르고 절규하며 울
부짖을 수 있습니다. 불규칙하고 통제 불능일 수도 있지요. 평소에
는 조용하고 감정을 드러내지 않는 사람들조차 가끔 슬픔을 폭발시
킬 수 있습니다.

이렇게 생각해 봅시다. 우리의 슬픔은 우리의 사랑만큼 크고 강력
하다고. 삶을 살 만하게 만들어 준 이를 빼앗겼을 때, 우리의 슬픔은
분노와 공포와 절망으로 미쳐 버립니다! 그럼요. 마치 보물을 지키
는 용과 같습니다. 아, 보물을 도둑맞았을 때의 노여움이라니요!

다음번에 슬픔이 우리를 겁에 질리게 할 때는 용을 기억하면 됩니
다. 용들은 소중한 무언가를 도둑맞았습니다. 그들은 깨어납니다.
그들이 분개하며 포효하는 것은 지극히 정상이고 자연스러운 것입
니다.

나의 슬픔은 크고 거칩니다. 그것이 분출되어야 할 땐, 분출되게 두어도
괜찮습니다.

혼란이나 절망의 순간에 우리와 함께 침묵할 수 있는 친구, 슬픔
과 사별의 시간에 우리와 함께 머물러 줄 수 있는 친구, 모르는 것
을…… 치유되지 않는 것을…… 고쳐지지 않는 것을 묵묵히 견뎌
줄 수 있는 친구, 그 친구야말로 진정한 친구이다.

— 헨리 나우웬

슬픔을 헤쳐 나가는 여정에는 나란히 걸어갈 수 있는 동행자들이 필
요합니다. 해결책을 제시하려 들지 않고 우리가 하는 이야기에 귀
기울여 줄 수 있는 사람. 우리 주의를 딴 곳으로 돌리거나 우리가 겪
는 고통을 곧바로 달래려 하지 않으며 그 고통 앞에서 온전히 함께
있어 줄 수 있는 사람. 애도 과정에서 우리가 보여 주는 내면의 진실
을 증언해 줄 수 있는 사람.

슬플 때 좋은 친구가 되지 못하는 이들이 있다는 것도 우리는 다
압니다. 어떤 이들은 고통을 겪는 우리와 함께 있는 것조차 힘겨워
하지요. 그들은 우리를 돕지도 않고 방해하지도 않습니다. 또 다른
이들은 평가를 내리거나 독을 뿜어 내는 태도로 우리에게 순전히 해
만 끼칠 수도 있습니다.

우리는 이런 사람들이 아니라, 슬픔에 빠져 있을 때 함께 있으며
손잡아 줄 수 있는 인정 많은 조력자를 찾을 것입니다.

곰곰이 생각해 보면, 슬픔에 빠진 내게 좋은 친구가 되어 줄 수 있는
사람을 적어도 한 명은 찾을 수 있습니다. 그 사람에게 손을 내밀어 그의
동행을 받아들이겠습니다.

> 자살에 대한 생각은 크나큰 위안이 된다. 그 덕분에 많은 암울한
> 밤을 헤쳐 나간다.
>
> — 프리드리히 니체

때로는 슬픔이 주는 고통에 너무 압도되어서 모든 게 그저 끝났으면
하고 바랍니다. 내일 아침에 그냥 눈을 뜨지 않아도 상관없다고 생
각하지요.

  슬픔에 빠져 있을 때는 그런 수동적인 자살이 스치듯 생각나는 것
이 자연스럽습니다. 그것은 일종의 위안이 될 수도 있습니다. 스스
로 생을 끝내기를 적극적으로 원하거나 끝내려는 계획을 세운다면
그것은 자연스럽지 않습니다.

  만약 스스로 목숨을 끊는 것에 관해 생각한 적이 있다면, 부디 당
장 전문가와 이야기해 보세요. 때로는 슬픔에 갇힌 협소한 시야가
여러분이 가진 선택지를 보지 못하게 만들 수도 있습니다. 여러분은
나아질 수 있고, 반드시 나아질 것입니다. 상담사를 만나거나 위기
상담 전화를 이용하면 치유를 향해 한 걸음 내딛는 셈입니다.

자살 생각이 계획과 구성 단계에 있다면, 그것은 내가 도움을 받아야
할 때라는 의미입니다.

> 자신이 누구인지 확신할 수 없다면, 앞으로 되고 싶은 사람이 되
> 려고 노력하는 편이 낫다.
>
> — 로버트 브롤트

슬픔에 빠져 있을 때 주어지는 가장 도전적인 과제 중 하나는 새로
운 자기 정체성을 창조하는 일입니다. 우리는 이제 달라졌습니다.
예를 들어 배우자에서 과부나 홀아비로, 또는 자녀에서 고아로 바뀌
었을 수 있습니다.

　우리가 겪고 있는 그 외의 변화들은 간단한 이름표도 없습니다.
속속들이 흔들리는 기분입니다. 그리고 세상을 이해하는 감각에 우
리를 붙들어 매었던 모든 밧줄이 끊어지거나 최소한 닳아 해어졌습
니다.

　우리 자신을 다시 단단히 매어 놓으려 노력하다 보면, 변화하는
자기 정체성의 어떤 긍정적인 측면들을 발견할지도 모릅니다. 예를
들어 우리는 예전보다 자신감이 더 커지거나 더 자비로울 수 있습니
는. 또한 우리는 지금부터 가장 되고 싶은 사람이 되고자 이 강제된
재건의 시간을 이용할 수도 있습니다.

내가 누군지 더 이상 확신할 수 없습니다. 그걸 알아내려면
시간과 노력이 필요합니다.

대낮에 별을 보려면 어두운 우물 바닥까지 가라앉아야 하듯이, 진실을 이해하려면 불행의 가장 밑바닥까지 내려가야 할 때가 있다.

— 바츨라프 하벨

우리는 가라앉고 있습니다. 내려가고 있습니다. 슬픔이 우리를 밑으로 잡아당기고 있는 기분입니다······ 밑으로, 밑으로, 밑으로.

가라앉는 것은 쉽지 않습니다. 우리는 가라앉지 않으려 맞서 싸울지도 모릅니다. 일어난 현실을 인정하라는 요구에 저항하며 격렬하게 발버둥 치고 고통에 빠져들기를 거부할지도 모릅니다.

하지만 우리가 불행에 몸을 맡기고 편안히 받아들이는 법을 배운다면, 그 여정은 조금 더 쉬워집니다. 덜 지치고 더 평화로워집니다. 그리고 하강해야만 그 뒤로 상승할 수 있다는 진리를 이해하기 시작합니다.

덤이 있다면? 바닥에 이르면 별을 더 잘 볼 수 있다는 것을 알게 될 것입니다.

나는 가라앉고 있습니다. 바닥을 치면 다시 올라간다는 걸 믿으면서 긴장을 풀고, 가라앉는 것을 편안히 받아들이는 것이 좋겠습니다.

냉소주의는 지혜를 가장하지만, 지혜와 가장 거리가 멀다. 냉소주의자는 아무것도 배우지 못하기 때문이다. 냉소주의는 자진해서 눈을 감는 것이기 때문이다. 세상이 우리를 아프게 하거나 실망시킬 것이 두려워서 세상을 거부하는 것이다. 냉소주의자는 항상 '아니요'라고 말한다. 하지만 '예'라고 말하는 것이 모든 것의 시작이다. '예'라고 말하는 것은 모든 것이 성장하는 방식이다.

— 스티븐 콜베어

상실의 슬픔을 겪고 있는 우리는 약간 냉소적일 수 있습니다. 어차피 삶은 우리에게 상처를 주었습니다. 우리는 삶에 적극적으로 뛰어들었는데, 결국 삶은 심술궂게 우리에게 가혹한 타격을 입혔습니다.

한동안 우리는 '아니요'라고 말하게 될 것 같습니다. 단단한 껍질 안으로 기어들어 다시 추스를 것입니다. 재빨리 또는 쉽게 다시 세상으로 뛰어들지는 않을 것입니다.

하지만 머잖아 다시 '예'라고 말해야 할 때가 오겠지요. 친구와 가족에게 '예'. 새로운 경험에 '예'. 사랑과 삶에 '예'. '예'에서 모든 것이 시작됩니다. '예'는 모든 것이 성장하는 방식입니다.

'아니요'의 삶을 계속 사는 것은 전혀 삶이 아닙니다.

준비되는 대로 '예'라고 말할 기회를 찾아보겠습니다.

하느님, 저는 왜 제 마음속에 이미 답이 있는데도 하늘을 향해 몰 아치듯 답을 구하고 있는 것일까요? 제가 필요로 하는 모든 은총은 이미 주셨습니다. 아, 제 안에 있는 저 너머로 저를 인도해 주세요.

— 마크리나 비더케르

슬픔의 가장 놀라운 면 중 하나는 그것이 진실로 우리 자신을 알아 가는 과정이라는 것입니다. 우리는 우리가 무엇을 하고 있는지, 왜 하고 있는지 크게 개의치 않은 채 태평하게 살았습니다. 그러다 죽음이 장막을 걷어 내는 순간이 왔습니다.

우리는 갑자기 예전에는 관심을 기울이지 않았던 큰 물음Big Questions에 직면했습니다. 그리고 답이 있는 한 그 답이 우리 안에 있다는 것을 알아 가고 있습니다.

신은 우리를 사랑하도록 만들었습니다. 이는 신이 또한 우리를 슬퍼하도록 만들었다는 의미입니다. 그분은 큰 물음과 답을 찾는 일을 우리에게 맡겼습니다.

우리에게 필요한 모든 은총은 이미 우리에게 주어져 있습니다. 우리는 그저 내면을 들여다보기만 하면 됩니다.

내게 필요한 모든 은총은 이미 주어져 있습니다.

아, 내 안에 있는 저 너머로 나를 이끌어 주세요.

상처는 우리를 파괴하지 않는다. 상처는 우리의 자기 치유력을 일깨운다. 중요한 것은 상처를 '뒤로 하고 앞으로 나아가는' 것이 아니라, 상처가 일깨워 준 힘으로부터 계속 득을 보는 것이다.

— 데이비드 리초

슬픔에 빠진 초반에는 상실이 우리를 파괴할 것 같은 기분이 듭니다. 하지만 적극적인 애도가 지닌 치유의 힘을 믿는 법을 배우면서 우리는 살아남을 수 있을 뿐만 아니라 계속 성장할 수 있음을 깨닫게 됩니다.

터놓고 진솔하게 그리고 충분히 애도하려면 용기와 힘이 필요합니다. 하지만 일단 그 힘이 풀려나면, 조심하세요. 우리는 무시할 수 없는 강한 힘을 갖게 되니까요.

우리는 더 이상 옹졸함이나 비열함을 용납하지 않습니다. 우리는 무엇이 중요한지를 알고 있으며, 더 이상 말도 안 되는 상황은 참지 않을 겁니다. 우리는 상실을 뒤로하지 않습니다. 일본 작가 미야자와 겐지가 말했듯이 우리는 상실을 앞으로의 여정을 위한 연료로 불사를 것입니다.

나는 예전보다 지금 더 강합니다. 새롭게 발견한 힘으로 다른 이들에게도 도움을 줄 수 있는 방법을 찾을지도요.

절대 화난 채로 잠자리에 들지 말라. 깨어 있으면서 싸워라.
— 필리스 딜러

놀라운 지혜가 담겨 있는 우스갯소리군요.

슬픔에 잠긴 우리로서는 이렇게 바꿔 말할 수 있습니다. 격한 느낌이 들거나 우리 마음을 좌지우지하는 생각이 떠오른다면, 잠자리에 들기 전에 그것을 표현해야만 한다고요. 그렇지 않으면 어떤 일이 벌어지겠어요? 아마 누운 채 계속 곱씹고 스트레스를 받으며 잠 못 들겠지요. 제대로 활동하고 치유하려면 잠이 꼭 필요한데 말이죠!

밤에 떠오르는 생각과 기분을 풀어놓을 수 있는 몇 가지 방법이 있습니다. 친구에게 문자 보내기, 침대 머리맡에 일기장을 놓아 두고 일기 쓰기, 배우자 또는 함께 사는 사람과 이야기하기, 온라인에 접속해 애도 포럼에 참여하기, 소셜 미디어에 글 게시하기, 명상하기, 기도하기 등입니다.

울적한 생각과 기분이 들 때는 불을 끄지 말기로 해요. 간절히 필요한 잠은 자야겠지만, 그런 생각과 기분을 억누르려 하기보다 풀어줘서 조금은 뛰놀 수 있게 해 줍시다.

오늘 밤 불을 끄기 전에 내 마음과 머리를 짓누르는 생각과 기분을 털어놓고자 노력하겠습니다.

재미의 중요성을 절대 과소평가해서는 안 된다.
— 랜디 포시

재미와 슬픔의 관계는 기름과 물 같아 보일 수 있습니다. 정말 어울리지 않지요.

하지만 실제로는 재미와 슬픔의 관계는 기름과 식초의 관계에 더 가깝습니다. 겨자나 달걀노른자를 조금 첨가하면 둘은 서로 섞일 수 있습니다. 그리고 그것들은 함께 슬픔을 견뎌낼 수 있게 해 줄 혼합물을 만들어 냅니다.

랜디 포시는 48세의 카네기멜론대학교 교수였습니다. 자신이 췌장암 말기라는 사실을 알고도 강의를 하고 베스트셀러가 된 『마지막 강의』라는 책을 썼습니다. 이 책에서 그는 삶에서 정말로 중요한 것이 무엇인지에 관해 자신이 새롭게 깨달은 내용을 전했습니다.

살날을 몇 달 남겨 두지 않은 사람이 우리에게 재밌는 시간을 보내는 것의 중요성을 행여라도 과소평가하지 말라고 이야기했으니, 그가 말한 대로 해 봅시다.

슬픔에 잠겨 있는 동안에도 가끔은 재미있는 시간을 보내야 합니다.

당신은 누구도 대신할 수 없는 단 한 명뿐인 존재이다. 당신에게
는 당신 나름의 마법이 있다.

— D. M. 델린저

슬픔은 우리가 다른 이들에게 얼마나 의지하는 존재인지 깨닫게 합
니다. 단절된 관계가 슬픔을 불러일으키기 때문이죠.

그렇게 사랑하고 사랑받는 것은 삶의 이유가 됩니다. 하지만, 동
시에 당신은 혼자서도 독특한 재주와 재능을 지닌 존재입니다. 당신
은 누구도 대신할 수 없는 유일한 사람이지요. 저도 세상에 단 하나
인 사람입니다. 우리에겐 우리 나름의 마법이 있습니다.

재능을 계발하고 이를 세상과 나누는 것은 삶의 또 다른 이유라고
생각합니다. 물론 우리는 사랑하고 사랑받기 위해 태어났지만, 우리
의 독특한 재능을 발휘해서 다른 이들을 돕기 위해서 태어난 것이기
도 합니다.

애도하는 과정에서 준비가 되면 우리는 변화를 만들어 내는 능력
을 활용할 수도 있습니다. 그렇게 하면서 우리는 새로운 사람들과
새로운 관계에 마음을 열게 됩니다. 더 많은 연결을 만들어 내는 방
식으로 우리 자신을 표현하게 됩니다. 우리 자신의 삶뿐만 아니라
다른 이들의 삶까지도 풍요롭게 만듭니다.

내게는 마법이 있습니다. 나는 이 마법을 내 것으로 인지하고
다른 이들과 나누는 방법을 찾겠습니다.

3월의 가운데 날을 조심하세요.

— 윌리엄 셰익스피어

'3월의 가운데 날'은 3월 15일입니다. 셰익스피어의 희곡 『줄리어스 시저』에서 점쟁이는 줄리어스에게 "3월의 가운데 날을 조심하세요"라고 말하면서, 곧 닥칠 그의 죽음을 경고합니다. 이후로 줄곧 3월 15일은 불길한 예감과 죽음을 연상시키는 날이었습니다.

이날을 맞아 우리는 언젠가 닥쳐올 우리 자신의 죽음에 관해 생각해 볼 수 있습니다. 당신은 어떻게 기억되기를 바라나요? 어떤 일을 마무리 짓고 싶나요? 장례식이 끝나고 오랜 시간이 지난 뒤 친구들과 가족은 당신을 어떻게 이야기할까요?

상실은 우리에게 삶의 덧없음을 일깨워 줍니다. 이제 우리는 깨어났으니 가장 되고 싶은 사람이 되고, 가장 하고 싶은 일을 하는 데 착수할 방법을 강구해야 하지 않을까요? 바로 오늘!

죽기 전에 이루고 싶은 희망과 꿈이 있습니다.

오늘 나는 행동으로 옮깁니다.

미처 예기치 못했는데 사랑하는 이가 세상을 떠났다면, 그를 단번에 전부 잃는 것이 아니라 오랜 시간에 걸쳐 조각조각 잃게 된다. 우편물이 더는 오지 않고, 그가 쓰던 베개의 향기, 심지어 옷장이나 서랍에 남아 있던 냄새조차 차츰 희미해지는 것처럼 말이다. 떠나간 그의 조각들이 그렇게 점점 쌓여 간다. 그러다 그가 영원히 떠났다는 느낌과 함께, 사라진 어떤 부분이 당신을 압도하는 날이 온다. 그러다 또 다른 날이 찾아와 분명 사라진 또 다른 부분이 당신을 압도한다.

— 존 어빙

슬픔은 하루하루 조금씩 헤쳐 나가야 할 문제입니다. 이것이 우리가 이 책을 통해 함께 작업하는 이유입니다. 매일매일이라는 슬픔의 본성은 부분적으로는 우리가 빈번히 마주치는 상실의 새로운 국면들과 관련이 있습니다.

어제 마주친 새로운 국면은 그가 쓰던 빗을 집어 거기에 엉킨 머리카락을 만진 일이었습니다. 그 전날에는 올해 생일에는 그가 여기 없을 것이라는 점을 실감한 것이었죠. 지난주에는 그가 오래전에 쓴 메모를 우연히 발견한 일이었습니다. 그리고 내일은? 내일은 어떤 일이 우리의 상실을 상기시킬지 누가 알겠습니까?

이렇게 당신의 부재가 쌓이는 것이 힘겹습니다. 하지만 어쩌면 이것은 당신이 결국, 여전히 우리 곁에 있다는 것을 알리려는 것인지도 모르겠습니다.

당신을 조각조각 잃고 있습니다.
또한 당신을 조각조각 붙잡고 있습니다.

어떤 사람은 네잎클로버를 찾아다니느라 정작 많은 기회를 놓친다.

— 작자 미상

우리는 때때로 지금 가지고 있는 것만으로는 충분치 않다는 생각에 사로잡히기도 합니다. 더 큰 TV, 더 좋은 차, 더 멋진 휴가가 필요하고, 그것들을 가지면 더 행복할 거라 기대합니다. 슬픔에 빠졌을 때는 우리가 결핍한 것에 몰두하기도 합니다. 이번에는 그 결핍한 것이 정말로 중요한 것, 우리 눈앞에 있던 사랑하는 이의 육체적 존재이지요. 하지만 여전히 여기에 있는 친구들과 가족은 어떤가요?

지금쯤이면 제가 슬퍼하고 애도하는 과정을 매우 중요하게 생각하는 사람이라는 것을 알아차리셨을 겁니다. 사랑하는 이가 죽은 후에 우리는 슬퍼해야 하고, 슬픔을 표현해야 합니다. 결핍에 집중해야 합니다. 단순히 '밝은 면만 보'거나 '감사할 것을 손꼽아 보'면 된다고 생각하는 것은 솔직하지 못합니다.

그렇지만 우리는 슬퍼하는 와중에도 매일매일을 온전히 살아가고 사랑할 기회로 보는 법을 배울 수 있습니다. 우리가 살아 있고, 사랑하고, 또 사랑받고 있다면, 그것만으로도 충분한 기회입니다.

내 삶은 완벽한 네잎클로버는 아니지만, 그럼에도 아름답습니다.

누군가가 자신이 어떤 사람인지 처음 보여 줄 때, 그를 믿어라.

— 마야 안젤루

당신이 슬픔을 겪고 있을 때 모든 이가 좋은 친구가 되어 줄 수 있는 것은 아닙니다. 이 점은 이미 알고 계실 겁니다. 당신을 지지해 줄 것이라 기대했던 사람들이 연락 두절이 되는가 하면, 상상치도 못했던 사람들이 힘을 주기도 합니다.

우정이 흔들리는 상황에 처했을 때 취할 수 있는 한 가지 대응 방식은 적극적이고 솔직해지는 것입니다. 슬픔을 겪고 있는 당사자라 할지라도 친구들에게 전화를 걸고 계속 연락을 취하는 사람이 되어야 할지도 모릅니다. 대화할 때는 솔직해집시다. 정말 어떤 기분인지, 그들의 격려에 얼마나 고마워하는지 친구들에게 이야기합시다. 어떤 친구들이 '슬픔에 관한 이야기'를 감당할 수 없다는 생각이 들면 그들과는 더 가벼운 화제에만 머물고, 슬픔에 빠진 우리에게 힘을 줄 수 있는 친구들에게 더 많이 기대면 됩니다.

어떤 친구들은 영원히 멀어지고, 또 어떤 친구들은 잠시 물러났다 다시 돌아오기도 합니다. 그것이 인생입니다. 우리는 모두 끊임없이 변하는 유동적인 존재입니다. 이것을 알기에 우리는 우아하게 대응할 수 있습니다.

다른 사람이 내 슬픔에 어떻게 반응하든, 나는 그들에게 나의 인사를 건넬 수 있습니다. 내 안의 신성함이 당신 안의 신성함을 존중합니다.

> 슬픔은 우리가 사랑한 이들에게 바쳐야 할 마지막 사랑의 행위이
> 다. 깊은 슬픔이 있는 곳에 큰 사랑이 있다.
>
> — 작자 미상

슬픔은 사랑의 다른 면입니다. 사랑하는 이들이 우리를 두고 떠나도 우리는 계속 사랑합니다. 하지만 그들은 더 이상 육체적으로 여기 있지 않아 우리의 사랑을 받을 수 없으니 사랑은 이제 달콤쌉쌀해집니다.

　슬픔을 사랑의 행위라고 생각해 보면 어떨까요? 결국 슬픔은 실제로 그런 것이니까요. 그러면 우리가 슬픔에 대해 어떻게 느끼는지도 달라지지 않을까요?

　크게 사랑했다면, 깊이 슬퍼할 것입니다. 이것은 등식입니다. 세상을 떠난 소중한 사람들에 대한 우리의 변함없는 사랑만큼이나 크고 깊은 슬픔과 애도로 그들을 기리기로 해요.

나는 몹시 사랑했고, 이제 깊이 슬퍼하고 있습니다. 나의 슬픔은 사랑의 행위입니다.

상실에 관해 이야기하지 않는 것으로 자신을 슬픔으로부터 보호하려고 할 수도 있다. 심지어 입 밖으로 꺼내지 않으면 죽은 이가 다시 돌아올 것이라는 희망을 남몰래 품고 있는지도 모른다. 그렇지만 아무리 힘들어도 슬픔을 느껴야만 그것을 치유할 수 있다.

— 앨런 울펠트

죽음은 방 안의 코끼리인 경우가 종종 있습니다. 커다랗지요. 저기 구석에 거대한 몸집의 코끼리가 있습니다. 하지만 우리는 마치 그것이 없는 듯 무심히 계속 살아갑니다.

우리가 이렇게 하는 것은 우리 문화가 죽음과 상실, 슬픔을 삶의 자연스러운 일부로 받아들이는 일에 익숙하지 않기 때문입니다. 그래서 우리는 그렇지 않은 척 외면합니다. 손가락으로 귀를 막고 눈을 감아 보고 듣기를 거부합니다. 중대한 의미를 갖는 죽음이 우리 삶에 영향을 미칠 때도 우리는 계속해서 그렇지 않은 척하곤 합니다. 때로는 다른 이들에게, 때로는 자기 자신에게도 말입니다.

하지만 코끼리를 받아들일 때 삶은 훨씬 더 충만하고 풍성하며 진실해집니다! 코끼리는 그렇게 인간 삶에 없어서는 안 될 부분입니다! 우리는 '좋은 것들'에 관해 말하는 만큼이나 코끼리에 대해서도 자주 터놓고 이야기해야 합니다. 코끼리가 우리 안에서 불러일으키는 느낌들과 친구가 되어야 합니다. 바로 이러한 솔직함이 치유를 시작할 수 있게 합니다.

슬픔을 인정해야만 합니다. 그리고 슬픔을 느껴야만 그것을 치유할 수 있습니다.

날씨 예보와 상관없이 봄인 것처럼 사세요.

— 릴리 퓰리처

우리가 슬픔에 잠겨 있을 때는, 날이나 기분에 따라 일기예보가 계속되는 추위와 비를 예고하는 것처럼 보일 수 있습니다.

역설적인 것은 우리가 그 음울한 나날을 보내는 것과 동시에 봄을 기대하는 것을 배울 수 있다는 점입니다. 다시 말해 우리는 슬픔의 고통과 어둠을 받아들이는 동시에, 햇살이 비추고 꽃이 피어날 봄이 다가오고 있다는 희망도 키울 수 있습니다.

슬픔의 치유는 봄이 시작될 때와 매우 비슷합니다. 믿을 수 없고 변덕스럽죠. 어느 날 날씨가 따스하고 하늘이 푸르면 "어머나! 기분이 나아졌어!" 하고 생각합니다. 그러다 그다음 날, 혹은 그다음 주 진눈깨비가 내리고 다시 회색빛 하늘이 되지요. 하지만 아주 천천히, 우리는 더 나은 날씨로 들어섭니다. 서두를 수 없습니다. 통제할 수도 없습니다. 음산한 날을 건너뛸 수도 없습니다. 하지만 우리는 봄이 오고, 그다음 여름이 올 것을 믿을 수 있습니다.

오늘 기분이 어떠하든, 앞으로 더 나은 날들이 올 거라 믿겠습니다.

우리 중에는 고통은 견딜 수 없는 것이라는 잘못된 믿음을 가지고
고통에서 도망치는 데 평생을 보내는 이들이 많다. 하지만 당신은
이미 고통을 견뎌 왔다. 당신이 하지 않은 건 그 고통 너머에 있는
당신의 모든 것을 느끼는 것이다.

— 칼릴 지브란

우리는 고통을 견디고 있습니다. 어떤 날들은 견딜 수 없을 것 같은
기분이지만, 어떻게든 헤쳐 나왔습니다. 여기까지 왔습니다.

그러니 우리가 느끼는 것들로부터 도망치지 맙시다. 우리는 견딜
수 있습니다. 견디고 있습니다. 하지만 버티는 것과 받아들이는 것
은 차이가 있습니다. 버티는 것은 그럭저럭 지나가는 것일 뿐입니
다. 받아들이는 것은 슬픔을 향해 몸을 돌려 그것과 친구가 되는 것
입니다. 두 팔을 활짝 벌려 슬픔을 맞이하는 것이지요.

우리가 생각하고 느끼는 모든 것을 진실 그대로 받아들이고 그 진
실을 표현하는 것이 고통을 넘어서는 가장 큰 변화의 방법입니다.
우리는 버텨 낼 수도 있고 받아들일 수도 있습니다. 그저 그럭저럭
지나갈 수도 있고 혹은 온 힘을 다해 임할 수도 있지요. 겨우 살아남
기만 할 수도 있고, 더욱 빛나며 살 수도 있습니다.

나는 고통 너머에 있는 온전한 나를 느끼고자 고통을 받아들이고
표현하기로 했습니다.

하지만 슬픔은 때때로 우리를 괴물로 만들기도 한다…… 그리고 어떤 때는 사랑하는 사람들에게 스스로 용서할 수 없는 말과 행동을 하게 만든다.

— 멜리나 마르체타

때로는 애도하면서 결례를 범하는 일도 있습니다. 분노를 느끼며 책임을 전가합니다. 고함을 지르고, 쾅 소리를 내고, 가혹하게 말하지요. 불친절하게 굴 수도 있습니다. 그렇지만 화, 증오, 비난, 공포, 원한, 분노, 질투는 슬픔의 여정에서 정상적인 일이며 많은 경우 꼭 필요한 부분입니다. 이런 감정들은 본질적으로 항의의 한 형태입니다. 막 걸음마를 배운 아기가 좋아하는 장난감을 손에 쥐고 있다 빼앗겼다고 생각해 보세요. 장난감을 뺏기면 아기는 본능적으로 소리를 지르거나 울거나 때리려고 합니다. 사랑하는 사람을 빼앗겼을 때 우리가 보이는 본능적인 반응도 큰 차이가 없을 테지요.

폭발하는 감정 때문에 다른 이들에게 상처를 주었다면, 사과하는 것이 좋습니다. 우리의 슬픔이 때로는 고약한 행동을 하게 만든다고 설명할 수도 있습니다. 이런 진솔한 이야기를 공유하는 것은 용서와 치유를 도울 것입니다.

슬픔이 나를 괴물로 만들면, 나는 내 폭발하는 감정을 표현할 건설적인 방법들을 찾으려고 애쓸 것입니다.

> 우리는 귀향만큼이나 유배를 통해, 얻음만큼이나 잃음을 통해 배우고 성장하며 자비로워지고 너그러워진다.
>
> — 데이비드 화이트

오늘은 유배라는 개념에 관해 조금 이야기해 보고 싶습니다. 유배된다는 것은 보통 먼 장소로 쫓겨나는 것을 의미합니다. 슬픔은 확실히 우리가 사는 삶에서 우리를 유배시킵니다. 낯설고 거친 땅으로 쫓아내지요. 그곳에선 아무것도 제대로 이해되지 않고, 삶은 외롭고 힘듭니다.

그래서 슬픔에는 유배의 느낌이 있습니다. 하지만 좀 더 치유적인 방식으로 유배에 관해 생각해 볼 수도 있습니다. 영적인 사색과 아름다움의 장소로 물러나는 것도 우리가 유배지로 가는 것입니다. '사색'contemplation이라는 단어는 신성한 것이 들어올 수 있는 공간을 만든다는 뜻입니다. 그러므로 우리가 사랑하는 조용한 방만큼이나 소박하고, 공원이나 숲속의 오솔길만큼이나 꾸밈이 없고, 수도원이나 다른 영적인 방문지만큼이나 멀리 떨어져 있는 특별한 장소로 우리 자신을 유배시킨다면, 이는 마음과 머리와 영혼을 사색으로 열어놓는 것입니다. 신성한 것이 들어올 공간을 만드는 것입니다.

슬픔과 일상생활의 분주함 사이에서 불협화음이 느껴질 때는 자신을 유배지로 데려가야 한다는 것을 잊지 마세요. 그곳에서 우리는 자신을 보살피고 슬픔과 함께하며 성스러운 애도 작업을 할 수 있습니다.

유배지로 가는 길을 찾아보겠습니다.

내가 겪고 있는 슬픔은 황폐함도, 보편적 법칙이나 신에 대한 반항도 아닌 것 같다. 상실의 슬픔은 훨씬 더 단순하고 더 애처롭다…… 그가 사랑했던 모든 것이 내 마음을 찢어 놓는다. 그가 더는 지상의 이곳에 있으면서 그것들을 누리지 못하기 때문이다. 그가 사랑했던 모든 것을!

— 존 건서

소중한 이여, 당신이 사랑했던 모든 것! 그것들은 여전히 여기 있지만, 당신은 없습니다. 당신을 떠올리게 하는 이런 것을 마주칠 때마다 마음은 다시 갈기갈기 찢어집니다. 당신에게는 절대 없을 수많은 날과 경험들.

세상을 떠난 이가 사랑했던 모든 것은 매번 우리의 가슴을 찌를 것입니다. 그래도 우리는 그 고통을 바탕으로 어떤 행동을 할지 선택할 수 있습니다. 그 사람이 사랑했던 것들을 새로운 누군가에게 전할 수 있습니다. 또한 그 일을 돕고자 시간을 내어 자원봉사를 하거나 후원금을 낼 수도 있습니다. 그것들과 마주칠 때마다 조용히 감사의 기도를 드릴 수도 있습니다.

떠난 이가 미완으로 남겨 둔 일을 완수하는 것도 고려해 볼 수 있습니다. 그가 가장 열정을 쏟았던 일은 무엇이었나요? 그가 미처 끝내지 못한 일을 마무리하거나 그의 꿈을 실현하기 위해 우리가 할 수 있는 일이 있을까요?

당신이 사랑했던 모든 것이 내 마음을 찢어 놓습니다. 오늘 나는 이 고통을 연료로 삼아 당신이 계획하거나 열정을 쏟았던 일 하나를 이어 나갈 것입니다.

나는 내가 만나는 모든 슬픔을 실눈을 뜨고 탐색하듯 측정한다.

그것이 내 슬픔만큼이나 무거운지 아니면 만만한 크기인지 궁금

하다.

— 에밀리 디킨슨

자신이 겪는 상실을 다른 이들이 겪는 상실과 무언중에 비교하는 것
은 자연스러운 일입니다. 우리는 생각합니다. 그녀는 운이 좋아. 또
는 몸서리를 칩니다. 그는 훨씬 더 참담하군. 때로는 판단하지요. 이
건 공평하지 않아.

그렇지만 실제로는 슬픔의 무게는 잴 수 없으며 비교하는 일은 누
구에게도 도움이 안 된다는 사실을 떠올리면, 자비로운 마음이 커집
니다.

오래 산 사람이라면 누구나 인생에서 커다란 상실을 경험합니다.
그것은 인간의 조건입니다. 그리고 우리와 함께 살아가는 모든 인간
은 공감과 지지를 필요로 합니다. 우리도 마찬가지입니다.

다음번에 남과 나의 슬픔을 비교하려는 마음이 느껴지면,

망가진 마음은 망가진 마음일 뿐이라는 점을 상기하겠습니다.

나는 자비로움을 표현할 것이며,

나 자신에 대해서도 자비로운 마음을 기를 것입니다.

고통은 번개처럼 빠르게 마음에 도달하지만, 진실은 빙하처럼 천천히 마음에 전해진다.

— 바버라 킹솔버

정말 그렇습니다. 사망 소식을 들은 순간부터 우리는 슬픔의 고통을 느꼈지요. 처음 며칠과 몇 주 동안은 충격과 무감각이 우리가 상처를 온전히 느끼지 못하도록 막아 주었지만, 그럼에도 불구하고 우리는 번개처럼 빠르게 고통을 느꼈습니다.

이 모든 게 무엇을 의미하는지, 진실을 헤아리는 데에는 훨씬 더긴 시간이 걸립니다. 왜 이 사람이 죽어야 했을까요? 우리는 왜 여기있는 걸까요? 이제 우리는 무엇을 위해 살아야 할까요?

자연스럽게 의미를 찾고 궁금한 것들을 표현하다 보면, 진실은 서서히 우리 마음으로 다가오기 시작합니다. 우리는 새로운 이해를 키우며, 단지 계속 살아가기만 하는 게 아니라 잘 살아가야 할 이유를 재검토합니다. 이 과정은 빙하처럼 느리지만 동시에 강력하기도 합니다. 성경에서 말하듯 진실은 우리를 자유롭게 할 것입니다.

나의 진실이 천천히 내 마음을 향해 다가오고 있습니다.

나는 감정이 싫다. 왜 맑은 정신에 감정이 따라와야 하나?

— 어거스틴 버로스

슬픔이 주는 느낌들은 자각하기 어렵습니다. 그 느낌들은 아프지요. 그래서 우리는 때때로 약물과 알코올 그리고 섹스나 도박이나 쇼핑 같은 다른 중독적인 행동으로 그 느낌들을 가리거나 무디게 하려고 애씁니다.

하지만 약물이나 알코올이나 중독적인 쾌락에 의지하는 건 단지 일시적 위안만 준다는 점을 우리는 알고 있습니다. 아픔은 여전히 존재합니다. 우리가 느끼고 받아들이기를 기다리면서.

약물이나 알코올, 다른 중독적인 것들에 깊이 빠져 감당할 수 없는 정도라면, 오늘을 넘기지 말고 당장 도움을 청하세요. 슬픔뿐만 아니라 건강하지 못한 행동도 함께 치유하는 것이 의미 있고 즐거운 삶을 사는 길입니다. 중독이라는 흐릿한 그림자 같은 인생에 안주하지 마세요.

중독에 빠질 가능성이 조금이라도 있다면, 오늘 당장 도움받기 위해 한 걸음을 내딛겠습니다.

애통하는 자는 복이 있나니, 그들이 위로를 받을 것임이요.
—「마태복음」5장 4절

애도하며 슬픔을 밖으로 표현하려고 할 때, 우리는 내면의 고통을 다른 이들에게 알립니다. 보이지 않던 것을 보이게 하고, 마음을 감추지 않고 드러냅니다. 우리는 손을 내밉니다.

다른 이들에게 다가가면서 우리는 도움이 필요하다는 사실을 인정합니다. 무슨 일이든 혼자 해내는 데 익숙한 사람이라면 이런 사실을 인정하는 데 용기가 필요합니다. 하지만 인정하면 그 보답으로 공감이 돌아옵니다. 슬픔에 잠겨 있을 때 모든 이가 우리를 잘 도와줄 준비가 되어 있는 건 아니지만 위로를 주는 이들도 있습니다. 그들은 상처에 바를 연고를 건네줍니다. 동행이라는 연고입니다. 그들은 우리의 진실을 증언해 주고 희망의 가능성을 높여 줍니다.

물론, 신앙이 깊은 위로를 줄 수도 있습니다. 신앙이 갖는 고유한 의미가 무엇이든 간에 말이지요. 신앙만큼 우리를 잘 달래 줄 수 있는 것도 없습니다.

나는 건강한 위로라면 어떤 형태든 찾아내
기꺼이 받아들일 것입니다.

> 자신의 연약함을 다른 사람에게 드러내는 것은 자신을 취약하게
> 만드는 것이고, 자신을 취약하게 만드는 것은 곧 자신의 강인함을
> 보이는 일이다.
>
> ― 크리스 자미

상실의 여파로 누군가로부터 "강해져야 해"라는 말을 들을지도 모릅니다. 슬픔을 받아들이고 견뎌 내려면 강인함과 꿋꿋함이 필요하다는 점은 부정할 수 없지요.

하지만 그 반대가 훨씬 더 정확합니다. 연약하면 연약한 대로 우리 자신을 그냥 둬야 합니다.

슬픔은 우리를 산산이 부서뜨립니다. 우리를 갈기갈기 찢어 놓습니다. 우리는 여리고 연약합니다. 그리고 진심 어린 태도로 다른 이들과 함께하면서 가장 고통스러운 생각과 느낌을 표현할 때, 우리는 그들에게 우리의 연약함을 보여 줍니다. 우리의 취약한 내면을 드러냅니다. 역설적으로, 다른 이들에게 우리의 연약함을 보이려면 용기가 필요합니다.

연약함과 취약함에서 치유가 자라납니다. 연약함과 취약함은 비옥한 토양입니다.

나 자신이 연약하고 취약하면 연약하고 취약한 대로 그냥 두겠습니다.
슬픔 속에서는 연약함이 곧 강인함이며, 취약함이 강력한 힘을
갖습니다.

> 예상치 못한 일의 아름다움은 결정적 전환의 순간뿐만 아니라 기
> 다리고 있는 모든 순간에 내재한 추진력의 놀라움에 있다.
> ― 아킬나단 로게스와란

슬픔을 적극적으로 표현하는 일은 슬픔을 움직이게 합니다. 그 일은
움직임과 변화의 감각을 만들어 냅니다. 충분한 움직임이 있을 때,
우리는 '신성한 추진력'divine momentum을 경험합니다. 이는 우리가 여
전히 슬픔에 잠겨 있고 갈기갈기 찢어져 있음에도 불구하고 올바른
방향으로 나아가고 있다는 느낌입니다. 우리는 잘 풀리고 있습니다.

그 추진력이 주는 느낌은 정말이지 엄청납니다. 우리는 희망과 의
지가 걷잡을 수 없이 솟구치는 것을 경험합니다. 그 힘에 놀랍니다.

그런 느낌이 들 때, 우리는 잠깐 멈추고 감사할 수 있습니다. 아무
리 조금이어도 우리의 진전을 축하할 수 있습니다. 우리는 계속해서
슬픔에 적극적으로 관여할 수도 있습니다. 시계추를 처음으로 미는
것처럼 이런 노력이야말로 그 추진력을 영속시키니까요.

슬픔의 여정에서 신성한 추진력을 포착하고자 눈을 부릅뜨고
있겠습니다. 그리고 그것이 느껴지면 감사하고 축하하며
부단히 노력하겠습니다.

4월

어떤 사람들은 비를 느낀다. 어떤 사람들은 단지 젖기만 한다.

— 밥 말리

슬픔은 4월에 내리는 소나기와 같습니다. 매일같이 쏟아져 우리를 젖게 합니다. 모든 것을 춥고 음산해 보이게 합니다.

그럼에도 우리에게 주어진 도전 과제는 슬픔의 비를 있는 그대로 느끼는 것입니다. 그것을 관찰하는 것. 그것의 미묘한 차이들을 알아차리는 것. 그것이 우리의 관심을 원할 때 거기에 집중하는 것. 그 속에 앉아 그것을 온전히 경험하는 것.

어떤 사람들은 이런 식으로 슬픔에 푹 잠기지는 않습니다. 대신 그냥 젖기만 합니다. 그들은 관찰하지도, 알아차리지도, 집중하지도, 친구가 되지도 않습니다. 나는 그런 사람들이 서둘러 몸을 말리려고 하는 모습을 여러 번 보았습니다. 슬픔의 비를 있는 그대로 느끼려고 하는 법이 없지요. 문제는 이런 사람들은 다시는 햇빛도 있는 그대로 느끼지 못하는 경우가 많다는 것입니다.

비에 감사합니다. 그리고 이 감사하는 마음으로 다시 태양이 나타나면 태양에도 감사할 수 있다는 걸 알고 있습니다.

푸: 오늘은 무슨 날이야?

피글렛: 오늘이야.

푸: 내가 제일 좋아하는 날이네.

—— A. A. 밀른

에크하르트 톨레가 강조하듯이, 우리 삶은 오직 현재에서만 일어납니다. 슬픔에 잠겨 우리는 과거를 기억하고 미래를 궁금해하며 걱정하지만, 그러는 사이 우리의 삶은 바로 지금 펼쳐지고 있습니다.

순간순간 깨어 있으면서 더 잘 살기 위한 방법이 하나 있습니다.

자신을 잊을 만한 활동에 깊이 빠져드는 겁니다. 좋아하는 일에 몰입하거나 그 일로 '무아지경'이 될 때, 우리는 온전히 현재에 존재합니다.

우리는 슬픔과 온전히 함께 있으려고 노력할 수도 있습니다. 생각과 느낌이 올라오면 올라오는 대로 그냥 둡니다. 재촉하거나 억누르지 않습니다. 생각하고 느끼는 데 드는 시간을 충분히 확보해서 그 경험에 온전히 몰입할 수 있도록 스스로 허용합니다.

오늘은 무슨 일이 있어도, 현재에 존재하기 위한 날입니다.

신중하게 의향을 정하고, 그런 다음 그것에 의식을 집중하는 연습
하라. 그러면 그것이 인생의 길잡이가 되어 줄 것이다.

— 존 로저

우리는 슬퍼하는 와중에도 목표와 의향을 정할 수 있습니다. 예를
들어 자신에게 "나는 다른 사람들에게 도움을 청하기로 했어"라고
말해도 좋습니다. 이것이 우리를 치유하고 의미 있는 관계를 키우는
데 도움을 준다는 사실을 알기 때문입니다.

그 뒤로도 일상생활을 하면서 신중하게 정했던 의향에 따라 계속
점검해 나갈 수 있습니다. 자신이 입을 꾹 다물고 있거나 위축되고
있다는 것을 깨달으면, 도움을 청하기로 했던 마음을 떠올릴 수 있
습니다. 이런 식으로 우리가 품은 의향들은 슬픔에 잠긴 우리를 이
끄는 데 도움이 될 수 있습니다.

그러니 오늘은 슬프지만 최소한 하나의 의향을 신중하게 정해서
거기에 의식을 집중하는 연습을 해 보기로 해요. 어둠 속에서 길을
안내하는 빛이 되어 줄 것입니다.

슬픔의 시간에 나는 _____할 의향이 있습니다.

오늘 나는 _____할 의향이 있습니다.

슬퍼할 필요성을 인식하는 것은 슬퍼해도 된다고 스스로 허락하는 일이다. 슬퍼하는 것은 사랑하는 이의 상실을 잘 감당하는 자연스러운 방법이다. 슬퍼하는 것은 나약함도 아니고 믿음의 부재도 아니다. 슬퍼하는 것은 다쳤을 때 울거나, 피곤할 때 자거나, 코가 간지러울 때 재채기하는 것처럼 자연스러운 일이다. 그것은 망가진 마음을 치유하는 자연의 방식이다.

— 더그 매닝

슬픔에 빠졌을 때 우리는 자신에게 가혹해지곤 합니다. 스스로를 판단하고 자신을 몰아붙입니다. 스스로에게 강해져야 하고 하던 일을 계속해야 한다고 되뇝니다. 우리는 해야 할 일 모두를 중단없이 계속하려고 애씁니다.

하지만 우리에게 정말 필요한 것은 자기 자신에게 상냥해지는 일입니다. 슬퍼하고 애도하는 것을 스스로 허락해야 합니다. 이 일들이야말로 우리가 지금 당장 해야 할 가장 중요한 과제이기 때문입니다. 슬픔을 자연스럽게 드러내고 마음에 떠오르는 것을 무엇이든 다 표현하는 것보다 더 우선시해야 할 일은 없습니다.

슬퍼하고 애도하는 데 올바른 방식이 있는 것은 아니지만, 슬픔과 애도 자체는 언제나 옳습니다.

내가 원하는 만큼 오래 그리고 깊이 슬퍼할 것을 자신에게 허락합니다.
또한 치유의 동력을 만들 수 있도록 내가 느끼는 슬픔을
적극적으로 표현하는 것을 허락합니다.

당신을 사랑하는 사람들은 당신이 저지른 실수나 당신이 스스로
에 대해 가지고 있는 어두운 이미지에 속지 않는다. 당신이 자신
을 추하다고 느낄 때 그들은 당신의 아름다움을 기억한다. 당신
이 망가졌을 땐 당신의 온전함을, 당신이 죄책감을 느낄 땐 당신
의 아무 죄 없음을, 당신이 혼란스러워할 땐 당신의 의도를 기억
한다.

— 앨런 코헨

슬픔에 빠져 있을 때 우리는 자신을 사랑스럽지 않은 존재처럼 느끼
곤 합니다. 까칠하고, 흐트러진 모습, 눈물 자국이 남은 얼굴에 몸도
불편합니다. 말 그대로 '난장판'입니다. 이야기 상대로도 적합하지
않습니다. 아무도 볼 수 없는 곳에 숨고만 싶을 뿐입니다.

이런 때일수록 기억해야 합니다. 우리를 가장 사랑하는 사람들은
그런 겉모습에 속지 않는다는 것을요. 그들은 무슨 일이 있어도 우
리를 사랑하고, 또 우리의 가장 좋은 모습을 기억합니다.

우리를 가장 사랑하는 사람들은 우리가 새롭고 가장 좋은 '나'로
돌아가는 길을 찾는 데 도움을 줄 수 있습니다. 그들이 도와주고 싶
어 하면 그들을 받아들이세요.

나를 가장 사랑하는 사람들은 무슨 일이 있어도 나를 사랑합니다.
오늘 그들에게 전화하거나 찾아가겠습니다.

눈물에는 성스러움이 있다. 눈물은 나약함의 표시가 아니라 힘의 표시다. 눈물은 만 개의 혀보다 더 호소력 있게 말한다. 눈물은 압도하는 슬픔…… 그리고 말로 표현할 수 없는 사랑의 전령사이다.

— 워싱턴 어빙

울음은 우리가 슬픔을 본능적으로 표현하는 한 가지 방식입니다. 우리가 흘리는 눈물은 우리 몸과 마음과 영혼을 깨끗하게 씻어 줍니다. 감정에서 우러나오는 눈물은 구원의 강물처럼 스트레스 호르몬과 여타의 독소들을 밖으로 내보냅니다. 눈물은 또한 엔도르핀이라고 하는 기분 좋은 호르몬 분비를 자극하기도 합니다. 엔도르핀은 실컷 울고 난 뒤 기분이 나아지는 데 도움이 됩니다.

그러니 우리 자신에게 필요한 만큼 자주 그리고 많이 우는 것을 허락해야 합니다. 흐느끼거나 울부짖고 싶으면 흐느끼거나 울부짖어야 합니다. 우리 몸은 애도하는 방법을 알고 있습니다.

눈물이 고이는 게 느껴지면 흐르도록 내버려두겠습니다.
내 몸에는 치유의 지혜가 있습니다.

방황한다고 해서 모두가 길을 잃은 것은 아니다.
— J. R. R. 톨킨

우리는 슬픔에 잠겨 방황하고 있습니다. 여기저기 헤매고 다닙니다. 앞으로 갔다, 뒤로 갔다, 또 어떤 때는 뱅뱅 맴돌거나 지그재그로 왔다 갔다 하기도 합니다. 그렇게 방황하며 목표가 없다고, 심지어 희망이 없다고 느낄 수도 있습니다. 지리멸렬하고 갈피를 잡을 수 없다고 느낄 수 있습니다. 길을 잃었다고 느낄 수도 있습니다.

슬픔은 정말이지 종잡을 수 없는 여정입니다. 지도도 없습니다. 길을 잃은 듯 느껴지면, 우리가 헤매고 있을 수는 있지만 길을 잃은 것은 아니라는 점을 기억하세요. 우리는 해야 할 일을 하고 있는 겁니다.

방황조차도 결국 우리가 가야 할 곳으로 데려가 줄 것을 믿으면, 여정은 좀 더 쉬워지고…… 희망이 다시 불붙습니다.

슬픔은 결국 여정일 뿐입니다.
방황하고 있을지라도, 길을 잃은 것은 아닙니다.

모든 여행에는 여행자가 알지 못하는 비밀스러운 목적지가 있다.
— 마틴 부버

우리는 슬픔이라는 이름의 이 말도 안 되는 여행을 하고 있으며, 도대체 어디로 가고 있는지도 모릅니다. 이 여행이 어디에서 끝나는지 모릅니다. 적어도 정확히는 모릅니다. 그곳에 도착할 때까지는 어디로 가는지 알 수 없습니다.

제가 보기에 우리 여행자들에게는 두 가지 선택지가 있습니다. 갈림길에 서면 적극적으로 애도하고 슬픔을 받아들이는 것으로 이어지는 길을 택할 수 있습니다. 그 길에서 우리는 고통과 친구가 되고, 단순히 생존하는 것이 아니라 진정으로 살아가게 됩니다. 다른 길을 택할 수도 있습니다. 그 길에서 우리는 슬픔을 부정하고 회피하며, 그런 식으로 슬픔이 극복되기를 바랍니다.

첫 번째 길은 새롭게 발견한 의미 있는 삶으로 우리를 데려갑니다. 두 번째 길은 우리를 무뎌진 좀비 같은 존재가 되게 합니다. 두 목적지의 구체적인 내용은 우리가 그곳에 도착할 때까지 비밀로 유지됩니다. 그래서 저는 제 삶의 두 가지 미래 버전이 어떠할지 정확히 알 수는 없지만, 갈림길에 서면 진정한 삶을 향해 가는 첫 번째 길을 택하겠습니다.

어디로 가고 있는지 정확히 모르지만, 진정한 삶을 향해 가는 길을 선택하겠습니다.

미래의 당신이 고마워할 만한 일을 오늘 하라.

— 작자 미상

저의 상실 경험뿐만 아니라, 여러 해에 걸쳐 저와 함께해 온 수천 명의 애도자로부터 얻은 중요한 교훈 하나가 있습니다. 훗날 슬퍼할 일이 있을 때 바로 오늘 적극적으로 애도한 자신에게 고마워할 것이라는 점입니다.

슬픔을 표현하는 일을 미루기란 정말 쉽습니다. 내일 하면 된다고 생각합니다. '내일 무슨 일이 있었는지 친구에게 이야기하고, 내일 묘지를 방문하고, 내일 세상을 떠난 그 사람의 페이스북에 글을 올리고, 내일 사진을 들여다보며 정리하고, 내일 감사 쪽지를 쓰고, 내일 지원 모임을 찾아보는 등등의 일을 해야지.'

하지만 슬픔 속에서 치유를 향해 나아가는 일에 관한 한은 대부분 내일보다 오늘이 더 낫습니다. 온 하루를 애도하는 데 보낼 필요는 없습니다. 슬픔을 안에서 밖으로 옮겨 놓으려는 작은 일 한 가지만 하면 됩니다. 그리고 우리가 매일 작은 애도 한 가지를 할 수 있는 용기와 꿋꿋함을 발휘할 수 있다면, 미래의 우리는 희열에 넘칠 겁니다.

오늘 내 생각과 느낌을 표현하는 것은 미래의 내가 나에게
고마워할 일입니다.

슬픔은 갈비뼈가 부러진 것과 같다. 겉으로는 괜찮아 보이지만,
숨을 쉴 때마다 아프다.

— 작자 미상

슬픔은 몸으로 드러나지 않습니다. 그래서 사람들은 우리가 괜찮다
고 생각합니다. 저는 때때로 슬픔이 시작되면 피부가 보라색으로 변
하면 좋겠다는 생각을 하곤 합니다. 어떤 날이든 기분이 나쁠수록
보라색도 짙어지는 거지요. 슬픔이 눈에 안 보이는 것은 누구에게도
도움이 되지 않습니다.

게다가 우리는 슬픔을 감추려 애쓰는 문화 속에서 살기 때문에 슬
픔이 눈에 보이지 않는다는 사실에 공모하게 되는 경우가 종종 있습
니다. 사람들은 "어떻게 지내세요?"라고 묻습니다. 우리는 "잘 지냅
니다"라고 대답하지요. "아주 잘 지내요."

저는 슬플 때 "잘 지낸다"라는 말은 보통 그 슬픔을 피하거나 감
추는 것을 의미한다는 점을 알고 있습니다. 우리는 속으로는 아프면
서도 겉으로는 괜찮아 보이려고, 괜찮게 행동하려고 애씁니다. 유일
한 치료제는 슬픔을 적극적으로 터놓고 표현함으로써 우리 내면의
진실대로 사는 것입니다. 망가진 우리 마음이 지옥 같다고, 죽을 만
큼 아프다고 사람들에게 말하는 겁니다. 그렇게 말하면서 치유는 시
작됩니다.

마음이 아플 때, 그 아픔을 겉으로 표현할 방법을 찾겠습니다.

자신에게 친절을 베풀수록 다른 사람에게도 저절로 친절하게
된다.

— 웨인 다이어

슬픔에 잠겨 있을 때야말로 자신에게 가장 친절해야 할 때입니다.

그런데도 우리 중에는 자신을 잘 돌보지 못하는 이들이 많습니다.
그러니 자신을 돌보는 일은 하루도 빠짐없이 되풀이해 다짐하며 실
천해야 할 일입니다.

자신에게 친절할 때 다른 사람에게도 더 친절하고 더 잘 반응할
수 있다는 것은 우리 친구와 가족, 온 세상에 특별한 선물이 됩니다.
친절함은 그런 식으로 퍼져 나갑니다.

오늘은 나 자신에게 친절하겠습니다. (매일 아침 반복하세요.)

> 내 전 생애는 한 문장으로 설명할 수 있다. "계획한 대로 되지 않았지만, 괜찮아."
>
> — 레이첼 월친

왜 이런 말이 있잖아요. "아무리 잘 세운 계획이라도 틀어지는 경우가 많다."

우리가 인생의 우여곡절을 통제할 수 있다면, 인생이라는 게 굉장한 뭔가가 되지 않겠습니까? 사랑하는 이들(나 자신도 포함)이 모두 한 백 살까지 장수하면서 건강하고 행복하게 살 수 있다면요.

하지만 우리는 다른 이들의 삶은 말할 것도 없고 나 자신의 삶도 통제할 수 없습니다. 일이 계획한 대로 되지 않는 경우가 많지요. 이는 인간이라는 존재의 현실입니다. '뭐가 되든 되겠죠'Que sera sera. 이 진실에 항복하고 그래도 괜찮다고 받아들이는 일은 슬픔을 다루는 작업의 상당 부분을 차지합니다.

인생이 늘 계획한 대로만 되는 건 아니지만, 괜찮습니다.

4월은 가장 잔인한 달,

죽은 땅에서 라일락을 키워 내고

추억과 욕망을 뒤섞고

잠든 뿌리를 봄비로 깨운다.

겨울이 오히려 따뜻했다.

망각의 눈으로 대지를 덮어 주었으니……

— T. S. 엘리엇

4월에는 모든 것이 꿈틀거리기 시작합니다. 겨울은 어둠과 고요, 무기력이 주는 안온함으로 우리를 감싸는 데 반해, 4월은 우리에게 움직일 것을 요구합니다. 일어나! 주위를 둘러봐! 생명이 생동하고 있어!

하지만 슬픔에 빠져 있을 때는 봄기운이 잔인해 보일 수 있습니다. 내 마음에는 여전히 죽음의 그늘이 드리워져 있는데 새 생명이 약동하는 것이 거북하게 느껴질 수 있지요. 자연이 다시 깨어나는 것이 무례하거나 참기 힘들다고 느낄 수도 있습니다. 우리가 사랑하는 이들은 생명을 잃었는데, 어쩌면 4월은 이렇게 경박하고 즐겁게 굴 수 있는 거죠?

올해는 봄을 즐기지 않아도 괜찮습니다. 불공평함과 잔인함에 맞서 욕을 퍼부어도 괜찮습니다. 동시에 우리가 자신에게 조금 더 상냥해진다면, 마음의 목소리에 귀를 기울이고 다정함의 순간들에 주목할 것입니다. 4월의 그 무언가가 마음을 건드리면, 잠시 멈추고 그 경험에 마음을 열 것입니다.

오늘 느끼는 것을 고스란히 느껴도 된다고 나에게 허락합니다. 무언가가 내 마음을 건드리면, 하던 일을 멈추고 그것을 온전히 경험하겠습니다.

> 인생은 한 차례 치르는 기말시험이 아니다. 매일매일 치르는 쪽지
> 시험의 연속이다.
>
> — 작자 미상

우리는 오늘을 어떻게 살까요?

우리는 아파하고 있습니다. 그러니 오늘은 완벽한 하루가 아닐 테고, 어쩌면 좋은 하루도 아니겠지요. 하지만 여전히 하루 동안 예기치 못한 온갖 종류의 순간과 마주하게 될 것입니다. 사람들과의 대화, 반려동물과의 만남, 놀라운 광경과 소리, 맛과 질감, 글 속의 아이디어, 뜻밖의 추억, 소셜 미디어 게시물 그리고 그 밖의 많은 것……

인생이 매일매일 치르는 쪽지 시험의 연속이라면, 우리가 오늘 마주하는 모든 것이 시험 문제입니다. 우리는 어떤 답을 내놓을까요?

슬픔의 순간까지 포함해 '오늘'을 온전히 겪어 보기로 마음먹을 수 있습니다.

이 세상에는 죽음과 세금을 제외하면 확실하다고 말할 수 있는 것
이 아무것도 없다.
　　　　　　　　　　　　　— 벤저민 프랭클린

이 삶에서 확실한 것은 극히 적습니다.

다른 이들에게 마음을 열고 친절하면, 우리는 사랑을 주고 또 사랑받을 것입니다. 이는 우리가 슬퍼하게 될 것임을 의미하기도 하죠. 이건 틀림없는 사실입니다. 하지만 어떻게, 언제, 왜 그런지 같은 문제는 대개 우리가 어찌할 수 없습니다.

그러니 확실한 것에 집중하기로 해요. 태양은 오늘도 떠오를 것이고, 우리는 사랑했기에 슬픔도 느낄 것입니다. 또한 죽은 자뿐만 아니라 우리 인생에서 가까이 있는 다른 이들에게도 계속 사랑을 느낄 것입니다.

이 불확실한 인생에서 사랑과 슬픔은 우리를 단단히 붙잡아 줍니다.

내가 사랑하고 슬퍼한다는 것은 확실합니다.

이러한 경험들은 내 존재의 핵심을 이룹니다.

사람들은 자기 자신과 자신의 현실, 무엇보다도 자신의 느낌을 두려워한다. 사람들은 고통은 악하고 위험하다고 배운다. 그래서 고통을 감추려고 애쓴다. 하지만 그건 잘못된 생각이다. 고통을 겪으며 자신의 힘을 느낄 수 있다. 고통은 힘이다. 느낌은 자신의 일부이다. 그 느낌을 부끄럽게 여기고 숨기는 것은 사회가 당신의 현실을 파괴하도록 내버려두는 것이다. 고통을 느낄 권리를 위해 일어서야 한다.

— 짐 모리슨

우리에게는 슬퍼하고 애도할 권리가 있습니다. 슬픔은 사랑만큼이나 우리 현실의 일부입니다.

  사회가 (보통 다른 이들을 불편하게 만든다는 이유로) 우리 고통을 무시하거나 침묵하길 권한다면, 우리는 그들을 무시할 권리가 있습니다. 슬퍼하고 애도할 권리와 필요성을 그들이 파괴하도록 내버려두지 않을 겁니다.

  사랑이 우리 현실인 것이 자랑스럽습니다. 사랑이 우리의 현실이기에, 슬픔도 지금 우리의 현실입니다. 우리는 사랑하고 슬퍼할 권리를 위해 일어설 것입니다.

우리는 슬퍼하고 애도할 권리가 있습니다. 슬퍼하고 애도할 필요가 있다는 것을 부끄러워하지 않겠습니다.

잊으려고 애쓰는 것은 소용이 없다. 사실 그건 기억하는 것과 마
찬가지이다.

　　　　　　　　　　　— 레베카 스테드

사랑하는 사람의 죽음을 애도할 때 필요한 한 가지는 그들을 기억하
는 것입니다. 하지만 때로 우리는 기억하기를 원치 않습니다. 차라
리 잊기를 바랍니다. 그 기억이 너무 고통스럽기 때문입니다.

　하지만 지금쯤이면 잊으려 애쓰는 것이 실제로는 소용이 없다는
것을 깨달았을 것입니다. 바쁘게 지내거나, 주의를 딴 데로 돌리거
나, 기억을 마음의 벽장 안으로 억지로 밀어 넣고 문을 잠가 버리는
것은 잠깐은 효과가 있을지 모르지요…… 하지만 기억은 교활합니
다. 계속해서 우리 의식 속으로 살금살금 기어들어 옵니다. 꿈에 나
타나기도 하지요. 이제는 통제할 수 있다고 생각하는 순간, 어떤 향
기를 맡거나 어떤 음악의 한 소절을 듣는 순간, 쿵 내려앉습니다. 기
억의 힘에 무릎을 꺾고 마는 것이지요.

　잊으려는 대신 오히려 기억을 받아들이는 법을 배워 보세요. 기억
이 나면 기억나는 대로 내버려두거나 혹은 일부러 애써 기억하려고
해 보세요. 그래서 기억이 어떤 감정을 불러내든 그 감정과 친구가
될 때, 우리는 알게 됩니다. 잊은 척하는 일에서 벗어남으로써 에너
지를 얻게 된다는 것을. 기억의 힘이 거센 물결처럼 밀려오는 것을
허락해 그 힘으로 우리를 앞으로 나아가게 하는 것이지요.

오늘 기억을 초대하겠습니다. 그리고 기억이 떠오르면 그 곁에 앉아
주의를 기울이겠습니다. 기억은 그럴 만한 가치가 있으니까요.

이야기는 빛이다. 이렇게 어두운 세상에서 빛은 소중하다. 처음부터 시작하라. 빛을 만들어라.

— 케이트 디카밀로

우리는 사랑과 상실에 관한 이야기를 나누며, 우리 삶을 이해하는 데 도움이 될 서사를 만들어 냅니다. '이런 일이 일어났고, 그다음에 이런 일이 일어났고, 그다음에 이런 일이 일어났다.' 집의 뼈대처럼 이야기의 구조는 그 이야기에 형태와 의미를 부여하지요.

기억한다는 것은 이야기의 구조를 밝게 드러내는 과정입니다. 기억은 이토록 어두운 세상에서 우리에게 소중한 빛이 됩니다.

그러니 우리의 이야기를 나누어요. 이야기를 나누는 것은 우리를 변화시킵니다.

오늘 나는 빛을 만들겠습니다.

나의 사랑과 상실의 이야기를 들려주겠습니다.

지금은 불행하지만, 어쩌면 더 나은 시간이 우리를 기다리고 있을
지도 모른다.

— 베르길리우스

상실의 슬픔을 겪고 있는 우리는 불행합니다. 삶에서 겪은 상실들
이 우리를 때려눕혀 우리는 고통스럽고 비통하고 비참하다고 느낍
니다.

하지만 2100년 전 고대 로마의 시인 베르길리우스는 상황이 대개
는 더 나아진다는 점을 이해했습니다. 그는 우리에게 희망을 품으라
고 간곡히 호소합니다.

그러니 가장 불행한 날에도 희망을 키우도록 애씁시다. 비참한 기
분이 들 때면 다른 사람에게 손을 내밀 수 있습니다. 희망을 품도록
돕고, 우리의 비참함을 억지로 달래려 하기보다 그저 지켜봐 주는
사람들, 동시에 희망적인 기운을 내뿜어 주는 그런 사람들에게 말입
니다.

가장 불행한 날에, 나는 희망의 불꽃을 찾아낼 것입니다.

모든 것이 엉망이다. 머리카락도. 침대도. 말도. 마음도. 인생도.
— 윌리엄 릴

인생이 엉망입니다. 사랑도 엉망입니다. 그리고 슬픔은 확실히 엉망입니다. 때때로 우리 중 강박적인 사람들은 그 엉망인 것을 깨끗이 정리하려고 애씁니다. 모든 것을 깔끔하고 단정하며 질서정연하게 만들려고 합니다. 규칙을 만들고 그것을 시행하려고 하지요. 경계를 정하고 시간표와 일정표를 만듭니다.

하지만 소용없습니다. 우리는 슬픔이 가진 자연스러운 혼돈을 틀 안에 가두려고 애쓰지만, 혼돈은 그 어떤 틀보다 강력합니다. 그것은 밖으로 새어 나와 원하는 곳 어디로든 헐크처럼 밀고 나아갑니다. 그러니 차라리 엉망인 채로 내버려두고 그 엉망진창 속에도 의미가 있다고 믿는 편이 더 낫습니다.

인생은 엉망입니다. 사랑도 엉망입니다. 슬픔도 엉망입니다.
그렇다면 엉망진창은 좋은 건가 봅니다.

어제로 돌아가는 건 아무 소용 없어. 그때의 나는 다른 사람이기 때문이지.

— 루이스 캐럴, 『이상한 나라의 앨리스』

때때로 우리는 어제로 돌아갈 수 있으면 좋겠다고 생각하지만, 문제는 (시간 여행이라는, 현재로서는 넘을 수 없는 장애물을 제외하면) 우리가 어제의 우리와 같은 사람이 아니라는 점입니다. 상실은 우리를 바꿔 놓았습니다. 계속되는 슬픔은 우리를 계속 바꿔 놓지요.

우리는 이제 다른 사람입니다. 알게 된 것들이 있습니다. 여러 경험을 하며 살아왔습니다. 변화를 경험하고 있습니다. 변화transformation란 말 그대로 전면적으로 형식form이 달라지는 것을 의미합니다. 다시 돌아가는 일은 절대 없습니다.

우리는 과거의 정상 상태로 돌아갈 수 없습니다. '새로운 정상'을 만들어 갈 수 있을 뿐입니다. 그리고 여러분, 그것은 당연히 그럴 만한 가치가 있는 마음가짐입니다.

나는 이 상실을 겪기 이전의 나와는 다릅니다.

나는 나의 새로운 정상 상태를 만들고자 노력하고 있습니다.

> 초탈함이란 아무것도 소유해서는 안 된다는 말이 아니다. 그 무엇
> 도 당신을 소유해서는 안 된다는 말이다.
>
> — 알리 이븐 아비 탈리브

불교도들은 초탈한 삶을 사는 것을 추구합니다. 초탈은 '무집착'無執着
이라고도 하지요. 불교도들은 또한 자애로움을 믿으면서도 모든 것
은 덧없다는 것을 이해하고 그 이해를 바탕으로 살아갈 것을 가르칩
니다.

불교도들은 기대를 갖지 않으려고 애씁니다. 그들은 우리가 그랬
으면 하고 바라는 대로가 아니라, 있는 그대로의 세상과 실상을 이
해하는 데 노력을 기울입니다. 감정이 일어나면, 그 감정을 느끼면
서도 그것이 지나가리라는 점 또한 알아야 한다고 가르칩니다.

슬픔 속에서 초탈함을 실천할 때, 우리는 생각하고 있는 것을 생
각하고, 느끼고 있는 것을 느끼도록 우리 자신에게 허용합니다. 생
각하고 느끼는 것을 표현하면서 편안한 기분이 되기도 하지요. 통제
할 수 있다는 환상을 버리고 삶을 살아가게 됩니다. 현재 순간에 주
어지는 좋은 것을 향유하면서도 그다음에 일어날 일에는 신경 쓰지
않습니다. 슬픔을 경험하면서도 그 슬픔이 우리를 잠식하는 일이 없
도록 합니다.

오늘 나는 살아가고 사랑하고 슬퍼하고 애도할 것입니다.

나의 주 하느님, 저는 어디로 가고 있는지 모릅니다. 제 앞에 놓
인 길을 보지 못합니다. 이 길이 어디에서 끝날지도 알 수 없습니
다. 저 자신도 제대로 알지 못하며, 당신의 뜻을 따르고 있다고 생
각하지만, 실제로 그러고 있지는 않습니다. 하지만 당신을 기쁘게
하고 싶은 갈망이 사실상 당신을 기쁘게 한다고 믿습니다. 그리고
제가 하는 모든 일에서 그런 갈망을 갖고 싶습니다. (……) 당신이
늘 저와 함께하시기에 저는 두려워하지 않을 것입니다. 당신은 제
가 홀로 위험에 처하도록 내버려두지 않을 것입니다.

— 토마스 머튼

통계가 사실이라면, 대부분의 사람은 신을 믿습니다. 신을 믿는
사람들에게 신앙은 슬픔에 잠겨 있을 때 위로가 됩니다. 우리는 앞
날을 알 수 없지만, 우리보다 훨씬 더 큰 힘이 우리를 지켜보고 있다
고 믿으려 노력합니다.

이 힘든 시간을 보내며 신을 다른 방식으로 생각할 수 있습니다.
'사랑'으로 여기는 것입니다. 전능한 신에게 기도드리는 대신, 사랑
을 따르고 사랑을 믿겠노라고 기도할 수 있습니다. 이렇게 말이죠.

'저는 사랑에 대한 갈망은 사랑을 만들어 낸다고 믿습니다. 그리
고 제가 하고 있는 모든 일에서 그 갈망을 갖기를 바랍니다. 그러면
사랑이 저를 올바른 길로 인도해 주리라는 것을 알고 있습니다. 제
가 그 길에 대해 아무것도 모른다 해도 말입니다. 그러므로 제가 길
을 잃고 죽음의 그림자가 드리워져 있는 것처럼 보인다 할지라도 저
는 항상 사랑을 믿을 것입니다. 두렵기도 하겠지만, 사랑과 함께하
면 위험에 혼자 맞설 필요가 없다는 것 또한 알게 될 것입니다.'

나는 언제나 사랑을 믿을 것입니다.

다른 이의 아픔을 덜어 주는 일은 나의 아픔을 잊는 일이다.

— 에이브러햄 링컨

우리가 아는 많은 사람 역시 슬픔에 잠겨 있습니다. 가족, 친구, 이웃, 동료…… 그들 중 많은 이들이 최근 몇 달, 혹은 몇 년 사이에 특별한 사람을 잃었습니다.

애도 과정에서 필요한 것 중 가장 중요한 한 가지는 다른 이들의 지지를 받아들이고 인정하는 것입니다. 하지만 슬픔 속에서 손을 내미는 것은 양방향의 길입니다. 사람들이 우리에게 손을 내밀어 줄 때 우리는 고마워합니다. 동시에 우리 또한 슬픔에 잠긴 다른 이들에게 손을 내밀 때 치유가 일어날 수도 있습니다.

다른 이들에게 친절을 베푸는 것은 결국 자기 자신에게 친절을 베푸는 방법이기도 합니다. 친절은 다른 이들을 돕고, 우리 자신도 돕습니다. 우리는 사실 다른 이들과 연결된 하나이기 때문입니다. 서로 분리되지 않는 물방울들처럼 하나의 대양에서 우리는 모두 연결되어 있습니다. 공감을 실천하는 일은 인류를 치유합니다.

나는 다른 사람의 마음의 고통을 더는 일을 도울 수 있고,

그렇게 함으로써 내 마음의 고통도 덜어냅니다.

젊음은 한때뿐이다. 하지만 철없음은 언제든지 가능하다.

— 데이브 배리

아이들은 슬퍼하고 애도하는 방법을 본능적으로 알고 있다는 사실을 알고 계십니까?

자기가 아끼는 것을 빼앗긴 아이들이 어떻게 행동하나요? 울고불고합니다! 성질을 부립니다! 흐느껴 울고 통곡하고 발로 차고 비명을 지릅니다! 이는 상실에 대한 인간의 가장 순수하고 본능적인 반응입니다. 그 순간의 생각과 느낌을 받아들이고 그것을 격렬하게 표현하는 것이지요. 점차 나이가 들고 '철이 들면서' 사회적 규범이 박차고 들어와 우리에게 '침착함을 유지'하고 '정신을 바짝 차릴' 것을 강요할 뿐입니다.

다음번에는 울고불고하고 싶으면 그렇게 하기로 합시다. 슬픔 속에서는 조금은 자연스러운 (그리고 지혜로운) 철없음이 좋은 것입니다.

성질을 부리고 싶을 땐 그래도 됩니다. 슬픔 속에서는 흔히
미성숙하다고 여겨지는 것이 실제로는 성숙일 수 있습니다.

> 의식은 변화를 통해서만 가능하고, 변화는 움직임을 통해서만 가능하다.
>
> ― 올더스 헉슬리

슬픔 속에서 떠오르는 내면의 생각과 느낌을 적극적으로 표현할 때, 슬픔은 움직입니다. 애도는 움직임을 만들고, 움직임은 변화를 만들어 냅니다.

제가 진행하는 애도 상담의 실무과정에서는 이것을 '흔들어 놓음' perturbation이라고 부릅니다. 기본적으로 우리는 말하거나 쓰거나 예술 작품을 만드는 등 어떤 방식으로든 슬픔을 표현함으로써 슬픔을 '흔들어 놓습니다.' 우리는 슬픔을 은근히 부추깁니다. 말하자면 '성가시게 하는' 것이죠.

흔들어 놓는 것은 슬픔과 삶을 상호작용하게 합니다. 그리고 시간이 지남에 따라 슬픔을 변화시키는 것은 바로 이런 상호작용입니다. 흔들어 놓음은 처음에는 우리의 슬픔을 더 불편하게 만들기도 하지만, 결국에는 누그러지게 합니다.

슬픔을 활동적으로 만드는 것, 즉 슬픔을 가만히 두지 않고
움직이게 하는 것은 슬픔을 변화시키고 누그러뜨립니다.

느낌은 바람 부는 하늘의 구름처럼 왔다가 간다. 의식적 호흡법이
나의 닻이다.

— 틱낫한

저는 감정을 제대로 느끼는 것을 강력히 지지합니다. 오랜 세월 동
안 제가 상담하고 제게 배움을 주었던 수천 명의 애도자들이 감정을
피하거나 부정하지 않고 그대로 받아들일 때 그 감정들이 누그러지
기 시작한다는 것을 가르쳐 주었습니다. 그것은 간단하지만 매혹적
인 연금술입니다.

하지만 때로는 슬픔의 감정이 너무 압도적이어서 그 순간에는 그
것들을 진정시켜야 할 수도 있습니다. 그렇지 않으면 그 감정이 말
그대로 우리를 때려눕힐 테니까요. 그럴 때는 심호흡에 의지하세요.
천천히 깊게 호흡하는 것은 격한 감정에 대한 스트레스 반응 스위치
를 '끄고' 이완 작용 스위치를 '켜는' 한 가지 방법입니다.

앉거나 서서 배에 손을 갖다 댑니다. 코로 천천히 깊게 숨을 들이
쉬면서, 배가 최대한 팽창되게 합니다. 최대한 숨을 들이쉬었을 때
몇 초 동안 숨을 참았다가 내쉽니다. 손을 배에 갖다 댄 채, 마치 휘
파람을 불 때처럼 입술을 오므려 천천히 숨을 내쉽니다. 폐가 텅 빈
것처럼 느껴질 때 숨을 들이쉬고 내쉬고, 이 과정을 최소한 3~4회
반복하세요. 그렇게 훨씬 더 차분해졌음을 느껴 보세요.

내 감정이 나를 압도할 때,
심호흡은 나를 진정시키는 데 도움을 줍니다.

우울함은 기능장애로 보기보다는 기능하는 현상으로 보아야 한다. 그것은 당신을 갑자기 멈춰 세우고, 주저앉히고, 지독히 비참하게 만든다.

— 제임스 힐먼

저는 전 세계를 돌아다니며 상실의 슬픔을 강의하고 이 주제에 관한 책도 많이 쓴 사람으로서 우울함에 관한 질문을 종종 받습니다. 사람들은 슬픔 속에서 우울한 것이 정상인지 알고 싶어 합니다. 자신들이 임상적으로 우울증에 걸린 것인지, 아니면 단순히 슬픔을 겪고 있는지 알고 싶은 것이죠.

제가 아는 건 이렇습니다. 상실 후에 느끼는 슬픔은 자연스럽고 진실한 감정입니다. 다시 말해 사랑하는 이가 세상을 떠난 후 우울해지는 것은 정상입니다. 슬픔에서 오는 우울함은 없으면 안 될 중요한 역할을 합니다. 그것은 우리를 내면으로 향하게 하고 물러나게 하며 마음을 가다듬게 합니다. 우리가 일어난 현실을 인정하고 고통을 받아들이려면 이 우울한 시간이 필요합니다.

우울증과 '건강한 슬픔'에서 오는 우울의 차이는, 우울증인 사람은 광범위하고 지속적인 절망과 낮은 자존감을 가진 경향이 있다는 겁니다. 또 슬픔은 시간이 갈수록 누그러지지만, 우울증은 그렇지 않습니다. 임상적으로 우울한 것일지도 모른다는 생각이 들면, 치료사나 의사를 만나 보기 바랍니다. 우울증은 또 다른 여러 건강 문제의 위험에 놓이게 할 뿐만 아니라, 슬픔을 헤쳐 나가는 여정에서도 앞으로 나아가는 것을 가로막을 가능성이 높습니다.

우울증일지도 모른다는 생각이 들면 오늘 바로 전화를 걸어 전문 치료사나 의사와 면담 약속을 잡겠습니다.

이요르: 우리가 모두 다 그렇게 할 순 없고, 그렇게 하지도 않는
이들도 있어. 그게 다야.

푸: 뭘 다 할 수 없다는 거야?

이요르: 즐거운 거. 노래하고 춤추는 거. 뽕나무 덤불 주위를 돌아
다니는 거.

— A. A. 밀른

『곰돌이 푸』에 등장하는 당나귀 '이요르'는 우리 전부가 언제나 행
복할 수는 없다는 사실을 알고 있습니다. 지금 우리 대다수는 즐거
운 일, 노래하고 춤추는 일을 하지 않고 있지요. 우리는 '무쾌감증'
anhedonia을 겪고 있습니다. 한때는 즐겁게 했던 일들에서 즐거움을
전혀 느끼지 못하는 상태를 일컫는 그럴듯한 용어죠. 그럼에도 이요
르와 달리 우리는 미래에는 즐거운 일과 노래하고 춤추는 일을 할
것이라는 희망을 붙잡으려고 애씁니다.

혹시 이요르처럼 항상 불행해 보이는 사람을 아시나요? 심각한 정
신적 기저질환이 없는 한 그런 사람들은 자기 자신을 안전하게 지키
려는 보호 기제로서 끊임없이 심술부리기를 이용합니다. 자신이 인
지하든 못하든, 거절과 상실의 위험을 피하려고 그들은 부정적이고
반감을 불러일으키는 태도를 취하기로 합니다.

세상에! 우리는 상실을 겪었습니다. 그리고 당연히 그렇겠지만 지
금 심술이 나 있습니다. 하지만 우리는 값을 매길 수 없는 사랑과 연
결을 경험했습니다. 그러니 우리는 슬픔을 다루는 작업을 할 것이며,
다시 뽕나무 덤불 주위를 돌아다닐 만큼 운이 좋을 거라고 믿습니다.

나는 할 수 있고 할 것입니다. 하루하루 조금씩.

당신이 육체적으로 어떻든—남성이든 여성이든, 강하든 약하든, 아프든 건강하든—그 모든 것은 당신의 마음속에 담겨 있는 것보다 덜 중요하다. 전사의 영혼을 지니고 있다면 당신은 전사다. 다른 모든 것은 등불을 감싸고 있는 등잔 유리지만, 당신은 그 안의 불빛이다.

— 카산드라 클레어

저는 종종 슬픔은 무엇보다도 영적인 여정이라고 말하곤 합니다. 슬픔은 우리 영혼이 지상에서 보내는 인간 삶의 일시적이고 덧없는 본성과 씨름하는 것입니다.

영혼은 우리 안에 있는 불멸의 빛입니다. 우리 존재의 나머지는 단지 영혼을 담는 그릇일 뿐입니다. 우리의 몸과 직업과 소유물은 모두 영혼이라는 등불을 감싸고 있는 등잔 유리에 불과합니다.

문제는 죽은 이에 대한 우리의 사랑이 여전히 우리 영혼 속에 살아 있다는 사실입니다. 죽음은 우리 영혼의 불빛을 꺼뜨리겠다고 위협하는 듯 보입니다. 슬픔은 깊고도 극히 고통스럽습니다. 하지만 죽은 사람의 영혼을 포함해서 우리 영혼이 불멸일지도 모르고 사랑은 끝나지 않는다고 생각하면 어떤 일이 벌어질까요? 지상에서의 인간 존재가 우리 영혼을 담는 일시적인 그릇에 지나지 않을 가능성을 고려할 때는 상황이 어떻게 달라질까요?

그때 우리는 한계가 없고 시간을 초월한 존재가 됩니다. 이런 존재에게 상실은 눈 깜짝할 사이에 지나갑니다.

내 영혼은 내 안에 있는 불빛입니다. 내 영혼은 진실을 알고 있습니다. 나는 그 목소리에 귀 기울이겠습니다.

5월

대지는 꽃으로 웃는다.

— 랄프 왈도 에머슨

슬퍼하고 있을 때는 소박한 한 송이 꽃이 우리 마음 깊숙한 곳까지
건드릴 수 있습니다. 그 향기를 한번 맡는 것만으로도 우리를 다른
곳으로 옮겨 놓을 수 있지요. 순식간에 정원이나 병원, 축하 행사 혹
은 장례식의 기억으로 빠져들기도 합니다.

　봄꽃이 피어날 때, 그 부드러운 아름다움은 순식간에 사라집니다.
하지만 꽃들이 우리 마음속에서 그토록 쉽게 불러일으키는 상냥함
은 영원하다는 것을 기억합시다. 그것은 바로 우리의 사랑입니다.
그리고 꽃이 우리를 아프게 찌를 때조차도 우리는 그것이 사랑에서
비롯된 아픔임을 알게 될 것입니다. 그 사랑스러움에 감사하게 될
것입니다.

서글프든 행복하든 달콤씁쓸하든, 꽃들이 내 마음을 건드릴 때는
잠시 시간을 내어 그 감정을 느끼고,
그 밑바탕에 있는 사랑에 감사하는 마음을 갖겠습니다.

하늘에 여러 가지 색깔이 있어요! 아름다운 색깔이, 더 많은 색깔
이 있어요! 여기서는 이단 점프가 가능해요, 이단 점프!

— 11살 존, 림프종으로 사망하기 사흘 전

임종 환각은 너무 흔한 경험이어서 적어도 저로서는 그것을 믿는 것
보다 믿지 않는 것이 더 터무니없어 보입니다.

아, 물론 저는 의학적 모델에 기반한 심리학 박사과정을 졸업했습
니다. 그래서 임종 환각이 뇌가 정지되어 가는 과정에서 나타나는
생화학적 부작용일 뿐이라는 주장을 이해합니다. 하지만 인생의 모
든 일이 그렇듯이, 우리는 신비에 싸인 현상과 '의미 있는 우연의 일
치', 영원한 의미를 믿을 수도 있고, 아니면 엄격하고 제한적인 '사
실'만 고집할 수도 있습니다.

저는 종종 호스피스 기관이나 학회에서 강의를 하고, 게다가 제
아버지와 어머니의 임종 환각을 직접 지켜본 경험도 있습니다. 또한
호스피스 간호사들에게서 그들이 죽음을 맞는 이들의 동행자가 되
어 줄 때 너무나 흔하게 겪는 '불가사의한' 경험에 대해 듣습니다. 그
간호사들은 확고히 그것을 믿습니다. 여러분은 무엇을 믿으세요?

나는 죽음 너머에 아름다운 무언가가 있다고,
혹은 있을지 모른다고 믿겠습니다.

> 가장 나쁜 거짓말은 자기 자신에게 하는 거짓말이다. 우리는 자기
> 가 하는 일, 심지어 자기가 생각하는 것까지 부정하면서 살아간
> 다. 두려워서 이렇게 한다.
>
> — 리처드 바크

부정은 애도의 여정에서 가장 잘못 이해되고 있는 측면 중 하나입니다. 충격과 무감각처럼 부정은 일시적으로는 큰 선물입니다. 부정은 사랑하는 이가 죽고 난 뒤 처음 며칠, 몇 주 동안 우리가 버틸 수 있도록 도와줍니다.

　그렇지만 우리가 죽음의 현실을 직면하고 고통을 조금씩 받아들이기 시작하면 부정도 효력을 잃기 시작합니다. 그럴 때면 일정 기간 우리는 훨씬 더 많이 슬퍼집니다. 고통을 받아들이는 것도 힘들지만, 우리의 진정한 생각과 느낌을 회피하거나 '틀어막는' 것은 훨씬 더 끔찍합니다. 그것은 침체, 우울, 불안, 중독 행동, 삶을 질식시키는 여타의 증상으로 이어지기 때문이죠. 감정을 느끼는 것을 두려워하면, 결국 더 나쁜 감정을 갖게 될 수 있습니다.

　그러니 모두 부정의 춤을 춰 봅시다. 부정하고, 직면하고, 부정하고, 직면하고. 저는 이것을 회피-대면이라고 부르곤 합니다. 이런 건강한 오라가라한은 우리가 현실을 차츰차츰 받아들이게 하고, 간절히 필요한 휴식을 제공합니다.

중간중간 대면하기만 한다면, 이따금 부정하고 제쳐두고
미뤄도 됩니다. 나는 댄스화를 신을 것입니다.

세상 사람들이 가장 좋아하는 계절은 봄이다.

5월에는 모든 것이 가능해 보인다.

— 에드윈 웨이 틸

5월에는 희망과 쇄신이 꽃망울을 터뜨립니다. 제가 사는 이곳 콜로라도에서 5월은 햇빛과 푸른 잔디, 새가 노래하고 꽃이 피는 것을 의미합니다. 5월에는 희망을 품는 것이 조금 더 쉽습니다.

그럼에도 우리의 슬픔은 이런 희망찬 5월과 어울리지 않는 것처럼 보일 때가 있습니다. 우리 마음은 당연히 어둡고 음울한데, 세상 밖은 갖가지 색채와 기쁨으로 만발합니다. 특히 슬픔에 빠진 초반에는 실내에 틀어박힌 채 블라인드를 치고 절망의 어둠 속에 앉아 5월을 건너뛸 수도 있습니다.

그렇지만 대체로 5월은 우리에게 상황이 더 나아질 수 있고 또 그렇게 될 것이라는 사실을 이해하도록 이끌어 줍니다. 모든 것이 가능합니다. 희망이 영원히 용솟음칩니다. 희망은 꽃과 햇빛을 차려입고 찾아옵니다.

모든 것이 가능합니다. 치유와 미래의 기쁨까지 포함해서.

당신의 신발이 오늘 당신을 행복하게 해 줄 것이다.

— 포춘 쿠키

여러분은 어떤지 모르겠지만, 저는 포춘 쿠키를 열 때마다 기대감으로 설렙니다. 무슨 말이 나올까? 내 미래에 관한 놀라운 사실을 누설해 줄까? 특별히 미신을 믿지는 않지만 포춘 쿠키를 좋아합니다.

어느 날 앞에서 인용한 점괘를 펼쳐 보고 저는 싱긋이 웃었습니다. 제가 신고 있던 갈색 로퍼를 슬쩍 곁눈으로 보았죠. 솔직히 그 신발이 딱히 저를 기쁨이나 경이로움으로 채워 주진 않았거든요.

하지만 그때 깨달았습니다. 이 점괘에서 말하는 신발은 제가 매일 당연하게 여기는 삶의 모든 사소한 것들에 대한 은유라는 사실을요. 하던 일을 멈추고 감사의 마음으로 그것들에 관심을 기울인다면 반드시 행복을 만들어 갈 수 있을 거라고요.

슬픔이 저를 끌어내릴 듯한 날이면 저는 이 점괘를 기억하려고 애씁니다. 그러다 보면 좋아하는 독서용 의자, 딸의 문자, 아내의 미소에 감사한 마음이 듭니다. 네, 심지어 제 신발에도요.

오늘 하루 적어도 세 가지 이상의 일상적인 일에 대해 감사하는 마음을 가지려 애쓰겠습니다.

난 계속할 수 없어. 난 계속할 거야.
— 사뮈엘 베케트

어떤 날에는 도저히 계속할 수 없을 것같이 느껴집니다. 슬픔 속에서 살아가는 것은 정말이지 너무 힘듭니다. 우리는 고통과 절망의 수렁에 빠져 있습니다. 그렇지만 우리는 어떻게든 계속 살아갑니다. 지구는 계속 돌고 있습니다. 우리는 낮도 견뎌 내고 밤도 견뎌 냅니다. 그러면 태양이 다시 떠오릅니다. 우리는 살아남았습니다. 어떤 날들은 그것으로 충분합니다.

그렇지만 그저 생존하기만 하는 가장 암울한 날에도 우리는 희미하게 깜박이는 희망의 빛을 볼 수 있습니다. 다른 이들과 연결된 끈이 우리를 잡아당기는 것을 느낄 수도 있습니다. 심지어 잠깐 스치는 짜릿한 기쁨을 경험할 수도 있습니다. 바로 이런 희미한 깜박임과 잡아당김과 짜릿함으로 인해 우리는 계속 살아갈 것입니다.

애도를 적극적으로 하면 미래에는 그런 순간들이 점점 더 많아질 것이라고 믿어도 됩니다. 서서히 하루하루가 대부분 그런 순간들로 채워지고, 결국 슬픔은 저 뒤편에서 희미하게 깜박이고 잡아당기고 잠시 스치는 것으로 남을 것입니다.

더 이상 나아갈 수 없다고 느껴지면, 슬픔을 표현하고
희미하게 깜박이는 희망의 빛과 연결의 끈, 짜릿한 기쁨의 감동을
적극적으로 알아차리겠습니다.

당신은 당신이 가장 많은 시간을 함께 보내는 다섯 사람의 평균치
이다.

— 짐 론

정확한 수치로 계산할 수는 없겠지만, 우리가 가장 많은 시간을 함
께 보낸 사람들이 우리 삶의 질에 영향을 많이 미치는 것은 사실입
니다.

우리가 슬픔에 잠겨 있을 때 치유의 질도 그렇게 곁에 있는 사람
들에게서 큰 영향을 받습니다. 우리가 슬퍼해야 할 때 슬퍼할 수 있
게 해 주고, 우리의 진솔한 생각과 느낌을 판단하거나 박탈하려고
하는 일 없이 터놓고 표현하게 해 주는 인정 많은 벗에게 둘러싸여
있다면, 우리는 그들의 도움으로 치유를 향해 나아가고 있는 것입
니다.

반면에 우리의 슬픔과 애도를 무시하거나, "계속 버티면서 굴하지
마세요"라는 식의 메시지로 반응하거나, 설상가상으로 우리의 감정
과 생각을 수치스럽게 여기는 사람들에 둘러싸여 있다면, 우리는 치
유를 향한 길에서 벗어난 것입니다.

만약 여러분이 후자의 무리 속에 있는 것 같다면 그들과 보내는
시간을 줄이고, 전자의 사람들을 찾아 그들과 많은 시간을 보내세
요. 이 한 가지 변화만으로 우리 삶은 모든 게 달라질 수 있습니다.

나는 슬픔의 시간을 보내며 따뜻하고 인정 많고 평가적이지 않은
사람들의 도움을 받을 자격이 있습니다.
그리고 그런 사람들과 더 많은 시간을 보내려고 노력하겠습니다.

어머니를 잊을 수 없다. 어머니는 나의 다리다. 건너가야 할 일이 있을 때면 내가 안전하게 지나갈 수 있도록 충분히 오랫동안 버텨 주셨다.

— 레니타 웜스

우리가 어릴 때는 뭔가 잘못되면 대부분 어머니에게 달려갔습니다. 어머니는 상처를 어루만져 주고 모든 걸 낫게 해 주셨습니다. 어머니는 완벽하진 않았지만(누구도 그렇지는 않죠), 세상 어느 누구보다 더 자주 우리를 적극적으로 사랑해 주셨지요.

지금 우리는 어머니가 고쳐 줄 수 없는 종류의 상처를 겪고 있습니다. 우리 중 어떤 이들은 어머니가 돌아가셨고 그 사실이 슬픔의 원인이 되었습니다. 또 다른 이들에게 어머니는 더 이상 없어서는 안 될 일상생활의 일부가 아니고 멀리 떨어져 계십니다. 그리고 더 이상 그들의 챔피언일 수가 없지요.

저희 어머니는 치매로 여러 해에 걸친 투병 끝에 5년 전에 돌아가셨습니다. 때때로 어머니가 그리울 때면, 아직도 어머니가 모든 걸 낫게 해 주셨던 어린 시절을 떠올리곤 합니다. 그 소중한 기억 속에서 제가 한없이 사랑받았다는 생각에 깊이 잠깁니다. 제가 뭘 더 바라겠습니까?

어렸을 때 나를 사랑해 주셨던 어머니와 아버지
그리고 다른 어른들을 기억합니다.
이런 기억들 속에서 위안을 찾을 수 있습니다.

우리가 보랏빛 일렁이는 어느 들판을 지나가면서도 그걸 알아보
지 못하면 신은 화가 날 걸. (……) 사람들은 신이 자신을 기쁘게
만드는 일만 좋아한다고 생각해. 하지만 신이 항상 우리에게 기쁨
을 돌려주려고 한다는 건 바보도 알 수 있어.

— 앨리스 워커, 『컬러퍼플』

사랑하는 사람의 죽음을 두고 신에게 따져 묻고 미친 듯이 분노하는
것은 애도의 여정에서 자연스럽고 꼭 필요한 과정입니다. 신이 우리
를 사랑한다면 왜 이런 일이 일어났을까요? 왜 좋은 사람들에게 나
쁜 일이 일어나는 것일까요?

그렇긴 해도 어쩌면 앨리스 워커의 말처럼 신은 우리를 위로하려
고 세상 곳곳에서 애쓰고 계시는지도 모릅니다. 우리를 위로하려고
저 아름다운 일출과 멋들어진 나무, 아기의 웃음과 보라색 꽃 한 송
이를 보여 주고 계시는지도 모르지요. 어쩌면 앞으로 찾아올 영광을
슬쩍 보여 주려고 그러신지도요. 영광의 전조로서 말입니다.

신께 따져 물어도 괜찮습니다. 신은 받아 주실 겁니다. 하지만 동
시에 우리 또한 신께서 우리 주변 곳곳에 이토록 아낌없이 행하신
기적들을 알아차리고 감사하는 마음을 갖도록 노력해야 합니다.

내 주변의 보라색 꽃과 축복을 알아차리고자 노력하겠습니다.

문제가 사라지기를 바라기만 하지 마라.
희망 사항이 아니라 행동이 필요하다.

— 방감비키 하비아리마나

제가 어렸을 때 소원을 빌면, 어머니께서 동요의 한 구절을 들려주시곤 했습니다. "소원이 말馬이라면 거지들이 올라탈 거야." 어머니는 소원이 현실을 바꾸지 못한다고 말씀하셨습니다. 하지만 제가 나이가 훨씬 더 들고 조금 더 지혜로워진 지금, 어머니 말씀이 꼭 옳은 건 아니라는 사실을 잘 알고 있습니다.

행동에 연료를 공급하는 소원은 변화를 가져오는 게 맞습니다. 소원은 행동의 배후에 있는 의지입니다. 슬픔 속에서 기분이 나아질 수 있기를, 울지 않고 하루를 보낼 수 있기를, 다시 기쁨을 느낄 수 있기를 바라는 우리의 소원들은 적극적인 애도를 통해 모두 현실이 될 수 있습니다.

더욱이 소원은 우리가 우리 삶에 불어넣는 희망과 기대라고 이해할 수 있습니다. 많은 위대한 철학자들은 우리의 생각이 현실을 만든다고 믿었습니다. 그러니 우리가 무언가를 소원하고 그렇게 될 수 있다고 믿는다면, 우리는 펼쳐지는 미래를 이끄는 우주의 신비로운 에너지와 동조하고 있는 것일지도 모릅니다.

슬픔이 누그러지기를 소원합니다. 적극적인 애도를 통해
그렇게 되기를 희망하며, 또한 그렇게 될 것이라고 믿습니다.

> 우리에겐 꿈꿀 시간, 기억할 시간, 무한한 것을 향해 손을 뻗을 시
> 간이 필요하다. 존재할 시간 말이다.
>
> — 글래디스 테이버

우리 스스로가 처음으로 큰 상실의 슬픔을 겪기 전까지는 슬픔에 시
간이 든다는 사실을 이해하기 어렵습니다. 정말 많은 시간이 듭니
다. 몇 날 몇 주가 송두리째 소모됩니다. 그리고 시간이 더 흐르면,
슬픔을 표현하고 수용하고 그것과 함께 살아가는 법을 배우기까지
몇 달 몇 해가 걸립니다.

  하지만 슬퍼하는 것과 애도하는 것은 우리가 가장 의미 있게 시
간을 보내는 두 가지 방법임을 상기합시다. 우리는 소셜 미디어를
확인하고 문자에 답하고 TV 프로그램을 정주행하는 등 현대 생활
의 끊임없는 연결성에 지나치게 사로잡혀 그 활동들이 정말 중요하
다고 믿어 버릴 위험에 놓여 있습니다. 그런 것들은 중요하지 않습
니다.

  슬픔은 그것과 짝을 이루는 사랑처럼, 꿈꾸고 기억하고 무한한 것
에 손을 뻗을 시간이 있어야 합니다. 그러니 슬픔이 우리의 하루하
루를 소모하더라도 속상해하거나 가책을 느끼지 말기로 해요.

나에겐 슬퍼하고 애도할 시간이 필요합니다.
나는 이 시간을 우선하겠습니다.

지구에는 지구가 치유하지 못할 슬픔이 없다.
— 존 뮤어

우리 중에는 세월이 흘러도 변치 않는 자연의 아름다움이 치유를 가져온다는 사실을 알게 된 이가 많습니다. 우리 스스로 문명의 기기들을 떨어뜨려 놓을 수 있다면 말입니다. 새의 노랫소리나 오래된 나무의 멋들어진 존재감은 사물들을 균형 있는 시각으로 바라보는 데 도움이 될 수 있습니다. 대자연은 이 행성의 어떤 스트레스 관리 전문가보다도 긴장을 풀고 쉬는 방법을 많이 알고 있고, 비용도 훨씬 적게 듭니다.

최근 어느 날 오후에 가슴이 터질 것 같아 산책에 나섰던 때가 떠오릅니다. 아름다운 꽃들을 보고, 나무에서 낙엽이 지는 것을 보았습니다. 제 허스키 개들이 기뻐서 뛰노는 모습도 지켜보았습니다. 저는 깊게 숨을 들이쉬며 감사함을 느꼈습니다. 야외에서 단 몇 분 만에 새로워지고 변화된 기분을 느꼈습니다.

가끔 운 좋게 문명에서 멀리 떨어진 곳으로 여행을 가거나 하이킹을 할 수 있다면, 그런 기적 같은 장소에서는 슬픔이 좀 더 감당할 수 있는 형태를 띤다는 것을 알게 될 것입니다. 하지만 집 밖으로 발걸음을 옮겨 잠시 도시 한복판에 자리 잡은 공원 벤치에 앉아 있는 것만으로도 자연이 가진 치유 능력에 다가갈 수 있습니다.

오늘 밖으로 나가 심호흡하겠습니다. 모든 풍경을 관찰하고 소리에 집중하겠습니다. 문밖에서 펼쳐지는 기적에 감탄하며 시간을 보내겠습니다.

사랑의 반대는 증오가 아니라 무관심이다. 예술의 반대는 추함이
아니라 무관심이다. 신앙의 반대는 이단이 아니라 무관심이다. 그
리고 삶의 반대는 죽음이 아니라 무관심이다.

— 엘리 비젤

저는 종종 자신의 슬픔을 인정하고 받아들이기를 거부하는 사람은
진정으로 상처를 피하는 것이 아니라고 말합니다. 대신 그들은 살아
있으면서도 죽기를 택한 것입니다. 그들은 극히 중요한 생각과 느낌
을 부정하면서 자신의 신성한 불꽃을 꺼뜨리고 있습니다. 인생에서
의미 있는 모든 것과 자기와의 사이에 담을 쌓고 있습니다.

슬픔의 반대는 기쁨이 아닙니다. 무관심입니다. 무관심은 고통으
로부터 자신을 보호하려고 애쓰는 거짓 반감기입니다. 이런 식으로
고통을 떨쳐내려면 강렬한 감정과 좋고 나쁜 감정적 경험을 모두 떨
쳐내야 합니다.

다시 사랑하고 살아가려면 슬퍼하고 애도해야 합니다.

슬픔의 반대는 기쁨이 아니라 무관심입니다.
나의 슬픔을 침묵하게 하는 것은 내 영혼을 침묵하게 합니다.

애도를 이해하는 데에는 세 가지 기본 원칙이 있다. 첫째, 모든 상실은 제각각 우리를 피할 수 없는 슬픔의 노정으로 들어서게 한다. 둘째, 각각의 상실은 과거의 모든 상실을 부활시킨다. 셋째, 충분한 애도가 이루어질 때 모든 상실은 성장과 재생의 계기가 될 수 있다.

— 의학박사 바믹 D. 볼칸

이토록 간단하고 우아한 요약이라니요. 실제로 하기에는 매우 복잡하고 골치 아픈 일인데 말입니다.

물론 볼칸 박사의 말은 옳습니다. 슬픔은 피할 수 없습니다. 새로운 슬픔은 모든 오래된 슬픔을 다시 깨웁니다. 그 슬픔은 사슬처럼 서로 이어지는 우리 삶의 이야기들 속에서 서로 연결되어 있기 때문입니다. 그리고 적극적으로 애도하면 우리 삶은 새롭고 풍요로운 온전함을 누리게 됩니다.

슬픔의 혼돈 속에서도 이 세 가지 기본 원칙을 떠올리면 됩니다. 그것은 우리가 아무리 흔들린다 해도 우리의 균형을 단단히 잡아 줄 삼각대입니다.

슬픔이 혼란스럽고 통제 밖에 있다고 느껴질 때,
이 세 가지 기본 원칙을 떠올리겠습니다.
이것은 애도 과정에 대한 나의 신뢰와
미래에 대한 희망을 구체화한 것입니다.

> 인생은 거대한 캔버스이다. 그 위에 던질 수 있는 물감이란 물감
> 은 모두 던져 보라.
> 　　　　　— 대니 케이

슬픔은 엄청나게 큰 캔버스이기도 합니다. 우리가 생각하고 느끼는
모든 것을 담을 빈 공간이 있습니다.

　그러니 그 위에 우리가 쏟아부을 수 있는 물감은 모조리 쏟아부어
봅시다. 어떻게 보일지 절대 걱정하지 말고, 우리 안에 있는 것을 꺼
내서 밖으로 표현해 봅시다. 엉망진창이고 얼룩덜룩하고 거칠게 표
현해 봅시다.

　최악의 슬픔을 통과하고 나면 캔버스를 바라보며 깨닫게 되겠죠.
"이게 뭐람. 모두 다 꺼내 놓았더니 걸작이 되었네."

　슬픔의 캔버스에 내가 쏟아부을 수 있는 물감이란 물감은
모조리 쏟아부을 겁니다.

적을 내 친구로 만들면 적이 없어지지 않겠는가?

— 에이브러햄 링컨

우리 문화는 슬픔을 적으로 생각하는 경향이 있습니다. 슬픔은 나쁜 것이죠. 우리는 슬픔을 무시하거나 적어도 가능한 한 빨리 없애 버리고 싶어 합니다.

하지만 우리가 배우고 있듯, 그것은 잘못된 생각입니다. 우리가 정말로 해야 할 일은 슬픔과 친구가 되는 것입니다. 그 슬픔과 가까이하고, 공감하고, 이해하려고 애써야 합니다. 우리는 슬픔을…… 그러니까, 사랑으로 대해야 합니다.

그렇지만 슬픔을 친구로 만든다고 해서, 슬픔 자체가 정말로 사라지는 것은 아닙니다. 그보다는 슬픔을 우리의 일부로 받아들이게 되죠. 사랑이 우리 삶의 양陽이라면, 슬픔은 음陰입니다. 둘은 대립하는 힘이 아니라 서로를 보완하는 존재입니다. 슬픔과 친구가 될 때 사라지는 유일한 것은 슬픔이 우리의 적이라는 오해뿐입니다.

나는 슬픔과 친구가 되고, 그렇게 하면서 슬픔이

적이 아님을 배웁니다.

> 그런 기억의 태피스트리를 우리는 평생을 통해 만든다. 만드는 과
> 정에서 고르지 않거나 변형 혹은 결함이 있더라도 그 결과는 아름
> 답다.
>
> — 린다 K. 피터슨

우리의 현재와 미래처럼 우리의 과거 또한 온갖 종류의 사람과 경험으로 가득 차 있습니다. 삶은 대부분 예측할 수 없고 통제할 수 없습니다. 그래서 종종 우리가 장밋빛 계획을 세우고 주변 사람들이 대개는 선한 의도를 가지고 있더라도, 결국 우리는 인생에 영향을 미치는 여러 경험과 기억이 뒤섞인 '뒤죽박죽' 상태에 놓이게 됩니다.

　세상을 떠난 사람에 대한 기억도 이 뒤죽박죽의 일부입니다. 기쁜 기억에서 상냥한 기억, 분노한 기억, 심드렁한 기억, 차가운 기억, 만족스러운 기억, 아주 추한 기억에 이르기까지 그 기억들은 다양합니다. 하지만 삶의 패치워크란 그런 것이지요! 네모 조각 하나만 가까이서 들여다보면 낙담하거나 상처받을지도 모릅니다. 하지만 한 걸음 물러나 갖가지 조각을 불규칙하게 이어 붙인 이 크레이지 퀼트 crazy quilt 전체를 보면, 형용할 수 없을 만큼 아름답습니다.

불쾌한 기억이나 후회로 몸부림치는 나 자신을 발견하면,
한 발짝 물러나 더 큰 그림을 보려고 애쓰겠습니다.
인생은 불완전하고 숨이 멎을 만큼 아름답습니다.

할 일이 있을 땐 일하라. 피곤할 땐 쉬어라. 평화롭게 하는 일 한 가지가 허둥지둥거리며 하는 일 열 가지보다 더 나을 가능성이 크다. 휴식을 거부한다고 영웅인 것은 아니다. 피곤할 뿐이다.

— 수전 맥헨리

슬픔을 다루는 작업도 해야 할 일이 많습니다. 지치는 일이죠!

우리는 너무너무 피곤합니다.

우리는 슬픔을 다루는 작업을 할 필요가 있는 만큼 쉬어야 할 필요도 있습니다. 쉬는 것은 잠을 자거나 단순히 누워있는 것만이 아닙니다. 오락과 기분 전환의 시간을 자신에게 허락하는 것도 포함합니다. 허둥지둥하며 작업을 모두 다 하려고 애쓰는 것은 역효과를 낳습니다.

우리는 애도합니다. 우리는 쉽니다. 우리는 다시 조금 애도합니다. 그런 다음 쉽니다. 속도를 내는 일에는 아무런 보답도 없습니다. 이것이 지금 우리 삶이 따라야 할 자연스럽고 필연적인 리듬입니다.

피곤할 땐 쉬겠습니다. 속도를 내는 일에는 아무런 보답도 없습니다.

자, 잠깐 여유 가지고 커피 향기 좀 맡아 볼래요?

— 저스티나 첸

우리 중에는 커피가 매일의 의식이 된 사람이 많습니다. 우리는 이제 카페인이 없으면 안 되는 지경이 되기도 했지만, 원두 향기, 원두 갈 때 나는 소리, 커피를 내리는(또는 압착해서 추출하는) 과정에 탐닉하기도 합니다.

　매일 행하는 의식은 우리가 슬픔의 시간을 보내는 동안 우리를 붙잡아 주고 지탱해 줄 수 있습니다. 우리는 종종 지리멸렬하고 혼란스럽고 흐트러져 있을지라도, 커피를 내리거나 좋아하는 카페에서 줄을 서 있던 우리 몸의 기억을 여전히 가지고 있습니다. 아침 뉴스를 읽고(온라인으로든 인쇄물로든), TV 프로그램을 시청하고, 우편물을 가지러 가고, 이메일을 확인하는 등…… 우리가 하루를 잘 견디는 데 도움을 주는 이 모든 일상적 루틴에 의지하면서 감사할 수 있습니다.

　그럴 기분이 아닐 때는 당분간 이런 의식을 중단하는 것도 괜찮습니다. 슬픔 때문에 에너지 레벨이 낮을 때는 그저 누워서 가만히 있는 시간이 필요할지도 모릅니다. 하지만 다행히도 우리 삶의 중심을 다잡아 주는ground, 혹은 말장난이지만, 우리에게 커피를 갈게 해 준 ground 그런 일상적인 의식들이 있다는 건 참 고마운 일입니다.

　내가 매일 행하는 의식들은 치유를 향해 갈 때
붙잡고 갈 손잡이입니다.

영혼은 스스로를 치유하는 법을 항상 알고 있다.

문제는 마음을 조용히 만드는 일이다.

― 캐롤라인 미스

'원숭이 마음'monkey mind이라는 말을 들어 본 적 있나요? 이것은 불교에서 유래한 표현으로, 되는 대로 떠오르는 생각을 끊임없이 재잘대면서 생각하고 생각하고 또 생각하는 우리 마음의 성향을 가리킵니다. '페이스북에 올라온 귀여운 냥이를 봐!' 하는 상냥한 시선을 담은 생각도 많지만, 공포와 걱정을 담은 생각들도 많습니다. '비행기를 놓치겠어!' '의사가 불길한 걸 발견할 거야!' '다시는 행복을 느끼지 못할 거야!'

이런 원숭이 마음에 무심할 수 있다면 슬픔을 치유하는 방향으로 나아가는 데 도움이 됩니다. 요가와 명상 같은 마음챙김 수련은 원숭이 마음을 무시하는 법을 가르쳐 줍니다. 그러니 자연에서 시간을 보내거나 육체적으로 움직이는 활동들(운동, 반려견 산책, 정원 가꾸기 등등)을 하세요.

슬픔에 잠겨 있을 때, 원숭이들은 결코 친구가 아닙니다. 하지만 그들을 조금만 길들일 수 있다면 침묵과 평화 속에서 우리 마음이 열리는 것을 보게 될 겁니다. 우리 영혼은 무엇을 해야 하는지 알고 있습니다.

내 안의 원숭이들이 나를 괴롭히면, 그들을 잠재워

내 영혼의 목소리를 들을 수 있게 하겠습니다.

깨어나세요, 내 사랑.

자고 있는 그대 마음을 친절하게 대해 주세요.

광활한 빛의 들판으로 데리고 나가

숨을 쉬게 하세요.

　　　　— 하피즈

상실은 우리 마음을 흔들어 깨웁니다. "일어나세요!"라고 말합니다. "당신은 잠들어 있어요…… 당신 인생에서 특별한 관계들을 당연하게 여기고, 중요하지 않은 일에 시간을 보내고 있군요. 일어나세요!"

잠에서 깬 지금 우리 마음은 아픔을 느낍니다. 그 마음을 친절하게 대해야 합니다. 현재 순간에 깨어 있으면서 슬퍼하고 애도하고 살아가려면 부드러움과 자신에게 자비로운 태도가 필요합니다.

그래서 우리는 잠에서 깬 마음을 광활한 빛의 들판으로 데리고 나갑니다. 마음이 진실을 쬐게 합니다. 사랑을, 친절을, 영성을, 사색을 쬐게 하는 것이죠. 우리가 숨겨 왔던 마음을 어두운 동굴에서 탈출시켜 숨을 쉬게 합니다.

내 마음은 잠자고 있었지만, 이제 깨어났으니 친절하게 대하겠습니다.

한 해 중 어찌할 수 없는 날은 단 이틀이다.

하나는 어제라고 부르고, 다른 하나는 내일이라 부른다.

그러니 오늘이야말로 사랑하고, 믿고, 행하기에,

무엇보다 살아가기에 딱 좋은 날이다.

— 제14대 달라이 라마

상실의 슬픔을 겪고 있는 우리는 지나간 날들을 회상하는 데 많은 시간을 보냅니다. 기억하는 것은 정상적이고 꼭 필요한 일입니다. 우리는 내일을 생각하고 걱정하는 일에도 많은 시간을 보냅니다. '앞으로 어떻게 살아야 할까?' '다음 달, 다음 해에는 무슨 일이 일어날까?' 이런 생각들 역시 정상적이고 꼭 필요합니다.

그렇지만 바로 오늘이 우리 삶이 이루어지고 있는 순간인 것도 사실입니다. 에크하르트 톨레가 말했듯이, 어떤 일도 어제 일어났을 수는 없습니다. 그 일이 일어났을 때는 이미 '지금'일 테니까요. 어떤 일도 내일 일어날 수는 없습니다. 그 일이 일어난 때는 아직 '지금'일 테니까요.

우리는 과거를 기억하는 일과 미래를 예상하는 일 사이에서 균형점을 찾으면서, 오늘을 살아가는 데 충분한 시간을 할애해야 합니다.

오늘 나는 의식적으로 지금, 이 순간을 사는 데 집중하겠습니다.

질문은 사람들을 깨어나게 한다. 질문은 새로운 아이디어를 자극
한다. 질문은 사람들에게 새로운 장소, 새로운 일 처리 방식을 보
여 준다.

— 마이클 마쿼트

슬픔은 산더미같이 많은 질문을 가지고 온다는 사실을 아시나요?

우리에게는 '왜?'와 '어떻게?'라고 질문할 것들이 너무 많습니다.
'왜 이런 일이 일어나야만 했을까? 왜 지금, 이런 식으로?' 그다음은
이렇게 질문하지요. '앞으로 어떻게 살아가야 하지?'

다른 사람들도 우리에게 질문합니다. '어떻게 지내세요?' '어떻게
된 거예요?' '다음에는 어떻게 하실 건가요?' 그들의 알고 싶은 욕구
는 우리를 지칠 대로 지치게 만들 수 있습니다.

한동안은 답보다 질문이 더 많을지도 모릅니다. 질문은 슬픔의 여
정에서 자연스러운 일부입니다. 그 모든 질문은 우리가 생각하고,
느끼고, 믿는 것을 돌아보게 만듭니다. 그 질문들은 답이 전혀 없을
때조차 우리의 마음을 깨웁니다.

내겐 많은 질문이 있습니다. 다른 이들도 그렇습니다.

묻는 것은 정상적이고 자연스러운 것입니다.

답이 준비되어 있지 않거나 쉽게 나오지 않더라도 말입니다.

> 인생을 사는 데에는 두 가지 방법만 있다. 하나는 기적이란 전혀
> 없는 것처럼 사는 것이고, 다른 하나는 모든 것이 기적인 것처럼
> 사는 것이다.
>
> — 알베르트 아인슈타인

착시 그림을 본 적이 있습니까? 언뜻 보면 한 가지 대상만 있는 것처럼 보이지만 계속 쳐다보고 있으면 뇌가 적응해서 또 다른 이미지가 보이는 그림 말입니다.

　아인슈타인이 여기서 말하고 있는 것이 바로 이런 것입니다. 우리는 인생의 많은 것을 평범한 것으로, 더 나쁜 경우에는 실망스럽거나 비극적인 것으로 볼지도 모릅니다. 하지만 똑같은 것을 바라보면서도 거기서 경이로움과 기쁨을 보겠노라고 마음먹을 수 있습니다.

　착시를 노리는 마술과 마찬가지로, 모든 것을 기적으로 보는 데도 어느 정도 시간과 연습이 필요할지 모르겠습니다. 우울하거나 비관주의에 젖어 있다면 더 어렵지만…… 여전히 가능성이 아주 높습니다.

　사랑은 기적입니다. 인생은 기적입니다. 죽음과 슬픔조차 기적입니다. 모든 것이 기적입니다.

　사랑이 기적이라면, 슬픔 역시 기적입니다.

기억은 당신이 사랑하는 것들, 당신을 당신으로 만드는 것들, 당신이 절대 잃고 싶지 않은 것들을 꼭 붙잡는 방법이다.

— 미국 드라마 『캐빈은 12살』

특히 슬픔에 빠진 초반에는 기억하는 것이 고통일 수 있습니다. 즐거운 기억과 사소한 기억 모두 우리가 잃어버린 것을 떠올리게 하는 것만 같습니다.

그러나 시간이 지나면서 우리는 기억이 우리의 가장 소중한 유품임을 알게 됩니다. 기억하면서 그리고 그 기억을 다른 이들과 공유하면서 우리는 죽은 이를 기립니다. 우리의 사랑은 지울 수 없음을 인정하고 과거의 의미로 현재의 순간을 물들입니다.

"앞으로 나아가세요"라는 말이나 과거는 잊으라는 말을 듣는다면,
나는 기억할 것입니다. 과거의 음악에 귀 기울일 때,
비로소 현재의 순간에 노래 부르고 미래를 향해 춤출 수
있다는 것을요.

폭풍우가 몰아치는 세상에 개입하기 위해 그대가 할 수 있는 가장
침착하고 강력한 행동 중 하나는 일어서서 그대의 영혼을 보여 주
는 것이다.

— 클라리사 핑콜라 에스테스

슬픔은 다른 무엇보다도 영적인 여정입니다. 삶과 죽음의 문제들은
영적인 도전 과제이지요. 우리는 육체적으로, 인지적으로, 감정적으
로, 사회적으로 전력을 다하고 있지만, 무엇보다도 영적으로도 전력
을 다하고 있습니다.

이 때문에 먼저 우리의 영혼과 접촉하고, 그런 다음 그 영혼을 드
러내 보이는 것이 슬픔 속에서는 매우 강력한 행동이 됩니다. 우리
사랑은 거기에 살아 있습니다. 우리 슬픔 또한 거기에 살아 있다는
뜻입니다. 우리 안에 있는 진실들과 접촉하고 그 진실에 부합하는
조치를 하는 것이 애도의 본질입니다.

우리의 슬픔과 삶이 폭풍우가 몰아치듯 요동치면 일어서서 우리
의 영혼을 보여 줍시다. 그런 투명성이 우리를 취약하게 만드는 것
도 사실이지만…… 진정성 안에는 평온과 힘 또한 깃들어 있습니다.

슬픔이 폭풍우가 몰아치듯 요동치면, 나는 일어서서
내 영혼을 보여 주겠습니다.

어떤 동물을 사랑하기 전까지는 우리 영혼의 일부는 아직 깨어나 지 않은 채로 있다.

— 아나톨 프랑스

반려동물을 사랑하는 이들은 우리가 슬픔에 빠져 있을 때 그들이 얼마나 큰 도움이 되는지 잘 알고 있을 것입니다. 반려동물은 그처럼 큰 위안을 주는, 우리 삶의 일부입니다. 우리 눈앞에 있는 그들의 육체적 존재와 그들의 무조건적인 사랑은 우리가 생존하고 치유되는 데 도움이 됩니다.

저도 수십 년 동안 반려견을 키우고 있습니다. 기분이 우울할 때마다 반려견에게 줄을 채워 함께 산책하러 나가거나 공원으로 향합니다. 그곳에 가면 확실히 신선한 공기와 햇빛, 즐거운 강아지들의 장난을 볼 수 있고 다른 사람도 만날 수 있다는 것을 압니다.

고양이를 사랑하는 제 편집자는 무릎 위에 앉은 고양이의 갸릉갸릉 하는 소리가 스트레스를 줄이고 평화의 사운드트랙이 되어 준다고 단언합니다. 아직 반려동물을 키우고 있지 않다면, 지금이 입양을 고려할 가장 알맞은 시기일지도 모르겠습니다. 이보다 더 충성스럽고 섬세한 슬픔의 동행자는 결코 찾을 수 없을 겁니다.

나는 내 반려동물과 함께할 때 마음껏 울 수 있고,

있는 그대로의 나일 수 있습니다.

그들과 함께하는 모든 순간이 충만한 시간입니다.

나는 완벽한 결말을 원했다. 하지만 어떤 시는 운이 맞지 않고, 어떤 이야기는 시작과 중간과 끝이 분명하지 않다는 사실을 어렵사리 깨달았다. 한 치 앞을 모르는 것, 변화하지 않으면 안 되는 것, 현재에 충실해야 하는 것, 다음에 무슨 일이 일어날지 모르지만 최선을 다해야 하는 것, 인생이란 이런 것이다. 달콤한 애매함.

─ 길다 래드너

완벽한 결말을 원하는 것은 자연스럽지만, 인생은 완벽한 결말을 보여 주지 않고 변화구를 던집니다. 어떤 변화구는 우리도 좋아하는 것이지만, 어떤 것은 그렇지 않죠. 예상을 벗어나는 것, 인생은 이런 것입니다. 슬퍼하고 그런 다음 변화를 수용하는 것이 인생입니다.

코미디쇼 『새터데이 나이트 라이브』의 코미디언 길다 래드너는 42세에 난소암으로 세상을 떠났습니다. 그녀는 죽어 가면서 애매함의 달콤함을 알게 되었습니다. 내일 무슨 일이 일어날지 모른다는 것. 끊임없는 유동성과 불확실성의 상태로 살아가는 것.

우리는 유동성과 불확실성 속에서 살아가는 것을 좋아하지 않습니다. 확실성이 주는 안전을 선호하지요. 생물학적으로 우리는 일상의 불확실성이 사느냐 죽느냐를 의미했던 오래전부터 진화해 왔기 때문이겠지요. 우리 뇌의 가장 원초적인 부분은 싸움이나 도주를 위해 만들어져 있습니다. 하지만 매일의 삶이 대체로 안전한 지금, 우리는 더 고차원적인 사고를 발휘해서 우리의 도마뱀 뇌(위험을 감지하는 뇌의 부분)를 진정시키고 유동성과 변화의 진가에 대한 이해력을 기를 수 있습니다. 달콤한 애매함을 위해서 말입니다.

변화를 슬퍼하는 법을 배우는 동시에 달콤한 애매함의 진가에 대한 이해력을 기르고 있습니다.

나는 일상에서 일어나는 마법을 믿는다. 이를테면 우리는 때때로 장소, 사람, 예술 작품 등과 말로 설명할 수 없는 연결감을 경험한다. 또한 소름 돋을 만큼 딱 맞아떨어지는 우연 일치의 순간들이 있다. 우리가 혼자라고 생각하는 바로 그때, 속삭이는 목소리, 보이지 않는 존재감 같은 것이 느껴지기도 한다.

— 샤를 드 린트

우리가 허용하기만 한다면, 슬픔은 우리의 의식을 더욱 예민하게 만듭니다. 이전에는 간과했을지 모를 수많은 작은 징후와 의미 있는 우연의 일치에 주의를 기울이게 합니다.

슬픈 일을 당하면 우리가 초경계 태세가 되기 때문에 이런 일이 일어나는 것 같습니다. 우리는 세상을 떠난 이를 찾아다닙니다. 우리 머리는 그들이 어디로 갔는지 알아내려고 애씁니다.

그리고 누가 압니까? 더 예리해진 우리의 지각이 그들의 보이지 않는 존재를 감지하게 하는 것인지도 모르죠. 슬픔은 고도로 민감한 탐지 장치를 장착하고 찾아오는 것 같습니다.

나는 의미 있는 우연의 일치와 보이지 않는 존재들이 전해 주는 마법을 받아들일 수 있습니다. 특히 거기서 위안을 찾을 수 있다면요.

친구는 인생이라는 샐러드 그릇에 담긴 베이컨 조각이다.
— 작자 미상

여러분이 비건이라면 '베이컨 조각'을 '유전자 변형이 없는 토마토'
나 '설탕에 졸인 피칸'으로 대체할지도 모르겠네요.

중요한 것은, 인생은 재료를 모두 집어넣고 미친 듯이 버무린 뒤
죽박죽 음식이라는 겁니다. 거기서 우리가 사랑하는 사람들은 지극
히 특별한, 그야말로 가장 좋은 부분인 것이죠.

인정 많고 우리 말에 귀 기울여 주는 친구와 가족은 슬픔이라는
샐러드 그릇에 담긴 베이컨 조각과 같습니다. 그들은 절망의 나날
속에 있는 친절과 행복의 조각들입니다.

문제는 친구를 샐러드 그릇에 함께 넣어야 한다는 것입니다. 그렇
게 하지 않으면 베이컨 조각은 없을 테니까요. 이 얼마나 애석한 일
입니까?

오늘 베이컨 조각이 조금 필요합니다. 꼭 구할 거예요.

내가 지금 느끼는 고통은 내가 이전에 가졌던 행복이다. 그것은
거래다.

　　　　— C. S. 루이스

슬픔으로 보내는 최악의 날들은 슬픔을 끔찍한 거래처럼 보이게 할
수 있습니다. 우리는 너무나 사랑하고, 그 사랑 안에서 행복과 충만
함을 경험하지만…… 그건 그 사랑의 바닷가에서 박살나기 위해서
죠. 때로는 삶의 목적이자 본질인 사랑이 잔인한 흥정처럼 느껴지기
도 합니다.

　우리가 할 수 있는 거라곤 계속 사랑하는 것뿐입니다. 사랑은 슬
픔으로 이어지지만, 사랑만이 슬픔을 가라앉힐 수 있다는 궁극적인
역설 때문입니다. 세상을 떠난 사람을 계속 사랑하면서 우리는 우리
의 슬픔을 누그러뜨립니다. 연결과 사랑을 위해 손을 뻗으면서 슬픔
을 누그러뜨립니다.

　사랑으로 우리의 바닷가를 재건합니다. 사랑이 물음이고, 사랑이
답입니다.

나는 사랑하고, 또 내가 사랑받는 것도 허락하겠습니다.

네, 사랑은 고통의 근원입니다.

하지만 그 고통에서 초월하게도 해 줍니다.

6월

슬픔은 거름과 같다. 뿌리면 땅을 비옥하게 한다.

하지만 큰 더미로 쌓아 두면 똥 냄새가 난다.

— 톰 골든

아무렴요. 그렇다면 우리 슬픔도 펼쳐 놓읍시다.

두 가지 방법이 있습니다.

한 가지 꼭 거쳐야 할 방법은 적극적으로 애도하는 것입니다. 슬픔이 우리 안에 큰 덩어리로 있으면, 그것을 매일 표현해 밖으로 펼쳐 놓는 겁니다. 생각과 느낌을 분명하게 밝히고, 우연히 그런 기회가 생기면 그 기회를 활용할 방법을 찾습니다. 슬픔을 한 조각, 한 조각 밖으로 꺼내 놓습니다.

슬픔을 밖으로 펼쳐 놓을 또 다른 방법은 그것을 복용량이 정해져 있는 약처럼 조금씩 우리 자신에게 투약하는 것입니다. 우리는 모든 슬픔을 한꺼번에 감당할 수는 없습니다. 슬픔은 너무 크고, 너무 고통스럽고, 너무 강력합니다. 그러니 한 번에 조금씩 슬픔과 마주하고, 나머지 시간에는 슬픔에서 벗어날 수 있도록 슬픔을 밖으로 펼쳐 놓읍시다. 우리는 부정하고 있는 것이 아닙니다. 살아남으려고 이겨 내고 있는 것입니다. 이것 또한 정상적이고 꼭 필요합니다.

애도를 통해 슬픔을 조금씩 복용하듯 마주하며 슬픔을 밖으로 펼쳐 놓겠습니다. 이런 식으로 내 슬픔은 궁극적으로 내 삶을 더 풍요롭고 풍성하게 만들 것입니다.

우리가 살아야 하는 것은 바로 지금, 이 세상에서다.

— 앙드레 지드

어떤 날에는 이 진리가 싫습니다. 결국 이 세상은 사람들이 죽는 세상이지요. 사랑하는 사람이 없는 세상입니다. 이런 이 세상이 때때로 너무 싫습니다.

하지만 앙드레 지드는 1947년에 노벨 문학상을 받은 만큼, 자기가 무슨 말을 하는지 알고 있었겠지요. 그가 "~해야 한다"라는 표현을 사용했다는 데 주목합시다. 그는 우리에게는 선택의 여지가 없다고 말합니다. 우리는 지금, 이 세상에서 살아야 합니다.

그렇지만 저는 그의 충고를 또 다른 방식으로 읽을 수 있다는 데 주목합니다. 그는 그저 살기만 하는 것이 아니라 진정으로 살라고 우리를 격려했을 수도 있습니다. 우리는 살아야만 합니다! 삶은 기적 같은 기회입니다! 네, 저는 이 때문에 그의 말에 동의하기로 했습니다.

나는 오늘 이 세상에 있고, 그래서 오늘을 살겠습니다.

그대에게 모든 일이 일어나게 하라. 아름다움도 공포도.

그냥 계속 나아가라. 어떤 감정도 그것이 마지막 감정은 아니다.

— 라이너 마리아 릴케

어떤 감정도 그것이 마지막인 것은 아니지만, 슬픔을 겪고 있는 이 시간에는 지금 느끼는 감정이 마지막까지 남을 감정인 듯 보입니다. 슬픔, 절망, 다른 어두운 감정들만이 계속되고 계속되고 또 계속될 것만 같죠. 수그러들지 않는 이 고통이 절대 끝나지 않을까 봐 두렵습니다.

그렇지만 고통은 누그러질 것입니다. 솔직하고 충분히 애도한다면, 시간이 흐르며 우리 상처도 점차 아물 것입니다. 고통이 완전히 사라지는 일은 없겠지만, 그 대신 고통은 사랑으로 가득하고 의미 있으며 꾸준히 이어지는 우리 삶의 직물에서 한 가닥 실이 되어 줄 것입니다.

아, 릴케의 말이 완전히 옳은 것은 아니랍니다. 세상을 떠난 이에 대한 우리의 사랑은 끝까지 남을 영원한 감정이니까요. 이것은 우리가 꼭 붙잡을 수 있는 또 하나의 진실입니다.

절망의 한가운데서도 지금 내가 느끼는 이 고통이

결국에는 가벼워질 것이라는 믿음을 꼭 붙잡겠습니다.

상처는 누그러질 테고 사랑은 그대로일 것을 알기에,

나는 계속 살아갈 것입니다.

나는 허튼소리를 좋아한다. 그것은 뇌세포를 자극하기 때문이다. 판타지야말로 살아가는 데 꼭 필요한 성분이다. 그것은 망원경의 반대쪽으로 삶을 바라보는 방식이다. 그리고 그것은 삶의 현실을 웃어넘길 수 있게 해 준다.

— 닥터 수스

인생이 부조리하지 않습니까? 도무지 말도 안 되는 일들이, 그것도 대단한 일들이 내내 일어납니다. 소중한 사람의 죽음에 관한 이야기도 이런 일들 중 하나일지 모르겠습니다.

우리 뇌는 사태의 패턴을 찾아 이해하도록 만들어져 있습니다. 우리가 논리적으로 설명할 수 없는 일을 불편해하는 이유이지요.

그렇다 해도 우리는 수스 박사가 했던 것처럼 할 수 있습니다. 망원경을 들고 거꾸로 돌려서 들여다볼 수 있습니다. 터무니없는 인생의 많은 일을 웃어넘기는 법을 배울 수 있습니다. 적어도 그런 일에 질질 끌려가지 않을 수 있습니다. 우리 모두 닥터 수스와 조금이라도 더 비슷해지려고 노력하는 것이 좋지 않을까요?

허튼소리는 재미있고 내게 좋을 수도 있습니다.

이 점을 애써 명심하겠습니다.

새로운 친구의 가장 좋은 점은 당신의 영혼에 새로운 에너지를 가
져다준다는 것이다.

— 샤나 로드리게즈

슬픔에 빠져 있을 때 새로운 사람을 만나는 것은 슬픔을 앞으로 나
아가게 힘을 불어넣는 한 가지 방법입니다.

그 기회를 주는 것은 사실 '새로움' 그 자체입니다. 새로운 만남의
신선함은 우리 머리와 마음과 영혼을 자극합니다. 그 새로운 에너지
는 생각하고, 소통하고, 종종 우리의 이야기를 들려주도록 우리를
몰아붙입니다.

게다가 우리는 새로운 사람들이 우리 인생에 무엇을 가져다줄지
전혀 알지 못합니다. 그것이야말로 우리가 정체된 상태에서 벗어나
거나 오늘의 고통을 완화하는 데 필요한 것일 수도 있습니다.

지지 모임, 동호회, 영적 모임, 지역사회 봉사활동, 여행, 심지어
지역사회에서 마주치는 이들에게 안부 인사를 하는 것 등등이 새로
운 사람을 만나는 방법입니다. 준비가 되면 그들이 우리 삶에 가져
다줄 수 있는 축복에 마음을 열 것입니다.

새로운 사람들을 만나는 것은 슬픔을 앞으로 나아가게 하는 데
힘을 줄 수 있습니다.

당신의 슬픔이 영원하리라는 것은 피할 수 없는 사실이다. 사랑하는 이의 상실을 극복할 수는 없으며, 다만 그 상실과 함께 살아가는 법을 배우게 될 것이다. 당신은 치유될 것이며, 그 상실을 딛고 선 자리에 새로운 자신을 세워 갈 것이다. 다시금 온전해지겠지만, 결코 예전과 같지는 않을 것이다. 같아서도 안 되고, 그렇게 되길 원하지도 않을 것이다.

— 엘리자베스 퀴블러-로스

다른 사람과 관계를 맺을 때마다 우리는 변합니다. 우리가 함께 보내는 시간과 우리가 나누는 사랑이 우리 모두를 변화시킵니다. 그 또는 그녀는 우리 삶의 모자이크에서 떼려야 뗄 수 없는 부분이 됩니다.

하지만 그 사람이 죽었습니다. 모자이크의 한 조각이 생명을 잃었습니다. 하지만 그것은 사라지지 않습니다. 지금은 달라지긴 했지만, 여전히 제자리에 단단히 자리 잡고 있습니다. 그것은 항상 우리 존재의 일부로 남아 있을 것입니다.

정말 다행입니다. 소중한 사람이 죽는 순간 우리의 사랑도 사라진다면, 그 얼마나 공허한 존재이겠습니까?

슬픔은 여전히 사랑한다는 의미이므로
이 슬픔에 감사하는 마음을 가지려 노력할 것입니다.
상실과 슬픔이 모자이크에서 떼어 낼 수 없는 부분임을 인식하면서도
내 삶의 모자이크를 계속해서 만들어 갈 것입니다.

모든 용서는 자신에게 주는 선물이다.

— 마리안 윌리엄슨

세상을 떠난 이가 우리에게 상처 주는 일을 했을 수도 있습니다. 그가 죽은 뒤로 다른 사람들이 우리에게 불쾌감을 주거나 나쁜 행동을 했을 수도 있습니다. 본인에게 화가 났을 수도 있습니다.

슬픔 속에서는 용서한다는 것이 복잡미묘한 일입니다. 저는 무조건 용서해야 한다고 생각하는 사람은 아닙니다. 어떤 인간의 범죄는 제 기준으로는 정말 용서할 수가 없습니다. 그런 경우에는 용서하지 않아도 괜찮습니다. 용서는 치유의 필수 조건이 아닙니다.

하지만(이건 아주 중요한 '하지만'입니다) 애도 과정에 있는 많은 이에게 용서는 슬픔을 헤쳐 나가는 여정에서 중요한 이정표가 됩니다. 마침내 용서할 수 있을 때, 그들은 무거운 짐에서 놓여난 기분이 됩니다. 마리안 윌리엄슨의 말대로 그들은 용서하면서 자신에게 선물을 준 것임을 깨닫게 됩니다.

만약 여전히 분노와 원한을 품고 있다면, 용서하는 것을 한번 시도해 보고 그것이 어떤 느낌인지 살펴보세요. 혹시 그렇게 하는 것이 옳다고 느껴진다면, 용서가 우리의 슬픔에 삶을 바꾸는 고마운 폭발적 추진력을 갖게 한다는 사실을 깨닫게 될 것입니다.

용서하고 싶다는 충동이 들 때면 언제든지 스스로에게
용서라는 선물을 줄 수 있습니다.

> 신은 우리에게 해마다 열두 개의 진주로 된 목걸이를 준다. 사람
> 들은 대부분 가장 아름다운 것을 골라 6월이라 이름 붙이고, 나머
> 지는 던져 버린다.
>
> — 토마스 웬트워스 히긴스

여기 콜로라도에서는 6월이 가장 아름다운 달인 해가 많습니다. 낮
은 따뜻하고, 하늘은 푸르고, 꽃은 무성하고, 밤은 아직 조금 선선합
니다. 6월은 낮 시간이 길기도 해서, 날마다 황금빛 햇살이 16시간
정도 드리웁니다.

우리가 슬픔의 여정에서 어디쯤에 있느냐에 따라 6월에 찬탄을
보낼 처지가 아닐 수도 있습니다. 혹은 이제 막 어둠에서 간신히 벗
어나 6월의 아름다움을 감상할 수 있게 되었을지도 모르지요.

저는 많은 6월을 경이로움 속에서 보냈지만, 적어도 몇몇 6월은
절망 속에서 보냈습니다. 그럼에도 불구하고 저는 6월이 밖에서 저
를 기다리고 있으며 언제든 희망과 치유의 손길을 제게 내밀 준비가
되어 있다는 것을 알고 있습니다. 그리고 제가 6월과 교감할 수 없는
처지일지라도 6월은 제가 잠시 부재한 것에 서운해하지 않고 이듬
해 어김없이 돌아와 그 찬란함을 다시 펼쳐 보일 것을 믿습니다.

극심한 슬픔에 빠져 있는 동안에는 경이로운 치유의 어떤 순간들은
놓칠지도 모릅니다. 그럴더라도 조바심을 낼 필요는 없습니다.
그런 순간을 더 많이 경험할 기회가 있을 것이라고 믿어도 되기
때문입니다.

> 당신이 영화 중간에 이 세상에 왔다가 중간에 떠난다는 것을, 그
> 리고 당신이 사랑하는 사람들도 그렇다는 것을 기억하라. 사랑은
> 결코 죽지 않으며 영혼은 어떤 상실도 모른다.
>
> ― 루이스 헤이

우리는 지상에서의 수명을 기준으로 생각하는 경향이 있습니다. 100세, 누구나 '충분히 길고 풍요로운 삶'으로 여깁니다. 80세나 그에 못 미치면 일반적으로 '짧게 끝난 삶'으로 간주합니다. 그래서 사랑하는 누군가가 젊은 나이로 세상을 떠나면 두 배로 슬퍼합니다. 그 상실을 슬퍼하는 동시에 그와 함께할 시간을 강탈당한 것도 슬퍼합니다.

어쩌면 달리 생각해 볼 수도 있을 것 같습니다. 우리 삶을 무한한 것으로 생각해 보는 겁니다. 우리가 지상에 존재하는 이 짧은 순간이 지나간 이후에도 계속해서 존재할지도 모른다고 말입니다. 이런 이해가 얼마나 큰 희망을 주는지요!

나는 이 땅에 있지만, 이 땅에 속하지는 않습니다.
내 영혼 깊은 곳에서는 그것을 알고 있습니다.
상실감으로 몸부림칠 때면, 나는 사랑의 영원함과
나보다 먼저 떠난 이들과의 재회를 생각하겠습니다.
그 재회를 언젠가 꼭 경험하고 싶습니다.

하나의 꿈이 무너지고 천 개의 조각으로 부서지더라도, 그 조각 중의 하나를 주워서 다시 시작하는 것을 절대 두려워하지 마라.

— 플라비아 위든

우리의 꿈이 산산조각 난 채로 있습니다. 천 개의 조각들로 망가져 버렸습니다.

그 조각들을 주워서 다시 이어 붙여도 원래 모습 그대로 되돌릴 수 없습니다. 우선 한 가지 이유는 붙인 자국이 남을 것이라는 점입니다. 또 다른 이유로는, 조각들이 너무 많아서 도저히 원래 모습 그대로 짜맞출 수가 없다는 점입니다.

그런데도 우리는 하나의 특별한 조각을 집어들 수 있습니다. 그것을 새로운 또는 수정된 꿈을 위한 출발점으로 쓸 수 있습니다.

단 한 조각으로, 나는 다시 시작할 수 있습니다.

슬픔은 자비로움의 정원이 될 수 있다. 마음을 모든 것으로 두루 열어 둔다면, 고통은 사랑과 지혜를 찾아다니는 인생에서 가장 큰 협력자가 될 수 있다.

— 루미

슬픔은 우리의 친구일 뿐만 아니라 협력자이기도 합니다. 슬픔은 우리에게 가장 이로운 것을 갈망합니다. 슬픔은 우리를 지켜 주고, 우리에게 가장 좋은 것만을 원합니다.

우리가 지혜롭다면, 협력자들과 무엇을 할까요? 그들이 하는 말에 귀를 기울입니다. 그들의 조언을 구합니다. 그들의 의견을 가장 소중하게 받아들입니다. 슬픔은 무엇을 해야 할지, 그것을 언제 해야 할지를 알고 있습니다. 슬픔이 우리를 가장 의미 있고 기쁨 가득한 미래로 인도해 줄 것이라고 믿어도 좋습니다.

슬픔은 나의 가장 큰 협력자입니다.

당신에 대한 내 사랑은 날마다 더 높아지고 더 깊어지고 더 넓어
지고 더 강해진다…… 이 사랑은 당신이 있는 곳, 그 끝까지 가닿
았다가 당신에 대한 사랑의 기억으로 내게 되돌아온다. 그리고 내
마음은 그 사랑에 녹아 훨씬 더 크게 자란다.

— 모린 헌터

우리는 소중한 사람들에 대한 사랑을 결코 멈추지 않습니다. 사실
우리는 나이가 들고 지혜로워질수록 종종 그 관계가 얼마나 소중했
는지를 이해할 수 있는 성숙함과 시야를 얻게 되고……우리 사랑도
자라납니다. "우리 잔이 넘치나이다."

때로는 이런 질문이 생깁니다. 이 넘치는 사랑을 어찌할 것인가?
아낌없는 관심을 쏟으려고 해도 사랑의 대상은 여기 없습니다. 하지
만 어쩌면 이 사랑을 다른 누군가와 나눌 수 있을지도 모릅니다. 실
제로 친구나 가족, 이웃이 지금 당장 우리의 사랑을 필요로 할지도
모릅니다. 아니면 세상을 떠난 이에게 의미가 있었던 대의나 비영리
단체를 위해 자원봉사를 하는 것은 어떨까요?

놀라운 것은 사랑은 나눌수록 줄어들지 않고 오히려 불어난다는
사실입니다.

우리가 나눈 사랑에 깊이 감사합니다. 고마운 마음으로 기억할수록
사랑은 더 커집니다. 사랑이 흘러넘치면,
당신을 웃음 짓게 할 방법을 찾아 사랑을 나누겠습니다.

사랑하는 이의 죽음은 참 기이한 일이다. 우리 모두 이 세상에서 보낼 시간은 한정되어 있고, 결국 언젠가는 홑이불 아래서 다시는 눈을 뜨지 못할 걸 다 안다. 그런데도 아는 누군가에게 이 일이 일어나면, 항상 뜻밖의 일로 다가온다. 마치 어둠 속에서 침실로 가는 계단을 오를 때, 한 계단이 더 있다고 생각해 발이 허공을 헛딛는 순간과 같다. 발이 허공을 가를 때, 세상이 뒤틀리는 듯한 어둡고 아찔한 충격이 찾아오고 우리는 세상을 보던 방식을 재조정해야 한다.

— 레모니 스니켓

맞는 말입니다. 사랑하는 이들의 죽음은 우리의 허를 찌릅니다. 잠깐 그 죽음을 예상했다고 해도, 실제 죽음은 어둡고 아찔한 충격을 줍니다. '아직은 아니야! 지금은 아니야! 멈춰!' 우리는 전혀 준비되어 있지 않습니다.

충격은 돌이킬 수 없는 최후라는 사실에서 옵니다. 죽음은 일단 넘어가면 다시는 넘어올 수 없는 선입니다. 되돌릴 수 없습니다. 하지만 우리는 죽음이 닥쳐오기 전까지는 이 사실을 제대로 이해하지 못합니다. 설마, 하는 거죠.

충격적이고 불편한 순간을 겪은 뒤 재조정하려면 시간이 들고 각고의 노력이 필요합니다.

누군가가 죽은 뒤 충격을 받고 놀라는 것은 정상적인 일입니다.
재조정하려면 시간이 들고 각고의 노력이 필요합니다.

고통은 장막을 걷어 내고, 반항하는 영혼의 요새에 진실의 깃발을
꽂는다.

— C. S. 루이스

고통은 우리에게서 가식과 겉치레를 걷어 냅니다. 고통은 우리 존재
의 가장 순수하고 꾸밈없는 진실과 마주하게 만듭니다. 우리가 정말
로 중요하게 여기는 것은 무엇일까요? 우리는 누구를 사랑하는 걸까
요? 무엇이 계속되는 우리 삶을 살 만한 가치가 있는 것으로 만드는
걸까요?

　슬픔은 고통스럽습니다. 가식과 겉치레를 걷어 내는 과정 또한 고
통스럽습니다. 우리 삶을 돌아보고 우리가 시간과 돈과 관심을 정말
로 중요한 일에는 쏟고 있지 않다는 사실을 깨닫는 것은 쉽지 않습
니다. 우리가 오랫동안 애착을 가져왔던 사람들과 취미를 포기하는
것은 몹시 괴로울 수 있습니다…… 그 애착이 단지 습관에서 나온
것일 뿐인데도 말입니다.

　진실의 깃발은 우리가 충성을 바칠 만한 가치가 있는 상징입니다.
슬픔이 그 깃발을 우리에게 드러내 보인 지금, 실제로 그것을 따르
는 것 말고 다른 선택의 여지가 있겠습니까?

　고통은 내게 무엇이 참되고 중요한지를 드러내 보였습니다.
　나는 이렇게 드러난 것을 바탕으로
　삶에 변화를 만들어 내고 있습니다.

당신은 누군가를 잃을 것이다. 그가 없으면 살 수 없는데도. 그리
고 당신의 마음은 심하게 망가질 것이다. 나쁜 소식은, 당신이 그
상실을 완전히 극복하지는 못할 것이라는 점이다. 하지만 이것은
좋은 소식이기도 하다. 원래대로 봉합되지 않은 당신의 망가진 마
음속에서 그는 영원히 살아 있고 당신은 헤쳐 나간다. 그건 부러
진 다리가 완벽하게 아물지 않은 채 있는 것과 같다. 날이 추워지
면 다리는 여전히 쑤시겠지만, 당신은 절뚝거리며 춤추는 법을 배
우게 된다.

— 앤 라모트

마음이 너무 심하게 망가져서 결코 예전으로 돌아가지 못할 것을 우
리는 알고 있습니다. 애도 작업을 하면 망가진 곳이 아물겠지만, 완
벽하게 아물지는 않을 것입니다. 우리는 갈기갈기 찢어졌습니다. 찢
어져 너덜거리는 가장자리를 덧대어 꿰매는 수밖에 없습니다. 덧댄
조각들은 언제나 남아 있겠지요.

하지만 시간이 지나면서 우리는 망가진 부분도 전체 중 일부임을
이해하게 될 것입니다. 우리의 사랑은 찢어진 자리에 살아 있어서
우리는 그 흔적들이 사라지기를 바라지 않습니다. 사실 사랑과 슬픔
은 함께 엮여 하나의 조각을 만듭니다. 그 조각들이 아무리 완벽하
지 않아도 우리 삶에서 가장 아름다운 이야기들을 들려줍니다.

내 몸의 흉터와 마찬가지로 내 마음의 상처도 내 삶의 이야기들을
들려줍니다. 나는 흉터도 없고 사랑도 없는 삶보다
흉터가 있는 삶을 택하겠습니다.

이 삶에서 우리가 스스로에게 줄 수 있는 가장 이롭고 가치 있는 선물 중 하나는 스스로에게 놀라는 일을 허용하는 것이다. 삶이 당신을 놀라게 해도 괜찮다. 좋은 일이니까!

— C. 조이벨 C.

때때로 슬픔이 여러분을 놀라게 하지 않습니까? 저는 그렇습니다. 난데없이 불쑥 분노가 치밀어 오르거나 극심한 절망의 나락에 빠진 듯한 기분이 들곤 합니다. 또 어떤 때는 정신이 나갈 정도의 웃음의 순간을 경험하기도 하지요. 예상치 못한 그 감정의 강렬함과 성질에 놀랄 때가 있습니다.

슬픔의 롤러코스터는 당황스러울 수도 있지만, 무슨 일이 일어나든 그것을 받아들이는 법을 배우는 것은 우리에게 주어진 중요한 과제 중 하나입니다.

삶은 온갖 방식으로 우리를 놀라게 할 것입니다. 그게 바로 삶이 하는 일입니다. 그 놀라움에 감사하는 마음을 기르면 우리 삶은 더 좋아집니다.

아직도 놀라는 일에 서툴다면, 능숙해지는 법을 배우면 됩니다.

회복탄력성은 의식적인 연습을 통해 향상되는 기술입니다.

세상은 돌고 빙빙 돌고, 조수는 밀려 들어왔다 밀려 나간다. 진화된 모든 형태 가운데 서로를 똑바로 바라보고 있는 두 영혼보다 더 아름답고 더 경이로운 것은 세상에 없다. 그리고 두 영혼이 헤어지는 것보다 더 비참하고 영혼을 애처롭게 만드는 것도 없다…… 세상 모든 것은 서로 접촉하는 것을 크게 기뻐하고, 세상 모든 것은 서로를 잃는 것을 크게 슬퍼한다.

— 게리 D. 슈미트, 『나를 통째로 삼켜 버린 소녀』

우리 인생에서 소중한 사람과 나누는 사랑보다 더 아름답고 경이로운 것은 없습니다. 그중 한 사람이 세상을 떠나면, 그보다 더 비참하고 영혼을 애처롭게 만드는 일도 없습니다.

우리는 비참합니다. 우리 영혼은 슬픔에 잠겨 있습니다.

세상이 계속 돌아가고 조수가 밀려왔다가 밀려가기를 멈추지 않듯이, 우리도 살면서 다른 사람들에게 다가갈 수 있습니다. 그 어떤 것도 우리가 느끼는 이 특유의 결핍을 채워 주지 못하겠지만, 우리는 다른 영혼과 만나 서로를 똑바로 바라볼 수 있습니다. 우리는 서로 현재 순간에 온전히 함께 있어 줄 수 있고, 상대방은 슬픔에 잠긴 우리와 동행할 수 있습니다.

나는 상실에 애통합니다. 나의 슬픔을 친구나 가족과 나누는 일은,
내가 여전히 느끼는 사랑의 아름다움과 경이로움을 기리고
상실을 인정하는 데 도움이 될 것입니다.

아버지는 마당에서 형과 나와 놀아 주곤 하셨다. 어머니가 나오면서 "잔디가 상하잖아"라고 말씀하시면 아버지는 "우리는 잔디를 키우는 게 아니야. 사내아이들을 키우고 있지"라고 대답하셨다.

— 하몬 킬러브루

아버지의 장례식에 제 어릴 적 친구 몇 명이 조문하러 왔습니다. 저는 그 친구들을 수십 년 동안 만나지 못했죠. "우린 네 아버지를 참 좋아했어"라며 그들이 상기시켜 주었습니다. "우리를 길에서 놀게 해 준 유일한 이웃 어른이었어. 항상 이렇게 말씀하셨지. '차가 멈출 거야. 나가서 공을 패스하렴.'"

부모는 좋든 나쁘든 우리가 어떤 사람이 되는 데 깊은 영향을 미칩니다. 부모는 자신들의 가치, 편견, 열정 그리고 싫어하는 것까지 물려주죠. 우리는 그들에게서 움직이고 소통하고 사랑하는 법을 배웁니다. 그들은 알게 모르게 슬퍼하고 애도하는 법도 가르칩니다.

저는 운이 좋았습니다. 오래된 독일식 직업 윤리를 갖춘 아버지는 대부분의 시간을 직장에서 보내셨지만, 집에 계실 때는 사랑과 세심한 관심을 주셨습니다. 저는 아버지에게서 친절함과 성실함을 배웠습니다. 둘 다 슬픔에 잠겼을 때 도움이 되는 자질이지요. 아버지는 제 인생에서 가장 중요한 사람 중 한 명입니다. 저는 하루도 빠짐없이 그리워하며 슬퍼합니다. 보고 싶어요, 아빠.

부모님은 슬퍼하는 법과 살아가는 법을 내게 가르쳐 주셨습니다.
부모님의 가르침 중에서 도움이 되는 부분은 받아들이고
큰 쓸모가 없는 부분은 버리는 일은 나의 몫입니다.

웃어라. 최대한 많이 웃어라. 웃다가 울 정도로, 울다가 웃을 정도
로 웃어라. 길 가던 사람들이 당신을 보며 "저 사람이 웃는 건지
우는 건지 모르겠지만 어느 쪽이든 미친 사람 같아. 빨리 가자"라
고 하더라도 멈추지 말고 계속해라. 감정을 드러내라. 괜찮다. 당
신이 생각하고 있고 느끼고 있다는 증거다.

— 엘런 디제너러스

우리가 젊은 시절부터 마치 꼬마처럼 느끼는 대로 다 표현하고 생각
하는 대로 다 말하도록 격려와 훈련을 받았더라면 무슨 일이 일어났
을지 궁금한 적이 있습니까? '걸러내는' 일을 시작조차 한 적이 없다
면요? 인생이 달라졌겠죠. 틀림없이 TMI(과하게 많은 정보)가 넘쳤겠지
요. 하지만 솔직함도 있었을 거예요. 투명함도. 진실도.

이제 우리가 다른 이들의 말에 적극적으로 귀를 기울이고 공감하
는 법까지 배운다면 어떻게 될까요? 그들의 고통을 증언하고, 무슨
일이 있어도 그들과 '함께 있고', 그들을 받아들이는 법을 배운다면
요? 저는 지상에서의 삶이 완전히 바뀔 것이라고 믿습니다.

불행히도 우리는 그런 세상에 살고 있지 않습니다. 하지만 우리는
하나하나 감정을 드러내고 다른 이들의 감정에 공감할 권리를 주장
할 수 있습니다. 그건 우리에게도, 우리가 사는 세상에도 좋습니다.

나는 웃고 싶을 때는 웃을 수 있고, 울고 싶을 때는 울 수 있습니다. 어떤
기분이든 드러낼 수 있습니다.

다른 사람에게서 좋은 점을 찾다 보면, 자신의 가장 좋은 점을 발
견하게 된다.

— 마틴 월시

슬픔은 우리를 적절히 내면에 집중하도록 만듭니다. 특히 처음에 그
렇습니다. 하지만 우리가 다시 세상으로 발을 들여놓기 시작하면,
그때는 만나는 모든 이에게서 좋은 점을 찾으려 애쓰는 것이 우리의
개인적인 사랑과 상실의 이야기를 인류 모두의 이야기로 연결하는
실천이 됩니다.

저는 사람들을 만날 때면 언제나, 심지어 식료품점 계산대에서의
짧은 만남에서도 사람들에게 눈을 맞추고 미소 짓고 그들의 존재를
인식하려고 합니다. 속도를 늦추고 그들의 독특한 개성에 마음을 열
어 놓습니다. 짧은 대화라도 나눌 때는 적극적으로 말할 뿐만 아니
라 진심으로 상대방을 궁금해합니다. 또한 사람들의 가장 좋은 점을
보려 하고 판단은 유보하려고 애씁니다.

이런 열린 마음과 평가하지 않는 자세로 낯선 사람(지인도 마찬가
지!)과 관계를 맺는 방식은 우리가 결국 같은 인간이라는 사실을 인
정하는 겁니다. 이는 상호 공감을 활성화하고 엔도르핀을 분비하게
합니다. 특별히 내향적인 사람들에게는 연습이 필요하지만, 습관이
될 수 있는 의례이며, 일단 몸에 배면 삶의 경험을 바꿀 수 있습니다.

다른 사람들을 인정하고, 그들에게서 독특함과 선함을 찾겠습니다.

일출이 숨을 멎게 하거나 꽃으로 뒤덮인 초원이 말을 잃게 만들
때는 그대로 있어라. 아무 말도 하지 말고 하늘의 속삭임에 귀를
기울여 보라. '마음에 들어요? 바로 그대를 위해 만들었어요.'

— 맥스 루케이도

우리는 깊은 슬픔 한가운데에서도 아름다움이나 기쁨, 사랑의 순간
에 감동을 받을 수 있습니다. 그럴 때는 멈추고 경이로워합시다! 우
리 중에는 바쁜 삶에서 잠시라도 휴식을 취하려면 마음챙김 훈련이
필요한 사람들이 많습니다. 연습하면 할수록 습관이 될 것입니다.

하던 일을 멈추세요. 여러분에게 두려움이나 기쁨, 사랑의 기분을
만들어 내는 것이면 무엇이든 충분히 주의를 기울이세요. 그것이 다
른 사람이라면 친절한 감사의 말을 건네 보세요. 아름다운 광경이라
면 잠깐 동안 유심히 바라보세요. 소리라면 잠시 멈추고 귀를 기울
여 보세요. 이해되셨죠.

우리의 관심이 일종의 화폐라는 사실을 아십니까? 관심을 기울인
다는 뜻의 관용구 'paying attention'에 지불하다는 뜻의 'pay'라는
단어를 사용하는 것도 이런 이유입니다. 값비싼 관심을 기울이면 무
엇이든 성장합니다.

아름다움, 기쁨, 사랑의 순간에 관심을 기울이는 것이 우리의 슬
픔을 없애 주지는 않을 겁니다. 그 무엇도 없애 줄 수 없습니다. 하지
만 그렇게 하면 경외심과 기쁨, 사랑의 감정이 더 커질 겁니다. 우리
가 슬퍼하고 애도하는 바로 그 순간에도 진정으로 사는 법을 배우는
일, 그것은 분명 해 볼 만한 가치가 있습니다.

오늘 경외심이나 기쁨, 사랑의 순간을 느낀다면, 멈추고 관심을
기울이겠습니다.

바보 같음과 터무니없음이 주는 치유의 힘을 절대 과소평가하지
마라.

— 스티브 마라볼리

세 살배기 아이와 아빠가 새로 태어난 이웃집 새끼 고양이들을 보러
갔습니다. 집으로 돌아와서 소년은 엄마에게 이웃집에 수컷 고양이
두 마리와 암컷 고양이 두 마리가 있다고 말했습니다. 엄마가 물었
습니다. "암컷인지 수컷인지 어떻게 알아?" 소년이 말했지요. "아빠
가 고양이를 들어 올려 아래를 봤어요. 바닥에 인쇄되어 있잖아요."

여러분은 어떤지 모르겠지만, 저는 제가 느끼는 슬픔에 약간의 우
스꽝스러움이 가미되는 것을 좋아합니다. 그리고 제 삶에서 바보 같
은 일이 자연스럽게 일어나지 않으면 일부러 찾아다니기도 합니다.
스크루볼 코미디 영화를 보기도 하고 온라인에서 재미있는 클립과
밈을 찾아 여기저기 클릭하기도 합니다.

어린아이들과 시간을 보내다 보면 바보 같은 일들을 많이 접합니
다. 어린이들이 바보 같음의 명수라고 느낀 적이 있습니까? 우리는
모두 아이들에게 배울 수 있습니다.

바보 같음은 기쁨과 가까운 사촌입니다. 바보 같음을 환영하다 보
면 기쁨이 터져 나오는 일을 경험하게 됩니다.

슬픔의 시간을 보내는 동안에는 바보 같음이 주는 치유의 힘이
필요합니다.

상상의 장애물은 뛰어넘을 수 없지만, 현실의 장애물은 그렇지 않다. 문제는 실제 정보가 없으면 그 둘의 차이를 구별할 수 없다는 것이다. 두려움은 무지보다 더 많은 상상의 장애물을 만들 수 있다. 추측에서 물러나 현실로 한 걸음을 내딛는 것이 놀라운 구원이 되는 것도 이 때문이다.

— 바버라 셔

슬픔에서 오는 두려움은 심각한 손상을 가져올 수 있습니다. 앞으로 우리가 어떻게 살아갈지, 다음에는 무슨 일이 일어날지, 그 죽음에 충격받은 다른 이들이 어떻게 대처할지 걱정하는 것은 당연합니다. 때로는 걱정이 너무 크게 다가오기도 합니다. 걱정이 우리를 장악해서 무언가를 느낄 수도, 할 수도 없게 만드는 겁니다.

보통 두려움과 걱정이 지배하는 것은 우리가 '지저분한 고통'을 겪는 탓입니다. '깔끔한 고통'이 힘든 삶의 경험에 뒤따르는 정상적인 고통이라면 '지저분한 고통'은 우리가 창조한 해롭고 배가된 고통입니다. 이 고통은 우리가 지나치게 비관하거나 자신을 평가하거나 다른 이들이 자신을 평가하도록 내버려둘 때 만들어집니다. 지저분한 고통은 우리가 지어낸 이야기이며, 우리가 가는 길에 스스로 놓아 둔 상상의 장애물입니다.

이 상상의 장애물은 우리가 쿡쿡 찔러 대면 없앨 수 있습니다. 계속 추측하고 가정하는 대신, 진실을 알아낼 수 있습니다. 우리는 질문하고 토론할 수 있습니다. 지저분한 공포들은 쿡쿡 찔러대면 '펑' 하고 터져서 사라지기도 합니다.

오늘은 나를 괴롭혀 온 것이 현실인지 상상인지, 깔끔한 고통인지 지저분한 고통인지 알아내려 합니다. 어느 쪽이든 그걸 누군가에게 이야기하는 것은 놀라운 구원이 될 겁니다.

> 세상은 한 권의 책이다. 여행하지 않은 자는 그 책의 딱 한 페이지
> 만 읽는 것이다.
>
> — 성 어거스틴

깊은 슬픔에 잠긴 채 여행하는 것과 그렇지 않은 때 여행하는 것은 같은 경험이 아닙니다. 슬픔을 뒤로 하고 '즐거운 시간'을 보낼 수 있을 거라고 자신을 속여서는 안 됩니다. 그렇죠. 슬픔은 우리 안에 살고 있고, 우리가 어디를 가든 함께 갑니다.

그렇더라도 여행은 때로는 슬픔을 헤쳐 나가는 여정에 도움을 줄 수 있습니다. 그림같이 아름답고 평화로운 어딘가에 가는 것은 우리의 고통을 받아들일 치유의 배경을 마련해 줄 수 있습니다. 새로운 장소는 새로운 관점으로 사물을 보는 데 도움을 줄 수도 있습니다. 더욱이 다른 문화에서는 슬픔과 상실도 다르게 다룹니다. 우리 여정에서 변화를 가져다줄 새로운 동행자를 만날지도 모릅니다.

그렇지만 여행의 이점을 누리려고 반드시 이국적이거나 멀리 떨어진 어딘가로 떠날 필요는 없습니다. 예산이나 시간이 빠듯하다면, 살고 있는 지역사회에서 이전에 결코 가 본 적 없는 장소들을 방문하거나, 차를 몰고 한두 시간 떠나는 것도 괜찮습니다. 중요한 것은 우리의 슬픔을 새로운 곳으로 데려가서 여행이라는 움직임이 그 슬픔을 받아들이고 누그러뜨리는 데 어떤 도움을 줄 수 있는지를 보는 것입니다.

나는 오늘 한 번도 가 본 적 없는 어딘가로 슬픔을 데려갈 겁니다.

당신은 사랑받는 존재이며, 당신의 존재 이유는 사랑하는 것이다.
— 마리안 윌리엄슨

슬픔에 잠겨 있을 때 우리는 이것이 인생의 진퇴양난임을 깨닫게 됩니다. 사랑은 세상에서 가장 기쁘고 의미 있는 경험입니다. 사랑은 우리 삶에 목적을 줍니다. 하지만 슬픔은 사랑의 샴쌍둥이입니다. 사랑한다면 결국에는 반드시 슬퍼하게 될 것입니다.

　그렇다면 우리가 달리 무엇을 할 수 있겠습니까? 계속 사랑할 뿐입니다. 세상을 떠난 이에게 계속 사랑을 표현하면서 애도하고 치유를 향해 나아갑니다. 다른 이들의 사랑을 받아들이는 것은 은총과 치유의 연고를 받아들이는 것입니다. 반면 사랑을 피하거나 사랑으로부터 숨는다면, 우리는 살아 있다고 해도 죽음을 택하는 셈입니다.

　그렇다면 사랑은 최선의 답일 뿐만 아니라 유일한 답입니다.

매 순간 내가 사랑받고 있고 사랑하기 위해 이 세상에
존재한다는 것을 기억하려 애쓰겠습니다. 사랑이 나를
이끄는 대로 따른다면, 희망과 치유의 길을 발견하게 될 것입니다.

남편을 잃은 여성이 지켜야 할 수많은 의무 중에 정말로 중요한 것은 단 하나뿐이다. 남편의 1주기가 되면 이렇게 생각해야 한다. '나는 스스로 살아남았어.'

— 조이스 캐롤 오츠

고인의 1주기는 무척 힘들 수 있습니다. 우리는 그 사람이 세상을 떠난 날을 생각합니다. 그날 어디에 있었는지, 그 일이 어떻게 일어났는지, 어떻게 알게 되었는지, 어떻게 반응했는지, 혹은 다른 사람들의 반응은 어땠는지 등등. 우리는 우리 삶을 그토록 황폐하게 만든 그 경험을 다시 겪을 수밖에 없습니다.

기일에는 '그저 바쁘게 지내려고' 애쓰기보다는 그날을 추모일로 정해 기리는 것이 더 나을지도 모릅니다. 이날은 일을 쉬고 다른 약속도 취소하고 일상적인 업무도 미루는 것이 좋습니다. 묘소나 유해를 뿌린 곳을 방문하고, 사진 앨범을 살펴보고, 소중한 그 사람을 그리워하는 다른 이들과 함께 그날을 보내도 좋습니다.

그날은 의식을 치르기에 좋은 날입니다. 기일에 맞춘 의식을 만들면 우리가 그날을 잘 지낼 수 있는 체계가 갖춰집니다. 우리가 원한다면, 시, 기도, 음악 등 기타 의식의 요소를 준비할 수도 있습니다. 의식은 혼돈을 초월로 바꾸는 힘을 지녔습니다. 특히 초반 몇 해의 기일에는 단지 나 스스로 살아 있다는 사실에 감사하며 보내는 것만으로도 좋습니다.

기일을 기리고 죽은 사람에 대한 내 사랑에 걸맞은 시간, 관심, 체계를 갖추기로 마음먹을 수 있습니다.

그럭저럭 좋은 것에 '아니요'라고 말하는 법을 배워야 가장 좋은 것에 '예'라고 말할 수 있다.

— 존 C. 맥스웰

슬픔과 애도를 위한 시간과 공간을 확보하려면 여러 가지를 줄여야만 하는 경우가 종종 있습니다. 더 이상 에너지를 쓸 수 없는 약속들은 내려놓아야 합니다. 내가 선택할 수 있는 활동 중에 괜찮기는 하지만 크게 중요하지 않은 활동들로 채워진 일정은 정리해야만 합니다.

지금 당장 가장 좋은 것에 '예'라고 하는 것은 애도하는 일에 '예'라고 하는 것을 의미합니다. 애도하는 것에 '예'라고 하는 것은 실제로는 치유하는 것에 '예'라고 하는 것입니다. 그것은 다른 이들이 우리에게 연결과 지지를 원할 때 '예'라고 하는 것을 의미하기도 합니다. 그리고 우리가 현재 순간 함께 있어 주고 지지해 주는 것이 필요한 자녀나 사람들에게 '예'라고 하는 것을 의미합니다. 이 모든 것을 위해서는 충분한 자유 시간이 필요합니다.

결국 우리는 알게 됩니다. 애도하고 슬픔을 제대로 지지하는 일에 '예'라고 말하는 것은 우리가 사랑하는 사람들과 의미 있다고 생각하는 활동에 '예'라고 말할 준비를 갖추게 해 준다는 것을요. 결국 언젠가 다시 삶에 온 마음을 다해 '예'라고 말하려고 오늘 우리는 슬픔에 '예'라고 말합니다.

슬픔과 애도, 그리고 치유에 '예'라고 말하기 위해서,
나는 필요하다면 '아니요'라고 말할 수도 있습니다.

자신이 어디로 가고 있는지 알 수 없다면, 먼저 가 본 사람에게 물어보라.

— J. 로런 노리스

애도하는 수백만 명의 사람들이 우리보다 앞서 이 길을 걸어갔습니다. 저는 그 과정에서 많은 사람과 이야기를 나눴습니다. 그들은 우리가 이 상황을 견뎌 낼 수 있고 또 그럴 것이라는 사실을 알려 주고 싶어 합니다. 우리는 우리가 어디로 가고 있는지 항상 알 수 없지만, 그들은 가 본 적이 있고, 또 알고 있습니다.

때때로 직접 만나서 얼굴을 마주하고 함께 이야기할 수 있는 슬픔의 멘토가 있으면 도움이 됩니다. 비슷한 상실을 겪은 사람이 좋은 멘토가 될 수 있겠지요. 물론 상실의 자세한 사정들보다 더 중요한 것은 슬퍼하는 자의 태도, 희망에 찬 느낌, 기꺼이 도우려는 자세일 수도 있지만 말입니다. (슬픔과 애도를 자기 방식대로 해야 한다고 믿는 사람과는 엮이지 않도록 조심해야 합니다. 슬픔의 멘토는 교사보다는 동행자이자 선례가 되어야 합니다.)

저 또한 애도 상담사로 일하며 동시에 극심한 슬픔으로 힘들 때 멘토에게 의지한 적이 있습니다. 때로는 모든 사람에게 일대일의 도움이 필요합니다. 부끄러워할 것이 전혀 없습니다.

내가 어디로 가고 있는지 알 수 없을 때는 먼저 가 본 사람에게 물어도 됩니다.

천천히 가는 것을 두려워 말라. 오로지 가만히 있는 것만을 두려
워하라.

— 중국 속담

우리 문화는 우리가 서둘러서 빨리 슬픔을 극복하길 원합니다. 즉각
적인 만족을 추구하는 이 시대에는 장례식을 마치고 그다음 주부터
기분이 나아지기 시작할 것이라 기대합니다. 어서! 빨리빨리!

그렇더라도 삶의 다른 영역에서 우리는 느린 것이 주는 즐거움을
새롭게 만끽하는 법을 배우고 있습니다. 예를 들어 슬로 푸드(세심
하게 재배되고 현지에서 조달되며 가공되지 않은 원재료로 요리된),
슬로 커피(드립과 콜드브루), 느린 육아(무리한 활동 계획 없이 그
저 시간을 함께 보내는 것)가 있습니다.

올 초에 저는 제가 '느린 슬픔'이라고 부르는 것을 주창하기 시작
했습니다. 느린 슬픔 운동은 상실이 사랑만큼이나 인간 경험의 큰
부분임을 인정하는 것입니다. 이 운동은 슬픔이 우리를 영원히 변화
시킨다는 점, 그리고 슬픔이 정상적이고 꼭 필요하며, 느으으으으
린 과정이라는 점을 인정합니다. 또한 사람들이 자신의 슬픔을 표현
하고, 그들이 속한 지역사회의 지지를 받아야 할 필요성을 선포합니
다. 그리고 우리가 거의 잃어버린 치유의 지혜와 관습(예컨대 여러
날에 걸친 장례식)을 되찾고자 과거를 돌아볼 것을 요구합니다.

슬픔은 느립니다. 그 느림을 두려워해서는 안 됩니다. 서두르려고
애써도 안 됩니다. 적극적인 애도를 통해 슬픔을 움직이게 하는 한,
우리는 가만히 있는 게 아닙니다. 지금 중요한 건 이게 전부입니다.

나는 슬픔 속에서 천천히 나아가는 것을 두려워하지 않습니다.

치유는 본래 느린 과정입니다.

손을 아래로 뻗어 사람을 일으켜 세워 주는 것보다 심장(heart)에 더 좋은 운동은 없다.

— 존 홈스

애도하는 자로서 우리는 다른 이들의 도움과 지지가 필요합니다. 하지만 그 과정 어딘가에서 우리 또한 길동무들에게 도움과 지지를 줄 준비가 되어 있고 또 그렇게 할 수도 있을 것입니다.

더 적극적으로 애도할수록, 그리고 무엇이 치유에 진정으로 도움이 되는지를 더 많이 탐구할수록 우리는 다른 이들을 도울 채비를 잘 갖추게 됩니다. 그리고 다른 사람을 더 많이 도울수록 우리도 더 많이 치유됩니다.

준비가 되었다고 생각되면 슬픔의 동행자가 될 기회를 찾아볼 수도 있습니다. 우리가 슬픔과 애도에 대해 어렵게 얻은 새로운 인식과 이해는 상냥하게 공유해야 합니다. 우리는 우리 문화를 정상적이고 꼭 필요한 슬픔을 피하기보다는 받아들이는 문화로 변화시키는 데 일조할 수 있습니다.

나는 준비가 되면 슬퍼하고 있는 다른 누군가를 돕고자 손을 내밀 것입니다. 나는 이제 간단한 메모, 전화 통화나 대화가 많은 의미를 가질 수 있다는 것을 압니다.

7월

인간적인 것은 무엇이든 언급할 수 있고, 언급할 수 있는 것은 무엇이든 더 쉽게 감당할 수 있다. 우리가 감정에 관해 말할 수 있을 때, 그 감정은 우리를 덜 압도하고 덜 속상하게 하고 덜 무섭게 한다. 그 중요한 대화를 믿고 나눌 수 있는 사람들은 우리가 혼자가 아니라는 사실을 깨닫게 해 준다.

— 프레드 로저스

죽음과 슬픔에 관해 터놓고 이야기를 나누지 않는 가정이나 문화 속에서 자란 사람이 많습니다. 우리가 아플 때조차 "아픔을 삼켜야지" "고개 들고 버텨라" "그만 잊고 앞으로 나아가라" 같은 유언, 무언의 규칙들과 맞닥뜨리게 하지요.

하지만 로저스 씨의 말이 맞습니다. 인간적인 것은 무엇이든 언급할 수 있는데, 상실에 따른 슬픔보다 더 인간적인 것이 뭐가 있겠습니까?

슬픔은 정상적이며 꼭 필요한 감정입니다. 그리고 다른 사람들과 그 슬픔에 관해 이야기하는 일은 어쩌면 가장 근본적인 애도 방법일지도 모릅니다. 그렇게 말로 표현하는 것만으로 슬픔은 덜 버겁고 덜 속상하고 덜 두렵게 느껴집니다. 그러니 압박감과 속상함과 두려움을 덜 느끼고 싶다면, 망설이지 말고 마음껏 언급해도 된다는 것을 기억합시다.

나는 내 슬픔을 이야기하겠습니다. 평가하지 않고 귀 기울이며 공감할 줄 아는 사람들을 찾겠습니다. 그들을 믿고 내 중요한 이야기를 나누겠습니다.

추측하지 말고 물어보세요. 친절해지세요. 진실을 말하세요. 근거
를 충분히 제시할 수 없는 말은 뭐든 하지 마세요. 진실성을 갖추
세요. 어떻게 느끼는지 사람들에게 말하세요.

— 워선 샤이어

"어떤 느낌인지 알아요"라는 말을 한 번 더 들으면 이성을 잃을지도
모르겠습니다. 이런 말을 하는 사람에게 "당신이 나와 똑같은 삶을
살았나요?"라고 묻고 싶습니다. "당신도 나와 똑같은 관계, 똑같은
경험이 있나요? 정말 정확히 같은 상실을 겪었나요?"

저는 제가 감히 여러분이 어떻게 느끼는지 정확히 안다고 생각하
지 않습니다. 슬픔의 여정을 헤쳐 나가는 동안 비슷한 생각과 느낌
과 경험이 많았을 거라는 점은 알고 있습니다. 그리고 우리가 서로
에게 줄 수 있는 긍정과 이해에 감사한 마음입니다. 하지만 어느 날
이든 여러분에게 진정으로 공감하려면, 추측만 할 수는 없습니다.
물어보아야 합니다. 그리고 제가 물었을 때 여러분이 무엇을 어떻게
느끼는지 진솔하게 말해 주길 바랍니다.

저만치 떨어져서 "어떤 느낌인지 알아요"라고 하는 모든 이에게
너그러운 마음을 가집시다. 그들도 분명 우리에게 공감하고 있음을
알리려고 애쓰는 것이니까요. 우리 또한 우리가 지금 어떻게 느끼고
있는지 진솔하게 이야기해야 합니다.

다른 이들이 내가 무엇을 생각하고 느끼는지를 알 수 있는
유일한 방법은 내가 그들에게 말해 주는 것입니다.

진흙이 가라앉고 물이 맑아질 때까지 기다릴 인내심이 있는가? 올
바른 행동이 저절로 생겨날 때까지 꼼짝하지 않고 있을 수 있는
가?

— 노자

우리의 진흙은 아직 가라앉는 중입니다. 확실합니다.

모든 것이 탁하고 불투명합니다.

우리는 진흙탕과 혼탁함을 좋아하지 않습니다. 빠져나오고 싶습
니다! 하지만 우리가 계속 발버둥 칠수록 진흙탕을 더 휘저어 놓을
뿐이란 걸 우리는 압니다. 분주하게 움직이며 상황을 빨리 해결하려
는 정신없고 무분별한 시도들은 진흙탕을 훨씬 더 탁하게 만들 뿐입
니다.

인내심을 가지고 가만히 있으면 어떤 일이 일어날까요? 한동안 자
기 자신 안으로 침잠해서 꼼짝하지 않고 침착함을 유지하려고 애쓴
다면요? 아마도 물이 맑아질지도 모릅니다. 어쩌면 우리가 다음으로
취해야 할 올바른 행동이 저절로 생겨날지도 모르지요.

물이 혼탁할 때는 가만히 있으면서 인내심을 가지고
물이 맑아지기를 기다리겠습니다.

> 나는 새가 아니며, 나를 잡아 둘 그물은 없다.
> 나는 독립적인 의지를 가진 자유로운 인간이다.
> — 샬럿 브론테, 『제인 에어』

슬픔은 우리와 다른 이들과의 상호 의존성을 분명하게 밝혀 주며, 이런 상호 의존성이야말로 우리 삶에 기쁨과 의미를 줍니다. 그렇지만 역설적으로 우리 각자는 독립적 의지와 의식을 지닌 단 한 명의 인간입니다.

이것이 의미하는 것은 우리가 느끼는 슬픔은 유일무이하다는 것입니다. 우리가 속으로 품고 있는 생각, 느낌, 기억은 다른 누구의 것과도 완전히 같지는 않습니다. 이는 우리에게 가장 효과적인 애도 방법이 유일무이함을 의미하기도 합니다. 제게 효과가 있는 것이 여러분에게는 효과가 없을 수도 있고, 그 반대의 경우도 마찬가지입니다. 이 점에서 우리의 슬픔과 애도는 각자 독립적입니다.

그렇지만 동시에 그 독립적인 슬픔의 치유는 어느 정도 다른 이들의 지지와 자비로움에 의존합니다. 이런 것이 사랑과 슬픔 그리고 인생의 신비입니다.

슬픔 안에서 나는 독립적이기도 하고 의존적이기도 합니다.
치유에는 두 가지 다 필요합니다.

> 우리가 날마다 여닫는 문이 우리가 사는 삶을 결정합니다.
>
> — 플로라 휘트모어

문 하나가 우리 앞에서 닫혀 버렸습니다. 그것이 못마땅해도 때로 어떤 문이 열리고 어떤 문이 닫히는지는 우리 소관이 아닙니다. 이럴 때 삶은 불공평하고 고통스럽게 느껴질 수 있습니다.

하지만 때로 열리고 닫히는 것이 우리 소관일 때가 있습니다. 슬픔에 관해서라면 우리에게는 우리 생각과 느낌을 향해 나아갈 수 있는 선택권이 있습니다. 예를 들어 우리가 마음속으로 죄책감을 느끼거나 후회한다면, 그건 마치 우리 안에 '죄책감'이라고 이름 붙인 문이 있는 것과 같습니다. 우리는 그 문으로 다가가서 열 수 있습니다. 아니면 그것을 지나쳐 버릴 수도 있습니다. 거기에 문이 있는 걸 알면서도 (그리고 그것이 주는 고통을 느끼면서도) 그냥 지나쳐 통과하는 것입니다.

우리가 마음만 먹으면, 슬픔 속에서는 어떤 문을 닫기로 할 수도 있습니다. 슬픔은 자연스러운 것이고 꼭 필요하지만 우리를 부끄럽게 만드는 사람들과는 거리를 둘 수 있습니다. 특정 생각이나 감정에 문을 연 후, 때로는 그 문을 영원히 닫을 수도 있습니다. 그것과 화해했기 때문입니다. 우리는 슬픔과 애도에 대한 문화적인 오해에 대해 문을 닫는 법을 배울 수도 있습니다.

내가 날마다 여닫는 슬픔의 문들은 치유에 이르는 나의 길을 결정합니다.

나는 결코 미친 적이 없었다. 가끔 마음이 다쳤을 때 말고는.

— 에드거 앨런 포

슬픔은 미친 것과 꽤 비슷하게 느껴질 수 있습니다. 우리는 새로운 현실에 처하게 됩니다. 그곳에서는 우리가 위라고 생각했던 것이 아래가 되고, 그 반대도 됩니다. 생각은 뒤죽박죽입니다. 감정이 온 사방으로 흩어져 날아다닙니다. 우리의 모든 일과가 혼란에 빠집니다.

우리가 실제로 미쳐 가는 것이 아니라는 것을 스스로 상기하는 것이 도움이 될 수 있습니다. 우리는 슬퍼하고 있습니다. 상실로 인해 마음을 다쳤고(실제로는 산산이 부서졌고), 우리 삶은 수많은 파편으로 바닥에 흩어졌습니다. 그러니 모든 것이 흐트러지고 엉망으로 보이는 것도 당연합니다.

비정상이던 것이 지금은 새로운 정상이 된 것을, 그것이 정상이라는 것을 기억합시다.

미쳐 가는 것처럼 느껴질 때는 멈춰 서서 심호흡하고, 그것이 정상이며 꼭 필요한 슬픔이라는 것을 떠올리면 됩니다.

가치 있는 곳으로 가는 데는 지름길이 없다.

— 비벌리 실스

몇 달간 개인적으로 가장 큰 슬픔을 겪으면서, 저는 문득 주위를 돌아보며 이런 생각을 했습니다. "이 여정은 너무 길고 너무 힘들다. 지름길은 어디에 있지?"

물론 슬픔을 치유하는 데 지름길은 없습니다. 상당한 시간과 엄청난 노력이 듭니다. 생각과 감정이 떠오를 때면 그대로 모두 받아들이고 표현해야 합니다. 노력이 필요합니다. 유일한 탈출구는 슬픔을 통과하는 것뿐입니다.

그럼에도 슬픔과 화해하는 것은 노력해서 다다를 만한 가치가 있는 여정입니다. 치유는 우리가 다시 온전히 살아가고 온전히 사랑할 수 있게 해줍니다.

슬픔에는 지름길이 없습니다.

슬픔을 통과하는 것만이 유일한 탈출구입니다.

당신이 내 품에 없으면 내 영혼이 공허하게 느껴진다. 군중 속에서 당신의 얼굴을 찾아다니는 나를 발견한다. 찾을 수 없다는 것을 알지만 나로서는 어쩔 수가 없다.

— 니콜라스 스파크스

사랑하는 이가 세상을 떠났어도 그를 찾으러 다니는 것은 자연스럽습니다. 어쩔 수가 없습니다. 머리도 마음도 그가 정말로 떠났다는 사실을 받아들이지 못해서 그를 찾으러 다닙니다. 그리고 적극적으로 찾지 않고 있을 때조차 이따금 그의 모습을 발견합니다. 언뜻 스친 뺨의 곡선, 저 멀리 보이는 어깨선, 뒤로 흘러내린 머리카락, 휙 지나가는 차 안의 얼굴.

찾고 그리워하는 것은 슬픔의 일부입니다. 우리는 사랑하는 소중한 이들이 바로 여기 우리 곁에 있기를 간절히 원합니다. 세상을 떠난 이를 떠올리게 하는 누군가를 언뜻 보았을 때는 가까이 가서 더 자세히 살피고 싶은 충동을 따라도 괜찮습니다. 때로 우리 머리는 눈으로 확인할 수 있어야만 받아들입니다.

시간이 흐르며 우리 마음이 현실을 온전히 받아들이게 되면, 덜 찾아다니게 되고 더 많이 기억하게 될 것입니다.

나는 당신을 찾아다니고 있습니다. 당신을 그리워하고 있습니다.

당신을 떠올리게 하는 누군가를 만나면

그 사람에게 말없이 축복을 보내겠습니다.

실수는 경험 부족과 지혜를 잇는 통상적인 다리이다.
— 필리스 서로우

우리 모두 살면서 많은 실수를 합니다. 그것이 바로 우리가 배우는 방법입니다.

치유를 위해 슬퍼하고 애도하는 방법 또한 배움이 필요합니다. 이것을 역행하는 문화에서는 특히 그렇습니다. 그 과정에서 우리는 실수할 가능성이 높습니다. 슬픔을 밖으로 표현하지 않고 속으로 삭히거나, 고통을 무디게 하려고 알코올이나 마약 또는 그 외 중독성 있는 행동에 의지할지도 모릅니다. 개중에 어떤 이들은 지나치게 바쁘게 지내면서 슬픔이 아닌 딴 데로 주의를 돌리려고 애씁니다. 또 어떤 이들은 다른 사람들은 돌보면서 정작 자신은 돌보지 않습니다.

슬픔의 여정에서 실수를 하면, 경험 부족이나 문화적 오해 때문이라고 여기고 다시 시도하면 됩니다. 저는 슬픔과 애도의 지혜는 보통 천천히 찾아온다는 사실을 압니다. 그러니 인내심을 가지고 자신을 용서하기로 해요.

슬픔의 여정을 헤쳐 나가는 동안 실수를 한다면, 그건 바로
내가 지혜를 배우고 지혜를 축적하고 있다는 의미입니다.

내가 나 자신과 모순되는가?
좋다, 그렇다면
나는 나 자신과 모순된다.
나는 광대하다.
나는 수많은 것들을 품고 있다.

— 월트 휘트먼, 「나 자신의 노래」

상실의 슬픔을 겪고 있는 우리는 수많은 것들을 품고 있습니다. 엄청나게 많은 생각과 감정, 기억이 우리를 둘러싸고 있습니다. 그래서 기괴하거나 평소와 다르게 보이는 방식으로 행동할 수도 있습니다.

때로는 우리의 생각과 감정과 행동이 서로 모순을 일으킬지도 모릅니다. 좋습니다. 그렇다면 우리는 우리 자신과 모순되는 것입니다…… 괜찮습니다. 우리는 상황을 알아 가는 중입니다. 우리는 완성을 향해 나아가고 있는 작품입니다.

나는 수많은 것들을 품고 있습니다. 나는 내 내면의 현실을 모두
품을 만큼 충분히 큽니다. 그리고 그 내면의 것들을 표현할 때,
나는 그것들이 자유롭게 펼쳐질 더 넓은 공간을 열어 주는 것입니다.

내가 여기에 있다. 내가 있어야 할 곳에.

— 루이스 어드리크

우리는 슬픔의 여정에서 우리가 있어야 할 바로 그곳에 있습니다.

우리가 생각하고 느끼고 있는 것이 무엇이든 그것이 우리가 생각하고 느껴야 할 바로 그것입니다.

우리는 자신이 '정상'인지 묻곤 합니다. 특정한 생각을 하거나 특정한 기분을 느끼는 것이 정상인지 궁금해합니다. 슬픔이 오래 지속되면 그것이 정상인지 궁금해합니다.

안심하세요. 우리는 정상입니다. 당신도 정상이고 저도 정상입니다(정상이라는 것이 있다면). 각자의 독특한 환경, 역사, 성격을 고려한다면, 우리는 있어야 할 바로 그곳에 있습니다. 만약 갇혀 있다거나 절망적인 기분이 든다면, 적극적인 애도가 우리를 다시 시작하게 한다는 것만 기억하면 됩니다.

오늘 내가 있는 곳이 내가 있어야 할 바로 그곳입니다.

> 이해가 증진되는 과정은 곧게 뻗은 직선보다는 나선형의 상승 곡
> 선을 따르면서 서서히 일어난다.
>
> — 조안나 필드

처음으로 큰 슬픔을 겪게 되면 그 초반에는 이제는 상황이 나아지기
만 할 것이라고 믿을 수도 있습니다. 네, 너무 아파서 견뎌 낼 수 있
을지는 모르겠지만, 틀림없이 매일매일 고통이 줄어들다가 마침내
더는 아프지 않은 때가 오겠지요…… 그렇겠죠?

그러다 고통이 더 나아지기 전에 한동안 더 악화된다는 것을 우
리는 알게 됩니다. 그뿐만 아니라 직선처럼 곧장 치유로 가는 길이
없다는 것도 알게 됩니다. 그건 마치 어둠 속에서 헤매는 것과 같습
니다.

저는 슬픔의 어둠 속에서 길을 잃은 것 같은 기분이 들 때면, 가끔
은 나선형의 이미지를 떠올립니다. 나선은 줄곧 돌아가며 같은 영역
을 반복해 지나가지만, 동시에 천천히 상승합니다. 그것은 올라가고
있습니다. 새로운 고도에 가닿고 있습니다. 우리는 슬픔의 산을 오
르면서 정상으로 향하는 나선형의 길을 걷고 있습니다. 그 길은 고
생스럽고 험난하며, 우리는 지쳤습니다. 길은 가끔 지형을 따라 잠
깐 아래로 내려가기도 하지만 결국에는, 그리고 전반적으로는 올라
갑니다.

나의 슬픔은 직선의 길을 따라 곧장 치유에 이르지는 않지만,
꾸불꾸불 우여곡절을 겪으며 결국 치유를 향해 올라갑니다.

모든 이가 어느 시점에는 상실을, 즉 사랑하는 사람이나 건강, 직업의 상실을 겪을 것이다. 그것은 사막에 떨어진 것 같은 경험이다. 선택지도 없고 희망조차 없는 척박한 기분이 드는 시간이다. 중요한 것은 자신이 그 사막에서 고립되지 않도록 하는 것이다.

— 패트릭 델 조포

저는 애리조나의 사막에 집이 있습니다. 혹독하고 위험한 곳입니다. 식물도 물도 없는 척박한 땅이지요. 태양은 작열하고 바람은 세차게 붑니다. 숨을 곳조차 없습니다.

우리의 슬픔도 이렇게 악의적이고 무자비한 듯 느껴질 수 있습니다. 하지만 슬픔의 사막에도, 나의 사막에도 놀라운 아름다움이 있습니다. 자세히 들여다보면, 척박함 말고는 아무것도 없을 것 같은 곳에도 작은 꽃들이 피어 있을 것입니다. 바위의 웅장함이 보이고, 하늘의 짙고 날카로운 푸르름도 눈에 들어올 것입니다.

네, 슬픔은 사막에 떨어진 것 같은 경험입니다. 생명을 위협하는 여정이지요. 적극적으로 애도하지 않으면 우리는 영원히 슬픔에 갇혀 살아 있으면서도 죽은 것과 같을 겁니다. 그러니 애도하는 것은 참으로 다행한 일입니다. 애도는 슬픔을 안전하게 이겨 내도록 합니다.

나는 슬픔이라는 사막에서 자그마한 아름다움이라도
잘 살펴볼 것입니다. 또한 슬픔을 표현함으로써 계속 나아갈 것입니다.
이 사막에 너무 오랫동안 멈춰 있는 것은 살아 있으나
죽은 것과 같기 때문입니다.

신앙이란 아직 어둑어둑한 새벽에 빛을 느끼는 새이다.

— 라빈드라나드 타고르

우리 중에는 종교적이거나 영적인 신앙을 가진 이들이 있습니다. 우리는 신이나 자애로운 더 큰 힘이 우리를 돌보고 있으며, 지상의 이곳에서 무슨 일이 일어나든 모든 일이 실제로 잘될 것이라고 믿습니다. 어떻게든, 어떤 식으로든 우리의 영혼은 불멸을 누려 우리보다 먼저 떠나간 이들의 영혼과 재회할 것이라고 확신합니다. 이러한 신앙은 슬픔의 시간을 보내는 동안 우리에게 깊은 위안을 줍니다.

우리 중에는 그런 신앙이 없고 아침이 되면 침대에서 일어날 이유를 찾느라 씨름하는 이들도 있습니다. 그럴 때 '신앙'이라는 개념이 꼭 종교적일 필요는 없다는 점을 잘 생각해 보았으면 합니다. 슬픔 속에서도 다시 웃고 사랑할 기회가 생길 것이라는 '믿음'을 가져도 됩니다. 우리가 여전히 놀라고 경외심을 가질 수 있다는 믿음을. 우리의 슬픔이 누그러질 것이라는 믿음을.

신앙은 증거나 구체적인 증거물에 근거를 두지 않은 믿음입니다. 내일 무슨 일이 일어날지 알 수는 없지만, 오늘만큼은 좋은 일이 다가오고 있음을 믿겠다고 마음먹을 수는 있습니다.

나는 _____라는 믿음을 가지고 있습니다. 나의 가장 근본적인 믿음이 무엇이든 간에 그 믿음에 대한 신심을 기르면 슬픔을 치유하는 데 도움이 될 것입니다.

인간은 인간의 영혼만큼 탄력성을 지닌 물질을 만든 적이 없다.

— 버나드 윌리엄스

고인의 죽음 이후, "회복하라" "떠나보내라" "극복하라"는 격려를 받아왔을지 모릅니다. 하지만 이제 우리는 그것이 슬픔을 다루는 방법이 아니라는 것을 알고 있습니다. 슬픔은 시간과 에너지를 필요로 합니다. 꾸준함을 요하는 힘들고 고통스러운 작업입니다. 사랑하는 이의 죽음을 간단하고 신속하게 '극복'할 수 있는 일이라고 생각하는 것이 얼마나 어처구니없습니까?

동시에 우리는 가끔 우리 자신이 인정하는 것보다 회복탄력성이 더 큽니다. 필요한 만큼의 시간 동안 적극적으로 철저히 애도한다면 우리는 되돌아갈 것입니다. 다만 슬로모션에 가깝게 되돌아갑니다.

테니스공을 상상해 보세요. 라켓으로 내려치면 (죽음처럼) 공은 코트 바닥으로 내리꽂힙니다. 그 장면을 슬로모션으로 상상해 볼 수 있겠습니까? 회전하면서 아래로, 아래로, 아래로 떨어지다가 마침내 공은 코트를 칩니다. 그렇게 바닥에 가닿습니다. 하지만 잠깐만요! 실제로는 그렇지가 않습니다. 한 번에 한 프레임씩 보여 주는 화면에서는 공이 바닥에 부딪히며 납작해지는 것을 볼 수 있습니다. 공은 충격으로 찌부러집니다. 곤두박질쳐 거의 망가질 지경에 이른 뒤에야 공은 다시 제 모양을 되찾고 탄력이 붙어서 천천히, 천천히, 천천히 하늘을 향해 다시 튀어 오릅니다.

나는 뭉개졌습니다. 하지만 나의 회복탄력성을 믿습니다.

오늘은 끔찍하고, 지긋지긋하고, 형편없고, 아주 나쁜 날이었어.
엄마는 그런 날도 있는 법이라고 하셨어.

— 주디스 바이오스트

슬픔에 잠겨 있을 때 어떤 날은 그냥 말 그대로 '나쁜 날'일 뿐입니다. 서글프고 절망적이고 두렵고 외로운 기분이 듭니다. 단 몇 분이라도 이 절망에서 벗어날 수 없을 것 같습니다. 그러다 때로는 훨씬 더 나쁜 일이 일어나 슬픔에 슬픔이 더해지기도 합니다.

우리는 우리를 걱정하는 사람에게 나쁜 날들에 관해 언제든 털어놓아도 됩니다. 일기에 쓰거나 명상을 하거나 지지 모임에 참석해 보는 것도 괜찮습니다. 이 모든 활동이 도움을 줄 수 있지만, 어떤 날은 그 어떤 것도 구름을 헤치고 나아갈 수 없을 듯 보입니다.

슬픔에 과부하가 걸리거나 슬픔에 흠뻑 젖어 있을 때는 그냥 그 하루를 마무리하는 것이 최선인 경우도 있습니다. 휴대전화를 끄고 잠옷을 입고 침대로 기어들어 가면 됩니다. 잠이 오지 않으면 TV를 몰아보거나 소설에 빠져보거나 오래 목욕하는 등 주의를 다른 데로 돌리는 일을 하면 됩니다. 내일은 더 나아지리란 믿음을 가지고, 끔찍하고 지긋지긋하고 형편없고 아주 나쁜 하루를 무사히 보내는 데 효과적인(하지만 해롭지 않은) 무언가를 하면 됩니다.

다음에 정말로 힘든 날이 온다면, 내게 절실히 필요한 휴식을 취하며 내일이 올 때까지 안전하게 보낼 수 있는, 나를 진정시켜 줄 무언가를 하겠습니다.

그렇지만 지금은 7월인데, 왜 나는 크리스마스 푸딩 생각을 하고 있는 걸까? 아마도 우리는 항상 가지고 있지 않은 것을 갈망하기 때문일 것이다. 지옥 같은 여름에는 겨울이 아늑하고 낭만적인 것 같지만, 그 겨울 내내 우리가 그리워하는 것은 뜨거운 해변과 햇빛이다.

— 조애너 프랭클린 벨

"우리는 우리가 갖지 못한 것을 갈망한다. 하지만 소중한 사람들과 함께하는 순간들을 늘 감사하게 생각하지는 못한다." 이 말은 우리의 슬픔을 요약한 말입니다.

이것은 인간의 본성입니다. 끊임없이 현재에 감사하며 사는 것은 거의 불가능합니다. 우리에게는 과거를 기억할 뿐만 아니라 미래를 예측하는 머리가 장착되어 있습니다. 상상력을 통해 우리는 즉각적으로 시간과 공간을 여행합니다. 이것은 선물인 동시에 저주입니다.

하지만 현재의 순간에 깨어 있는 상태를 유지하는 것은 우리가 노력해 볼 수 있는 부분입니다. 그 일에 노련해질수록 우리가 남은 날들에 감사할 가능성도 커집니다. 우리는 언제나 과거를 기억하고(고마운 일이지요), 다가올 일들을 걱정하겠지만, '지금 이 순간'을 살아가는 일에도 더 능숙해질 수 있습니다.

나는 내가 지금 가지고 있지 않은 것, 즉 당신을 갈망하고 있습니다.
지금 내가 가지고 있는 것에 감사하려 노력하고 있습니다.

대부분의 사람은 자신이 얼마나 용감한지 모른다.
— R. E. 체임버스

누구나 겪지만, 애도에는 용기가 필요합니다. 마음속 생각과 감정을 밖으로 표현하고, 마음을 열어 자기를 솔직하게 드러내며, 가장 연약한 내면의 진실을 세상의 냉혹한 시선 앞에 내놓는 일이 바로 용기가 필요한 일입니다.

대부분의 인생사에서 그렇듯, 슬픔 속에서도 용감함은 또 다른 용감함을 낳습니다. 마침내 용기를 내어 친구에게 우리의 슬픔을 힘겹지만 진심으로 털어놓는다면, 다음 애도의 기회가 왔을 때 우리는 더 큰 용기를 냅니다. 대개 용기에는 보답이 따르기 때문입니다.

자신을 세상에 꺼내 놓음으로써 다른 사람들이 공감과 지지를 보낸다는 것을 알게 됩니다. 당장 속마음을 털어놓았다는 사실만으로 안도감과 해방감을 느끼기도 합니다.

슬픔에 잠겨 있을 때는 용기가 치유를 도울 수 있습니다.

나는 내가 생각하는 것보다 더 용감합니다.
용기를 내서 스스로 치유를 도울 수 있습니다.

슬픔은 바다와 같다. 파도를 타고 썰물처럼 밀려갔다 밀물처럼 밀려온다. 때로는 파도가 잔잔하고, 때로는 너무 세차다. 당신이 할 수 있는 건 헤엄치는 법을 배우는 것이 전부다.

— 비키 해리슨

슬픔은 바다처럼 예측 불가능합니다. 또한 바다처럼 광대하고 깊고 강력하기도 합니다. 우리는 그것과 싸울 수도 없고 그것을 통제할 수도 없습니다. 우리는 오로지 굴복할 수밖에 없습니다.

슬픔 속에서 헤엄치는 법을 배울 때 우리는 현재의 상황에 근거해서 속도와 방향을 조절합니다. 우리는 파도가 허락하는 곳으로만 갈 수 있습니다.

때로는 아무 데도 가지 못합니다. 그런 날에는 우리가 할 수 있는 것이라곤 그저 물에 떠서 살아남는 게 전부입니다.

바다를 존중하듯 우리의 슬픔도 존중할 것입니다.

슬픔의 바다에서 헤엄치면서, 슬픔이 내가 갈 길과 속도를 결정하게 하겠습니다.

깊은 겨울 한가운데서 나는 그 무엇으로도 꺾을 수 없는 여름이 내 안에 살아 있음을 알았다. 그리고 그것은 나를 행복하게 만들었다. 세상이 나를 아무리 엄하게 밀어붙여도 내 안에는 더 강한 무언가가, 더 나은 무언가가 있어 곧바로 반격을 가하겠다고 말하기 때문이다.

— 알베르 카뮈

저 역시 우리 모두의 내면에는 무엇으로도 꺾을 수 없는 무언가가 있다고 믿습니다. 그것은 바로 신성한 불꽃으로 불을 밝힌 우리의 영혼입니다.

우리의 신성한 불꽃은 우리 내면에서 살고 있는 의미와 목적의 불씨입니다. 우리는 태어났고, 살고 있으며, 따라서 여기에 존재할 권리와 이유가 있습니다. 슬픔은 자연히 우리의 신성한 불꽃을 약화시키지만, 그 불꽃은 내면 깊은 곳에서 여전히 깜박이고 있습니다. 때로 쉽지 않은 일이겠지만, 우리는 그 불꽃을 찾아서 불길을 살려야 합니다.

우리는 슬픔 속으로 내려간 뒤 불사조처럼 날아올라 초월할 수 있습니다. 그러는 내내 무엇으로도 꺾을 수 없는 신성한 불꽃이 우리 안에서 빛을 내며 길을 밝힙니다.

내 안에는 그 무엇으로도 꺾을 수 없는 여름이 있습니다.

당신이 스스로에게 말을 건네는 방식에 주의하세요. 당신이 듣고 있으니까요.

— 리사 M. 헤이스

슬픔에 빠져 있을 때 자기 대화(self-talk)는 자멸을 부를 수 있습니다.

"나는 애도하고 치유할 만큼 강하지 않아."

"나는 _____ 없이는 살 수가 없어."

"나는 할 수 있는 모든 걸 다하지 않았어. 나는 끔찍해."

"나는 정말 엉망이야! 나는 왜 이렇게 무능할까?"

"내가 행복해지는 일은 다시는 없을 거야."

이해합니다. 우리가 이따금 스스로에게 말을 건네는 방식이죠. 우리는 망가졌지만, 슬픔을 질병으로, 애도를 나약함으로 보는 문화 속에서 살고 있습니다. 우리가 죽음을 바꿀 수는 없지만 죽음에 관해 말하는 방식은 바꿀 수 있습니다. 자멸을 가져오는 '자기 대화'에 빠진 자신을 발견하면 훨씬 더 진실한 긍정의 말들을 건네 보세요.

"내게는 애도하고 치유하는 데 필요한 힘과 은총이 모두 있어."

"나는 _____ 없이도 살 수 있다. 언제나 그이를 그리워하겠지만."

"인간이란 실수하는 존재야. 나는 인간성의 찬란한 표현이다."

"나는 슬프다. 슬퍼하는 것은 엉망이지만 좋은 것이기도 하다."

"나는 애도할 것이다. 그래야 다시 행복해질 수 있다."

나 자신에게 말을 건넬 때도 긍정적이고 자비로울 수 있도록
노력하겠습니다.

많은 사람이 당신과 리무진을 함께 타고 싶어 하지만, 당신이 원하는 것은 리무진이 고장 났을 때 함께 버스를 타고 갈 사람이다.

— 오프라 윈프리

알고 보니 친구 중 상당수가 좋을 때만 친구였습니다. 상황이 어려워지자 떠나갔죠.

우리 문화는 사람들에게 슬픔과 함께하는 법을 가르치지 않습니다. 그러니 친구와 가족 중에 곁에 머물러 있는 이들이 이토록 적은 것도 놀라운 일이 아닙니다.

하지만 그럼에도 우리는 슬픔에 잠겨 있을 때 우리 말에 귀를 기울여 주고 지지해 줄 사람들이 필요합니다. 혼자서는 할 수 없습니다! 우리와 함께 버스에 오르고 기꺼이 동행해 준 몇 안 되는 분들께 감사해야 할 것 같습니다. 진정한 친구들이여, 감사합니다.

슬픔에 빠진 나를 도와줄 것만 같던 사람이 왜 이렇게 적은지 이해합니다. 그렇게 할 수 있는 소중한 몇몇 분께 감사하고 있어요.

> 억압되어 표현되지 않은 감정은 물론 모든 감정이 우리 몸에 영향
> 을 미친다. 표현되지 않은 감정은 째깍거리는 작은 시한폭탄처럼
> 몸에 남아 있다. 그 감정들은 잠복기 상태의 질병이다.
>
> ― 메릴린 밴 더버

슬픔은 우리를 육체적으로 아프게 합니다. 몸이 아립니다. 아프거나 단순히 '안 좋다'고 느낄 수도 있지요.

전혀 놀랄 일이 아닙니다. 우리 몸이 알고 사랑했던 눈앞의 어떤 존재를 우리가 그리워하고 있으니까요. 더욱이 스트레스 호르몬은 신체 조직을 따라 연쇄반응을 계속 불러일으키고, 그것들이 오래 끌면서 잔류하면 우리는 몸이 편치 않다고 느끼게 됩니다.

우리 몸을 돌보는 일은 지금 당장 해야 할 매우 중요한 일입니다. 이 이외에도 우리 몸을 치유할 수 있는 주요 방법은 우리 마음과 영혼을 치유하려고 노력하는 것입니다. 슬픔을 적극적으로 표현하려고 계속해서 노력하다 보면, 스트레스 호르몬은 사라지고 영혼의 긴장이 풀리면서 우리 몸은 안정을 되찾을 것입니다.

마음과 영혼을 돌보는 일은 몸이 좋아지는 데도 도움이 됩니다.

애도하는 데에는 여러 방법이 있다. 하나는 흐느껴 우는 것이다. 흐느껴 우는 일은 우리도 할 만큼 했다. 또 다른 방법은 노래하는 것이다. 삶의 찬가를, 여전히 풍경과 소리와 생생한 색채로 가득한 삶의 찬가를 부르는 것. 사랑한 이들이 더 이상 부를 기회가 없는 노래를 부르는 것. 우리는 사랑한 이들의 노래를 부른다. 그들의 영혼이 지닌 자질들을 열망하고, 그들이 살아 있었더라면 짊어졌을 과업들을 맡는다.

— 랍비 잭 스턴 주니어

저는 음악을 크게 틀어 놓고 프랭크 시내트라의 노래를 목청껏 크게 부르곤 합니다. 당혹스러워하던 제 아이들이 증명해 줄 수 있지요. 노래 부르는 일은 재미있습니다! 춤을 추는 것과 마찬가지로 그건 음악의 치유력을 우리 영혼과 연결할 방법입니다.

하지만 여기서 랍비인 잭 스턴은 실제 노래 부르는 일 그 이상을 이야기합니다. 그는 우리가 대담하고 열정적으로 살아야 한다고 말합니다. 죽은 이들이 그랬던 것처럼요. 우리는 그들의 노래를 부르기로 마음먹을 수 있습니다. 그들이 짊어졌던 과업을 완수하고, 열정을 가졌던 일을 실행할 수 있습니다. 제 아버지는 시내트라를 무척 좋아했지요. 저는 그의 노래를 부를 때마다, 아버지를 위해 노래합니다. 우리는 목으로도 노래하고 영혼으로도 노래합니다. 모두 우리의 슬픔을 표출하는 배출구이자 슬픔을 달래주는 연고입니다.

세상을 떠난 이에게는 생전에 부르던 노래가 있었습니다.

나는 그를 위해 계속 그 노래를 부를 겁니다.

그 어떤 것도 우리가 알아야 할 것을 우리에게 다 가르쳐 줄 때까지는 사라지지 않는다.

— 페마 초드론

슬픔은 우리에게 가르쳐 줄 것이 너무 많아서 결코 사라지지 않을 겁니다. 적어도 완전히는 말이죠. 하지만 우리가 슬픔의 열렬한 학생이 되어 슬픔에 귀 기울이고 열심히 전념한다면, 슬픔은 천천히 연단에서 내려올 거예요. 그러다 마침내 물러나서 뒤쪽에 온화하게 서 있겠지요.

하지만, 슬픔이 여전히 우리 일상의 주인으로 있는 동안은 그것을 인정하고 그것에 귀 기울여야 합니다. 슬픔은 우리가 알 필요가 있는 것들을 가르쳐 주고 있습니다. 어쩌면 그것들은 우리가 인생에서 알아야 할 가장 중요한 것들일지도 모릅니다.

슬픔은 내가 알아야 할 것들을 가르쳐 주고 있습니다.
나는 열렬한 학생이 되겠습니다.

상처는 당신이 원하는 방식으로 치유되는 것이 아니다. 상처는 그것이 필요로 하는 방식으로 치유된다. 상처가 희미한 자국으로 남는 데는 시간이 걸린다. 치유의 과정은 시간이 걸리는 법이다. 당신에게 시간을 주어라. 당신에게 은총을 베풀어라. 당신의 상처를 상냥하게 대하라. 당신은 치유받을 자격이 있다.

— 델레 올란누비

네, 시간이 걸립니다. 그리고 가장 중요한 것은 치유를 위해서는 적극적인 애도의 과정이 계속되어야 한다는 점입니다. 인내심을 가지고 스스로에게 그 시간을 주어야만 합니다. 손을 뻗어서 다른 이들의 지지를 받아들이는 은총을 우리에게 베풀어야 합니다. 그 과정에서 우리와 상처받은 우리 마음을 상냥하게 대해야 합니다.

또한 '우리는 치유받을 자격이 있다'는 생각을 늘 마음에 간직해야 합니다. 이것은 치유되려는 우리의 의지를 표명하는 것입니다. 희망의 선언입니다.

우리는 치유 받을 자격이 있습니다. 다시 온전하게 살아가고 다시 사랑하며 남은 날 동안 삶의 의미를 경험할 자격이 있습니다. 단 하나뿐인 영혼으로서, 신의 자녀로서, 죽은 자들의 소중한 유산을 이어 가기로 위임받은 사람으로서, 우리가 다시 빛나는 것은 우리의 권리이자 운명이며 삶의 이유입니다.

나는 치유에 필요한 상냥함, 시간 그리고 애도에 집중하는 것을 누릴 자격이 있습니다. 나는 치유 받을 자격이 있습니다.

그대가 할 일은 사랑을 찾아다니는 것이 아니다. 그대가 사랑을
가로막기 위해 스스로 쌓아 놓은 그대 안의 모든 장벽을 찾아내는
것, 그것뿐이다.

— 루미

사랑과 슬픔은 동전의 양면이어서, 우리가 하나를 위해 쌓은 장벽은
다른 하나를 가로막는 장벽이 되기도 합니다. 그렇지만 우리가 이
페이지에서 함께하고 있는 것은 사랑을 안으로 들이기로 했기 때문
이지요. 우리는 이제, 상실의 결과로 초래된 슬픔을 안에 들이지 않
으려 세웠을 장벽을 그 어떤 것이든 허물어야만 합니다.

예를 들어 눈물을 참으려고 벽을 쌓아 놓지는 않았나요? 우는 일
은 슬픔을 겪고 있는 우리에게 좋은 것입니다. 그 벽이 존재한다면,
그것을 무너뜨려야 할 때입니다. 다른 사람들의 도움을 받아들이는
것을 가로막는 장벽과 마찬가지로요. 사람들이 다가올 때, 괜찮다며
그들을 돌려보내지는 않았나요? 만약 그랬다면 커다란 망치로 벽을
내려쳐서 다른 사람들의 자비로움과 공감을 안으로 들이세요.

슬픔이 우리 영혼의 문을 두드릴 때마다, 그것을 막으려고 스스로
쌓아 놓았을 우리 안의 장벽을 모두 찾아냅시다. 사랑이 우리의 진
정한 목적이었던 것처럼, 이제 슬픔도 우리의 진정한 목적입니다.

슬픔을 솔직하게 인정하고 충분히 나누고자 나는 내 안에
쌓아 놓았을지 모를 장벽을 어떤 것이든 찾아낼 것입니다.

> 신날 때는 감사드리고, 울적할 때는 품위 있게 대처하는 것이 비결입니다.
>
> — 리처드 칼슨

슬픔에 잠겨 있을 때도 이따금 신이 나는 경우가 있습니다. 가뿐함과 웃음과 기쁨을 경험하는 것이지요. 천만다행입니다. 이런 순간들이 없다면, 어둠은 너무나 버겁겠지요. 이러한 순간들을 깨닫고 고마워하는 것을 잊지 말기로 해요.

반면에 기분이 울적할 때는 그 울적한 기분과 친구가 될 만큼 품위를 찾아야 합니다. 그런 기분들은 길모퉁이에 있는 노숙자처럼 느껴질 수 있습니다. 남루하고 엉망인 어떤 것, 차라리 눈을 돌려 그곳에 없는 척하고 싶지요. 하지만 멈춰 서서 그들을 있는 그대로 지켜본다면, 그들에게 친절과 인정을 베푼다면, 그들과 한자리에 앉아 그들을 알아간다면, 우리는 그들이 곧 우리라는 사실을 알게 될 것입니다. 그리고 우리가 바로 그들입니다.

그것이 품위grace입니다.

신날 때는 감사드리고, 울적할 때는 품위 있게 대처하면 됩니다.

분노는 분노일 뿐이다. 좋지도 않고 나쁘지도 않다. 그냥 분노일 뿐이다. 당신이 그걸로 무엇을 하는지가 중요하다. 다른 것과 마찬가지다. 분노로 무언가를 쌓아 올릴 수도 있고 무너뜨릴 수도 있다. 당신은 그저 선택만 하면 된다.

— 짐 부처

많은 사람이 분노는 나쁜 감정 중 하나라고 믿으며 자랐습니다. 하지만 사실 분노는 행복, 서글픔, 공포, 여타의 다른 감정만큼이나 표현할 권리가 있습니다.

슬픔으로 인해 분노를 느끼고 있을 때는 다른 사람들을 불편하게 만드는 경향이 있습니다. 결국 분노는 자기주장이 강하고 시끄러울 수 있지요. 심지어 폭력적일 수도 있습니다.

분노는 좋지도 나쁘지도 않지만, 그것으로 무엇을 하는지는 중요합니다. 분노로 무언가를 쌓아 올릴 수도 있고 무너뜨릴 수도 있습니다. 우리는 우리를 아끼는 다른 이들과 대화함으로써 분노를 표현하고 탐색할 수 있습니다. 비난하거나 화내지 않으면서 말입니다. 분노를 표현하는 데 몸을 사용할 필요를 느낀다면, 스포츠나 예술 작품을 만드는 것 같은 신체 활동에 관심을 가져 볼 수도 있습니다. 우리는 분노를 인간관계, 신체 건강, 자기 이해를 증진하는 데 사용하는 쪽을 선택할 수 있습니다.

분노에는 건설적인 배출구가 필요합니다.

> 부드러움은 약점이 아니다. 이 잔인한 세상에서 섬세함을 유지하
> 려면 용기가 필요하다.
>
> ― 보 태플린

우리는 섬세한 존재이기에 아픕니다. 부드럽고 섬세한 마음이 없다면 사랑할 수도 없겠지요. 그리고 지금 슬퍼하는 것도 바로 그 부드럽고 섬세한 마음이 있어서입니다.

종종 잔인한 이 세상에서 부드러움은 우리를 더 상처받기 쉽게 만듭니다. 맞습니다. 하지만 동시에 그 부드러움만이 인생을 살 만한 것으로 만들어 줍니다.

부드러움은 우리의 강점입니다. 섬세함은 치유하고 성장하고, 웃고 사랑하고, 남은 삶을 충만하게 살아갈 수 있게 합니다.

내 마음은 부드럽고 섬세합니다.

그것은 상처의 원천이자 치유의 원천이기도 합니다.

영성은 과학이 아직 따라갈 수 없는 곳에서 도약한다. 과학은 항상 시험하고 측정해야 하지만, 현실과 인간 경험의 대부분은 측정할 수가 없기 때문이다.

— 스타호크

인간에겐 회복력이 있고, 그래서 슬픔을 표현하거나 그 슬픔에 대한 지지를 받을 필요가 없다고 주장하는 철학(심지어 '학문')이 있습니다. 다른 책이나 잡지 기사, 웹사이트 등을 통해 이런 주장을 접했을지도 모르겠습니다. '새로운 슬픔의 과학'new science of grief으로 불리곤 하는 이 철학에서는 기본적으로 시간이 지나면 사람들은 슬픔을 스스로 '극복'하고, 자연스럽게 치유가 된다고 주장합니다.

하지만 과학적 연구 결과는 영혼에 기반한 경험을 측정할 수가 없습니다. 더군다나 슬픔에 관한 과학적 연구는 결국 슬픔과 친구가 되는 대신 슬픔을 회피하려는 우리 문화의 확증 편향적인 경향으로 인해 잘못된 확신을 심어줄 수 있습니다.

슬픔을 치유하려면 애도가 꼭 필요합니다. 그 과정에서 우리는 다른 이들의 사랑과 보살핌을 꼭 받아야 하며, 또 우리에겐 그럴 자격이 있습니다. 때로는 슬픔의 지지 모임이 내미는 구명 밧줄과 슬픔을 함께해 줄 노련한 상담사와의 동반 관계도 거기에 포함됩니다. 애도한다는 것은 기쁨과 사랑의 삶으로 돌아가는 길을 찾는 것입니다.

내가 느끼는 슬픔은 마음과 영혼의 영적인 여정입니다. 다른 사람들이 내 슬픔을 '과학'으로 설명하려 한다면 이 사실을 기억하겠습니다.

8월

중요한 한 가지 일. 당신은 걸어야 하며, 걸음으로써 길을 만들어야 한다. 이미 만들어져 있는 길은 찾지 못할 것이다. 진리의 궁극적인 깨달음에 이르는 것은 그렇게 값싼 일이 아니다. 당신 스스로 걸어서 길을 만들어야 한다. 길이 이미 만들어져서 당신을 기다리며 거기에 있는 것이 아니다. 길은 하늘과 같다. 새들은 하늘을 날지만, 어떤 발자취도 남기지 않는다. 당신은 새들을 따라갈 수 없다. 어떤 발자국도 남기지 않았기에.

— 오쇼

우리 각자는 슬픔의 황무지를 헤쳐 나갈 자기만의 길을 만들어야 합니다. 다른 이들이 우리보다 먼저 갔지만, 그들은 자기만의 황무지에서 자기만을 위한 길을 만들었습니다.

걸어야 합니다. 자신의 걸음으로 길을 만들어야 합니다. 앞을 내다봐도 명확한 길이 보이지 않습니다. 움직여야 한다는 것만 알 뿐입니다. 그러니 한 걸음 내딛습니다. 그 발걸음은 우리가 언제 어떻게 또 다른 걸음을 내디뎌야 할지 알려 줍니다.

슬픔을 헤쳐 나가는 나의 길을 스스로 찾아 걸으며 내 발걸음으로 직접 만들어 가겠습니다.

> 믿음과 의심은 둘 다 필요하다. 우리가 앞을 알 수 없는 굽은 길을
> 돌 때, 그 둘은 적대하는 것이 아니라 함께 협력한다.
>
> — 릴리언 스미스

때때로 우리는 우리가 믿음이 있거나 없는 둘 중 하나라고 잘못 생각합니다. 실제로는 그렇게 흑백으로 나뉘거나, 상호 배타적인 이분법으로 나뉜 적이 거의 없습니다.

아무리 강한 믿음을 가진 사람이라도 의심과 씨름한다는 사실에 저는 주목해 왔습니다. 신에게 질문하는 것은 괜찮습니다. 신은 감당할 수 있는 존재입니다.

반대로, 믿음이 전혀 없다고 공언하는 사람들조차 어떤 형태의 믿음에 관해 궁금해하고 질문하고 들락날락합니다. 불가지론자들도 우리가 알 수 없다는 점은 믿습니다. 그들은 믿는 것도 아니고 안 믿는 것도 아닙니다. 그런 점에서 그들은 줄타기 곡예사와 같습니다. 그들은 균형을 잡으려고 양쪽으로 팔을 펼치고 있지요.

믿음과 의심은 상호 보완적입니다. 우리 대부분은 앞을 알 수 없는 굽은 길을 돌 때 그 둘 모두에 의지하게 될 것입니다.

내가 품은 의심과 믿음은 모두 정상적이고 필요한 것입니다.
그 둘을 어떤 비율로 품고 있는지와 상관없이, 그 둘이 뒤섞여
미지의 굽은 길을 돌게 해 준다고 확신합니다.

여름은 게으름을 피워도 된다는, 매년 발급되는 허가증이다. 아무
것도 하지 않고도 그것이 무언가로 여겨지게 하는 것. 풀밭에 누
워서 별을 세는 일. 나뭇가지에 걸터앉아 구름을 관찰하는 일.

— 레지나 브렛

여기 미국에는 게으름에 대한 문화적 편견이 있습니다. 미국은 '있
는 자들'be-ers보다는 '하는 자들'doers의 나라입니다. 우리는 '무언가
를 하고' 있지 않으면 시간을 허비하는 것이라는 잘못된 생각에 빠
져 있습니다.

그렇지만 슬픔은 '아무것도 하지 않는 것'이 필요하다고 일깨워
줍니다. 슬픔은 우리의 속도를 늦추고 무기력하게 만듭니다. 8월의
더위처럼 우리 에너지를 고갈시킵니다. 슬픔은 우리를 게으르게 만
듭니다. 그렇게 슬픔의 나른함 속에서 우리는 우리의 생각들을 떠올
리고 우리의 감정들을 느끼는 그 필수적인 작업을 합니다.

'무력감'inertia은 우리의 치유에 필수입니다.

내가 게으르다고 느껴질 때, 아무것도 하지 않는 것도 필요하다는 걸
인정하겠습니다. 나는 게으름을 받아들이고 '그냥 있는 법'을
배우고 있습니다.

인생은 난파선이지만, 우리는 구명보트에서도 노래하는 것을 잊
지 말아야 한다.

— 볼테르

인생은 난파선입니다. 줄곧 끔찍한 비극이 일어납니다. 무엇보다도
우리가 사랑하는 사람들의 죽음이라는 비극이 일어납니다. 아아, 이
건 정말 맞는 말입니다.

하지만! 구명보트가 있습니다. 난파선과 함께 가라앉지 않도록 우
리를 구해 줄 수 있는 사람과 경험들이 있습니다. 깊은 슬픔을 겪고
있는 우리를 도우려는 손길이 있습니다.

그리고! 일단 구명보트를 타면 울고만 있을 수는 없습니다. 우리
는 노래를 부를 수도 있습니다. 슬픔에 빠져 익사할 뻔하다가 간신
히 구조되어 구명보트에서 심한 흔들림을 겪고 난 후라면 여전히 트
라우마에 시달리기는 하겠지만 우리는 비교적 안전하고 따뜻합니
다. 이럴 땐 나와 다른 사람들이 아직 살아 있다는 것을 축하하기로
마음먹을 수도 있습니다.

우리는 상실을 인정하며 받아들이고, 그런 다음에는 남아 있다는
것을 축하하는 법을 배웁니다.

내 인생은 난파선일지도 모릅니다.

하지만 나는 구명보트에서도 노래 부르겠다고 마음먹을 수 있습니다.

시간이 흐르면, 언젠가는 이렇게 아프지 않을 거라고 그들은 내게 말하지만 나는 시간이 나를 치유해 주기를 원치 않습니다. 내가 이러는 데에는 이유가 있으니까요. 나는 시간이 당신을 잃은 슬픔으로 나를 추하고 울퉁불퉁하게 만들어서 흔적을 남기기를 바랍니다. 나는 당신을 매끄럽게 지워내지 않을 겁니다. 아직은 잘 가라고 작별을 고할 수 없습니다.

— 차이나 미에빌

때때로 우리는 슬픔을 치유하는 것이 죽은 사람을 놓아주는 거라고 생각합니다. 그래서 웃거나 즐거움을 느끼면 죄책감을 느낍니다. 소중한 물건을 정리하거나 새로운 도전을 시작할 때 양가감정을 느낍니다. 우리는 죽은 사람에 충실하다고 생각하며 슬픔을 붙잡고 있으려 합니다.

그렇지만 굳이 슬픔을 붙잡고 있으려 애쓸 필요는 없습니다. 슬픔은 우리에게 흔적을 남깁니다. 그것은 이미 우리 존재의 일부입니다. 몸의 일부 없이 살아갈 수 없듯 슬픔 없이 앞으로 나아갈 수 없습니다.

그렇지만 동시에 우리는 굳이 작별 인사를 할 필요도 없습니다. 사랑은 계속되고, 기억의 관계도 계속될 테니까요. 우리는 상처 입었지만 계속 치유하며 과거에 작별을 고하지 않고도 미래에 인사를 건네며 살아갑니다.

당신을 기억하기를, 그리고 내가 계속 치유되기를 원합니다.

늘 당신을 기리며 나의 미래와도 인사하고 싶습니다.

박람회는 8월에 열린다.

— 미국 중서부의 속담

인생은 공평하지 않습니다.

사랑하는 이는 죽었지만, 다른 수많은 사람은 여전히 살아 있습니다. 그 사람은 죽기에 너무 젊고/건강하고/소중하고/필요하고/신중하고/선했습니다! 왜 그/그녀인가요? 왜 하필 우리인가요?

제가 성장한 미국 중서부에서는 "그건 공평하지 않아요!"That's not fair!라는 아이들의 흔한 불평에 "박람회는 8월에 열려"Fair's in August라고 어른들이 말장난으로 대답하곤 했죠. 아시다시피 미국에서는 주州와 군郡의 박람회가 항상 8월에 열렸습니다. "박람회는 8월에 열려"라는 말은 공평함 같은 건, 적어도 우리 아이들이 말하는 공평함 같은 건 세상에 없다고 말하는 방식의 하나였습니다.

맞습니다. 인생은 공평하지 않습니다. 우리 관점에서 보면, 살아야 할 사람은 죽고 살아서는 안 될 것 같은 사람들은 살아 있습니다. 그리고 어떤 사람들은 자신의 몫 이상의 상실을 감내해야 합니다. 이 모든 불공평 앞에서 우리가 유일하게 할 수 있는 일은 서로를 도와 그것을 헤쳐 나가는 것뿐입니다. 박람회 1등상 파이를 모두가 한 조각씩 나눠 먹으면 누구도 상처 입지 않을 거예요.

오늘은 불공평함에 관해 말하고 싶어요.

대화는 날카로운 모서리를 다듬는 데 도움이 됩니다.

> 잘못된 길은 없다. 우리가 걸어야 하는지 몰랐던 길들만 있다.
> — 가이 가브리엘 케이

우리 인생이 이렇게 될 줄 생각지도 못했습니다. 아, 물론 사람은 언젠가 죽는 법이지만, 이 사람들은 아닙니다! 지금은 아니에요! 이런 식으로는 아닙니다!

　우리는 인생이 우리를 잘못된 방향으로 데려왔다고 믿을지도 모릅니다. 그럴 때 화가 치밀어 분통을 터뜨리는 것은 정상적이고 꼭 필요한 과정입니다. 하지만 결국 분통을 다 터뜨리고 난 뒤, 우리는 다음과 같은 새로운 깨달음에 도달할 때도 있습니다. '어쩌면 인생은 우리를 잘못된 방향으로 데려온 게 아닐지도 몰라. 우리가 미처 생각지도 못했던 길을 걷게 되었지만, 이 길은 우리가 걷지 않으면 안 될 길이었는지도 몰라.'

　그래서 지금 우리는 이 새로운 길 위에 있습니다. 예전에 걸었던 길과는 다릅니다. 우리는 예전의 길을 항상 그리워하지만, 이 새로운 길이 사람들에게로, 그리고 의미와 기쁨으로 가득한 장소들로 우리를 데려갈 겁니다.

나는 내가 걸어야 하는지 몰랐던 길 위에 있습니다.

이 새로운 길에 기회를 주는 법을 배우고 있습니다.

꿈속에서 행복했다면 그것도 인정돼요?

— 아룬다티 로이, 『작은 것들의 신』

때때로 우리는 죽음에 대해 생각하는 것을 멈출 수가 없습니다. 심지어 잠을 자면서도요. 우리는 죽은 사람에 대한 꿈을 꿉니다.

꿈은 애도 작업이 일어나는 방식의 하나입니다. 예를 들어 어떤 꿈은 죽은 사람을 찾는 일을 반영할 수 있습니다. 혼잡한 장소에서 그 사람과 함께 있다가 그를 놓쳐서 찾을 수 없는 꿈을 꾸기도 합니다. 꿈은 또한 죽은 사람과 있으면서 행복과 친근감을 느끼거나 죽음의 현실을 받아들이거나 상실의 심연과 부드럽게 마주하거나 기억을 새롭게 하거나 새로운 자기 정체성을 개발하는 등의 기회를 제공하기도 합니다. 혹은 삶과 죽음의 의미를 탐색하거나 완수하지 못한 일을 살펴보는 데 도움을 줄 수도 있지요. 끝으로, 꿈은 우리에게 미래에 대한 희망을 보여 줄 수도 있습니다.

죽은 사람에 대한 꿈을 꾸는 것은 정상적이고 자연스럽습니다. 도움이 되기도 합니다. 애도의 한 형태이기 때문입니다. 반면에 죽은 사람에 대한 악몽은 그것이 우리의 생각과 감정을 정리하는 과정이라고 할지라도 무섭고 괴롭습니다. 악몽을 꾸고 있다면, 좋은 친구나 상담사와 그것에 관해 꼭 대화하세요.

죽은 사람에 관한 행복한 꿈은 그를 향한 나의 끊임없는 사랑을 표현하는 데 도움이 됩니다. 그것 역시 중요합니다.

다가오는 매일을 도전으로, 용기의 시험대로 받아들여라. 고통은 파도처럼 밀려오고, 어떤 날들은 이유 없이 유난히 더 거세게 밀려올 것이다. 그 고통을 받아들여라. 아주 조금씩 새로운 힘과 새로운 시야를 발견할 것이다. 처음에는 극복할 수 없을 것 같던 바로 그 고통과 외로움에서.

— 대프니 듀 모리에

슬픔에 잠겨 있을 때는 매일이 도전입니다. 침대에서 나와 옷을 입고, 밥을 차려 먹고, 세상으로 나가 사람들과 교류할 힘을 찾아야 합니다. 속으로는 비통하더라도 해야 할 일은 하겠다는 불굴의 용기를 내야 합니다. 그리고 이 모든 과정을 헤쳐 나가는 동안 자신의 고통과 만나고 그것을 받아들이는 용기를 발휘해야 합니다.

그것은 무거운 것을 들어 올리는 것처럼 힘든 일입니다. 하지만 시간이 지나면서 그 힘든 일은 우리에게 더 많은 힘과 용기를 줍니다. 사실 그것은 역도 훈련과 비슷합니다. 가벼운 무게로 시작하지만 근육이 뻐근하지요. 힘들죠. 하지만 꾸준히 해 나간다면, 점점 더 무거운 것을 들어 올릴 수 있게 되고 그 과정에서 우리는 더 건강해지고 능력도 더 향상됩니다. 몇 달 후면 사람이 달라집니다.

슬픔도 그렇습니다. 매일을 도전으로 받아들이며 애도에 전념한다면, 우리는 더 강해지고 능력도 더 커질 것입니다. 몇 달 후면 우리는 달라져 있겠지요. 다시 삶을 살고 사랑할 수 있는 사람으로요.

나는 오늘의 도전을 받아들입니다. 그저 살아남는 용기뿐만 아니라, 죽음으로 인해 떠오르는 생각과 감정을 받아들이고 표현할 용기도 찾을 것입니다.

인간은, 모든 걸 그렇게 흑과 백으로만 보지.

— 캐미 가르시아

우리는 모든 것을 둘 중 하나로 구분하곤 합니다. 행복하든가 서글프든가, 좋든가 나쁘든가. 이는 우리 문화가 모호함을 불편해하기 때문이죠. 우리는 명백한 진실과 해답, 뚜렷한 상태를 선호합니다.

하지만 우리의 슬픔은 온갖 스펙트럼의 회색입니다. 우리는 행복하지도 슬프지도 않습니다. 우리는 행복하기도 하고and 슬프기도 합니다. 우리는 두렵고, 화나고, 혼란스럽고, 피로하고, 희망에 차 있기도 하죠. 이 모든 '그리고'and가 보이나요? 슬픔은 인생 그 자체처럼 그 모든 것, 아니 그 이상입니다.

고통스러운 감정이나 힘든 생각이 들 때는 '그리고'의 힘을 떠올립시다. 우리는 갈기갈기 찢겨 있고 친구들과 함께하는 즐거움을 누릴 수도 있습니다. 우리는 외롭고 고마워하고 지리멸렬할 수도 있습니다. 동시에 다 그럴 수 있습니다. 우리는 복잡한 세상에 사는 복잡한 생물입니다. 우리는 이것 아니면 저것이라는 식의 어느 하나로만 존재하지 않습니다. 우리는 동시에 모든 것입니다. 모호함과 혼돈이 지배합니다.

모든 것이 그 속에 있습니다.

슬픔은 흑과 백, 둘 중의 하나가 아닙니다. 회색의 온갖 스펙트럼이 동시에 펼쳐지는 것이 슬픔입니다.

모든 사람은 무언가를 믿어야 한다. 나는 카누를 타러 갈 것이라
고 믿는다.

— 헨리 데이비드 소로

사랑하는 사람이 죽고 나면 우리 대부분은 자신의 믿음에 의문을 품습니다. 애도는 삶과 죽음에서 의미를 탐색하는 시간입니다.

우리가 '신앙'이라고 부르는 것이 있든 없든, 우리 모두 믿음을 가지고 있습니다. 예를 들어 저는 선행을 하면 좋은 일로 돌아온다고 믿습니다. 자연 속에서 시간을 보내면 치유된다고 믿으며, 노래와 유머는 건강에 좋다고 믿습니다. 저는 또한 개방성, 친절함 그리고 변화를 불러오는 애도의 힘을 믿습니다.

당신은 무엇을 믿으세요? 삶의 토대를 형성하고 아침에 침대에서 나올 이유가 되어 주는 믿음은 무엇인가요? 영적 지도자인 디팩 초프라는 다음 네 가지 근본 믿음을 기를 것을 권합니다. 나는 사랑받는다, 나는 가치 있다, 나는 안전하다, 나는 온전하다.

하지만 근본적인 믿음을 의심하는 고통스러운 과정에 있다면, 때로는 더 작은 것부터 시작해야 할 수도 있습니다. 하루를 버틸 수 있게 해 주는, 사소하게 믿는 것이 있나요? 소로의 "나는 카누를 타러 갈 것이라고 믿는다"처럼요. 작은 것이라도 우리 내면을 자극하는 한 가지 믿음을 꽉 붙잡읍시다. 그 믿음으로 하루를 헤쳐 나갑시다.

하루를 헤쳐 나가는 데 도움이 될 수 있는 믿음이 여기 있습니다.
니는 _____을 믿습니다.

부정否定은 우리가 슬픔의 속도를 조절하도록 도와준다. 부정에는
미덕이 있다. 우리가 감당할 수 있는 만큼만 받아들이게 하는 자
연의 방식이다.

— 엘리자베스 퀴블러-로스

특히 슬픔이 시작될 때의 부정은 우리의 친구입니다. '그 일은 일어
날 수 없었던 일이야. 그 일은 일어나지 않았어. 뭔가 착오가 있는 게
틀림없어. 그건 도저히 불가능해.' 부정하지 않으면 살아남을 수 없
는 상황에서 부정은 우리가 살아남는 데 도움을 줍니다.

그 후 부정은 너무 많은 고통이 들이닥칠 때 닫아버리는 문과 같
습니다. "현실은 이제 그만!"이라며 문을 세게 닫아 버립니다. 어쩌
면 내일 다시 문을 열고 상처를 조금 더 들여보낼 수 있을지도 모르
지요.

매사에 절제하기. 한꺼번에 너무 많은 슬픔은 나쁩니다. 그러니
우리는 슬픔을 조금씩 받아들여야 합니다. 하지만 지나치게 부정하
는 것 또한 나쁩니다. 그러니 조금만 허용해야 합니다.

나는 슬픔의 속도를 조절하고자 부정을 이용합니다. 문을 닫았다가 다시
엽니다. 닫고-열고-닫고-열고.

슬픔은 그 자체로 약이다.

— 윌리엄 쿠퍼

슬픔을 질병이나 '컨디션'으로 설명하는 것을 한 번쯤 들어 본 적이 있을 겁니다. 이는 정신 건강을 포함해서, 과학적 방법에 사로잡혀 있고 증거에 기반한 의학 분과가 슬픔과 애도에 관한 주도권을 가지려고 해 왔기 때문입니다.

하지만 슬픔은 질병이나 장애가 아닙니다. 슬픔은 사랑하였음과 짝을 이루는 자연스럽고 꼭 필요한 감정입니다.

우리는 슬픔을 '치료' 받을 필요가 없습니다. 우리는 잘못된 게 전혀 아닙니다. 단지 슬퍼하고 슬픔을 표현하면 됩니다. 그게 다입니다. 그 이상도 그 이하도 아닙니다.

슬픔은 자연스럽고 꼭 필요한 일입니다.

슬픔을 느끼고 표현하는 것은 나의 슬픔을 치유하는 것입니다.

당신의 삶은 지금이 아니었던 때가 없었고, 앞으로도 없을 것이다.

— 에크하르트 톨레, 『지금 이 순간을 살아라』

슬픔은 자연스럽게 그리고 필연적으로 우리를 과거로 데려가고 상상 속의 미래로 인도하지만, 그러는 사이 삶은 지금 이 순간에도 진행되고 있습니다.

현재의 순간에 충실하게 존재하는 것은 숙달하기에 어려운 삶의 방식이지만 노력할 만한 가치가 있습니다. 슬픔과 애도에 휴식이 필요할 때는 '지금, 여기'에 집중하려고 애써 보세요. 자신의 호흡에 주의를 기울이세요. 들이쉬고…… 내쉬고…… 내 주위에 있는 사람들, 사물들, 색깔과 질감을 눈여겨보세요. 들리는 소리를 경청하세요. 공기 중의 향기를 맡으세요. 먹고 있는 음식의 맛을 제대로 음미해 보세요.

세상을 떠난 이가 늘 그립겠지만, 현재의 순간에 집중하면 숨 쉴 공간이 생길 거예요.

오늘 내 슬픔을 잠시 쉬고 싶다면, 내가 지금 이 순간 바로 여기 존재하는 것에 집중하겠습니다.

역사는 합의된 거짓말의 집합이다.

— 나폴레옹 보나파르트

고인을 흉보는 것을 금기시한다는 사실을 알고 계십니까?

완벽한 사람은 없습니다. 세상을 떠난 사랑하는 이들도 마찬가지죠. 하지만 사별 후, 우리는 그들의 결점은 무시하고 가장 좋은 자질에만 집중하거나, 심지어 과장하는 경향이 있습니다. 지나고 나면 모든 것이 명확해진다지만, 죽은 사람에 대해서는 예외입니다. 오히려 시야가 흐려진 듯 흐릿하고 장밋빛으로 보는 경향이 있습니다.

우리에겐 각자 자신이 선택한 대로 죽은 이를 기억할 권리가 있습니다. 각자 자기만의 이야기를 만들어 내고 그 이야기를 반복해서 말하는 과정에서 종종 뾰족한 모서리가 점차 닳아 부드러워집니다. 하지만 때로는 그 이야기 속에서 아픈 기억이나 불편한 감정을 다시 곱씹고 있는 자신을 발견하기도 합니다. 그것도 괜찮습니다. 다만 그 기억과 감정을 탐구하고 표현할 필요가 있습니다.

분노, 후회, 수치심, 혐오감과 같은 감정들은 다른 감정과 마찬가지로 정당합니다. 그것이 비록 고인을 흉보는 것을 의미한다고 해도 그 감정을 밖으로 표현해서 공유한다면 그 감정은 누그러지고, 더 많은 사람과 자비로움으로 가득한 감정이 앞으로 나설 것입니다.

나는 고인에 대해 나만의 고유한 생각과 감정을 가질 권리가 있습니다.

내 현실은 내 현실입니다.

> 씨앗이 그 잠재력을 최대한으로 발휘하려면 자신을 완전히 깨뜨
> 려야 한다. 껍질이 깨지고 속이 드러나면 모든 것이 달라진다. 성
> 장을 이해하지 못하는 사람에게는 그것이 완전한 파괴처럼 보일
> 것이다.
>
> — 신시아 오첼리

사람들은 우리가 이 상실을 통해 성장할 것이라고 말합니다. 더 지
혜로워지고 더 강해질 것이라고들 하죠. 우리는 성장하고 싶지 않아
요! 그 대신 죽은 이들을 돌려주세요.

그렇지만 결국에는 사실상 우리가 변하고 있다는 것을 알게 될 것
입니다. 우리는 힘든 교훈을 배웠습니다. 우리는 다른 사람이 되어
가고 있습니다. 중요한 것을 더 잘 이해하고, 타인에게 더 감사하고,
열정을 실천하고 나머지는 버릴 줄 아는 사람이 되어 갑니다.

우리의 껍질은 깨지고 속이 드러나고 있습니다. 땅에 심은 씨앗처
럼 우리는 소멸(대부분은 그렇게 느껴집니다!)이 아니라 변화를 경
험하고 있습니다.

나는 완전히 해체되고 있습니다. 나는 변하고 있어요.

백지 한 뭉치로 시작했던 걸 감안하면, 꽤 잘한 것 같아.

— 스티브 마틴

우리 삶을 이렇게 생각해 볼 수도 있을 것 같습니다. 우리는 백지 한 뭉치, 혹은 텅 빈 캔버스나 아무 일정도 없는 빈 달력으로 시작합니다. 그리고 살아가면서 서서히 그 흰 여백을 채워 나갑니다.

살아가면서 모든 것이 엉망인 것처럼 느껴질 때가 종종 있습니다. 우리 종이가 온갖 실수와 허비된 기회와 손실로 가득 채워진 것처럼 말입니다. 그러나 그 종이에서 몇 발짝만 떨어져서 보면, 우리 삶은 아름답고 놀랄 만한 것임을 알 수 있습니다. 달리 무슨 대안이 있겠습니까? 빈 종이로만 있을 게 아니라면요.

백지 한 뭉치만으로 시작한 것을 감안하면, 우리는 꽤 잘하고 있는 것 같습니다.

모든 것이 혼란스럽고 뒤죽박죽 뒤섞여 있습니다.

나는 꽤 잘하고 있는 것 같습니다.

저 사람이 마음에 안 든다. 그를 더 잘 알아야 한다.

— 에이브러햄 링컨

무언가 또는 누군가 마음에 들지 않을 때 우리는 본능적으로 그로부터 거리를 두려고 합니다. 눈길을 돌립니다. 멀리 떨어진 곳으로 가지요.

우리는 우리의 슬픔이 마음에 들지 않아 무시하거나 억누르거나 부정하려고 애씁니다. 가급적이면 눈길을 돌리고, 멀리 떨어지려 합니다.

그렇지만 우리가 정말로 해야 할 일은 우리의 슬픔을 더 잘 알아가는 것입니다. 슬픔에 더 가까이 가서 친구가 되어야 합니다. 본능이 우리에게 달아나라고 말하더라도, 우리는 고통과 괴로움의 역할을 오해하는 우리 문화에 오염되어 있다는 사실을 기억해야 합니다. 슬픔이 필요하다는 사실을 받아들이는 법을 배울 때, 우리는 우리의 슬픔을 알아 가려는 진실하고 자연스러운 본능을 발견하게 될 것입니다. 슬픔은 우리 마음속 깊은 곳에 내내 있었습니다.

나는 내 슬픔이 마음에 들지 않습니다. 그것을 더 잘 알아야겠습니다.

웃고, 숨 쉬고, 천천히 가라.

— 틱낫한,『천천히 가라, 숨 쉬며 그리고 웃으며』

나는 이 인용문을 이렇게 수정하겠습니다. '웃든 찡그리든, 숨 쉬고, 천천히 가세요.' 다시 말해, 우리가 무엇을 느끼든 그대로 느끼고 표현하고, 그 순간에 살기 위해 노력하고, 자신에게 인내심을 가져야 한다는 것이지요.

이것이 어쩌면 슬픔을 치유하는 가장 간단한 처방일지도 모릅니다. 그런데, 가장 단순한 규칙이야말로 가장 지키기 어렵지 않나요?

나는 내 감정을 표현하고 현재 이 순간에 존재하며 나 자신에게
인내심을 갖겠습니다.

말은 원자폭탄보다 강력한 힘이 있으니 조심해서 다뤄야 한다.
— 펄 스트라챈 허드

우리가 슬픔에 빠져 있을 때 사람들은 터무니없는 말들을 합니다. 대개는 그럴 의도는 없겠지만, 때때로 말로 우리에게 상처를 주기도 합니다. "당신 기분이 어떤지 알아요"라고 그들은 말합니다. 또는 "그는 더 좋은 곳에 있을 거예요" 또는 "반드시 더 강해져야 해요" "신은 당신이 감당할 수 있는 것 이상은 주시지 않을 거예요."

사람들은 달리 뭐라고 말해야 할지 몰라 상투적인 말들을 합니다. 아마 우리도 슬픔에 빠진 사람에게 한 번쯤은 그런 말을 해 본 적이 있겠지요.

네, 말이란 강력합니다. 하지만 그 말 뒤에 숨어 있는 감정은 훨씬 더 강력합니다. 다른 이들이 사람을 미치게 만드는 진부한 이야기로 말을 건네올 때 그 메시지 뒤에 숨어 있는 감정에 귀 기울이려고 노력합시다. 그건 대개 이렇습니다. '나는 당신에게 마음이 쓰이고, 당신이 이렇게 아프지 않았으면 좋겠어요.'

나는 사람들이 대부분 내게 무슨 말을 해야 할지 모른다는 것을 이해합니다. 그 말 뒤에 숨어 있는 자비로운 마음에 귀 기울이려 애쓰겠습니다.

> 당신 자신을 믿어라. 당신은 당신이 생각하는 것보다 더 많은 것
> 을 알고 있다.
>
> ― 벤저민 스포크

인생에서 누구를 신뢰하나요? 우리는 자신이 한 말대로 실천하는 사람을 신뢰합니다. 다른 사람이나 물건, 정보에 대해 책임감 있게 행동하는 사람을 신뢰합니다. 우리는 또한 전문가를 신뢰합니다. 자신들이 무엇을 말하고 있는지를 알 만큼 경험을 갖춘 사람들이지요.

우리는 우리의 슬픔에 대한 전문가입니다. 우리는 우리가 생각하는 것보다 더 많은 것을 알고 있습니다. 저는 사람들이 슬픔 속에서는 자기 생각과 감정을 의심하는 경우가 많다는 사실에 주목해 왔습니다. 자신이 '정상이 아니'라거나 심지어 '나쁘다'고 생각하는 경향이 있지요. 그들은 자신의 슬픔이 정당하다는 것을 믿지 못합니다.

하지만 우리의 슬픔은 지금 당장 우리에게 꼭 필요한 것입니다. 우리의 진실한 생각과 감정을 인정하고 받아들이고 표현한다면 우리는 우리 자신의 슬픔을 믿는 것이지만, 그것을 무시하거나 억누르거나 평가하거나 피해 가려고 애쓴다면 슬픔을 믿지 못하는 것입니다. 자신을 신뢰하면 희망과 치유로 이어지고, 자신을 신뢰하지 못하면 살아 있으나 죽은 듯한 상태로 이어집니다.

나는 나의 슬픔을 신뢰합니다. 슬픔은 내가 가야 할 곳으로
나를 인도하고 있습니다.

미소는 사랑의 시작이니, 항상 미소로 서로 만납시다.

— 마더 테레사

어떤 날들은 웃고 싶은 기분이 아닙니다. 그것도 괜찮습니다. 하지만 웃는 것이 가능한 날에는 동료들과 눈을 맞추며 입꼬리를 올리는 간단한 행동을 하기로 해요.

웃음은 '만나서 반가워요'를 의미합니다. 또한 '나는 당신의 친구예요. 나는 친절하답니다. 당신에게 관심도 있고요. 당신과 터놓고 소통하겠습니다'를 의미합니다. 다시 말해 웃음은 강력한 형태의 연결입니다.

슬픔에 빠져 있을 때는 연결이 필요합니다. 다른 사람들에게 다가가고, 또 다가와 달라고 청해야 합니다. 소박한 미소는 다른 사람의 마음을 여는 몸짓이 될 수 있습니다.

오늘 나는 가급적이면 많이 웃으면서 사람들과 눈을 맞추겠습니다.

웃음은 내 삶을 공감으로 열어 줄 것입니다.

태양은 우리를 비추고 따뜻하게 해 주지만, 우리는 왜 그런지 궁금해하지 않는다. 하지만 세상의 모든 악과 고통, 굶주림, 모기 그리고 어리석은 사람들에 대해서는 '왜 그런가'를 묻는다.

— 랄프 왈도 에머슨

왜???

우리는 왜 세상사가 이런 식으로 흘러가는지 수많은 생각과 의문을 품습니다.

죽음이나 슬픔 앞에서 왜냐고 묻는 것은 자연스러운 일입니다. 하지만 때로는 우리 삶에서 일어나는 좋은 일들에 대해서도 왜냐고 묻는 것 또한 도움이 될지 모릅니다. 이 꽃은 왜 이렇게 완벽한 것일까? 내게 왜 이렇게 좋은 친구가 있는 것일까? 내 삶에서 사랑은 왜 이렇게 경이롭고 변화를 불러오는 힘이 있는 것일까?

좋은 것에도 이유가 있을까요? 사랑과 기쁨에도 원인이나 창조자가 있을까요? 나쁜 일들에 대한 '왜'라는 질문의 답은 좋은 일들에 대한 '왜'라는 질문 속에서 찾을 수 있을지도 모른다고 가끔 생각합니다.

삶이 때때로 사랑스럽고 선하고 의미 있는 것은 왜일까요?

이것이 오늘 나의 물음입니다.

> 일상의 작은 일 하나하나가 우주의 전체적인 조화를 이루는 일부
> 이다.
>
> — 리지외의 성녀 테레사

요즘 우리는 많은 것을 완수하지 못하고 있습니다. 몇 주, 심지어 몇 달이 다 지났지만, 꼭 하겠다고 스스로 다짐했던 큰 과제들에 덤벼들 에너지를 아직 모으지 못했습니다.

슬픔은 우리의 에너지를 서서히 약화시키고 동기를 앗아갑니다. 주의력도 전부 빨아들이죠. 그리고 마땅히 그래야 합니다. 우리는 우리 자신에게 이런 휴지기를 허락해야만 합니다.

우리가 일상생활에서 이룬 가장 작은 일들의 가치를 인정하고 축하하기로 해요. 지금 당장은 이것이 우리가 우주의 전체적인 조화에 기여한 바가 될 테니까요.

내가 일상생활에서 성취하는 작은 일들이 모두 승리입니다.

비는 결국 비일 뿐이지 악천후가 아니다. 마찬가지로 고통은 고통일 뿐이다. 우리가 그것에 저항하지 않는다면. 저항할 때 그것은 고문이 된다.

—『주역』

우리는 상실로 인해 황폐해졌습니다. 우리는 고통에 시달리고 있습니다. 그렇지만 우리가 고통에 저항하기보다 그것에 항복한다면 어떻게 될까요? 고통은 누그러집니다. 5등급 허리케인에서 4등급 허리케인으로 떨어지지요.

슬픔의 가장 중요한 역설은 고통과 친구가 되는 바로 그 행위가 고통을 줄여 준다는 사실입니다. 우리는 자신을 고문에서 풀려나게 해 줄 열쇠를 쥐고 있습니다.

나의 고통은 고통일 뿐입니다. 그것에 저항하지만 않는다면요.
저항할 때 그것은 고문이 됩니다.

> 외로운 사람에게 누군가가 귀를 기울이거나 손을 내밀거나 친절한 격려의 말을 속삭이거나 이해해 주려고 들면, 놀라운 일들이 일어나기 시작한다.
>
> — 로레타 기자르티스

다른 사람의 슬픔을 있는 그대로 지켜봐 주는 것은 그 무엇과도 비교할 수 없는 커다란 선물입니다. 아주 작은 몸짓으로도 엄청난 치유 효과를 가져올 수 있습니다.

우리는 다른 사람들과의 관계 속에서 존재합니다. 사회적 연결은 우리 삶에 의미를 부여합니다. 연구에 따르면, 장기간 독방에 감금된 사람들은 다른 사람의 환영을 보기 시작한다고 합니다. 같이 있으면서 소통할 타인을 그들의 뇌가 스스로 만들어 내는 것입니다.

우리는 소소한 방식으로 다른 사람들에게 다가갈 수 있습니다. 그리고 누군가가 우리에게 다가올 때, 감사히 받아들이는 법을 배워야 합니다. 바로 그 연결의 순간, 놀라운 일들이 시작됩니다.

남을 돌볼 줄 아는 다른 사람들과 연결되면,
놀라운 일들이 일어나기 시작합니다.

> 지금은 기쁨이 줄어들었을지 몰라도, 나는 여전히 살아있으면서
> 앞으로 더 큰 기쁨을 누릴 것이다.
>
> ― 안캄 니틴 쿠마르

지금 우리가 느끼는 기쁨은 확실히 줄어들었지만, 우리는 여전히 살아 있습니다. 그리고 우리가 삶에 관해 배운 게 있다면, 삶은 끊임없이 변하고 종종 예측할 수 없는 방식으로 변한다는 사실입니다.

우리 삶은 지금 당장 이런 모습입니다. 고통과 괴로움으로 가득 차 있지요. 하지만 미래는 분명 달라져 있을 것입니다. 삶이 어떤 방식으로 변할지 일일이 예측할 수는 없지만, 달라져 있을 것이라는 점은 확신할 수 있습니다. 우리는 또한 치유의 의사를 밝힘으로써, 그리고 슬픔을 적극적으로 탐구하고 표현함으로써 앞으로 더 많은 사랑과 기쁨을 누리려는 방향으로 길을 정할 수 있습니다.

생명이 있는 한 가능성이 있습니다.

지금은 기쁨이 줄어들었지만, 나는 여전히 살아 있으면서
앞으로 더 많은 기쁨과 사랑, 그리고 의미를 경험할 것입니다.

> 모든 것이 시작될 때부터 내 영혼의 일부가 당신을 사랑했던 것처럼 느껴진다. 어쩌면 우리는 같은 별에서 왔는지도 모른다.
> — 에머리 앨런

우리는 인생에서 한 번 혹은 몇 번 소수의 특별한 사람과 아주 돈독한 유대감을 나눕니다. 때때로 우리는 이런 사람들을 두고 소울메이트라고 말하기도 합니다. 그런 관계는 연인일 수도, 친구나 가족일 수도 있습니다.

소울메이트가 세상을 떠나면 그 슬픔은 특히 가혹합니다. 서로를 깊이 이해했고 완전히 마음을 터놓았으며 도움을 주고 또 의욕을 북돋아 주었죠. 인생에서 우리는 서로의 영웅이었습니다. 하지만 이런 사람이 세상을 떠난 지금, 우리는 우리의 챔피언이자 다른 절반이 없이 살아가는 법을 배워야만 합니다.

소울메이트를 잃으면 우리는 우리가 사랑했던 것처럼 애도해야 합니다. 영웅답게, 당당하게 그리고 충분히. 슬픔은 사랑만큼이나 클 것이며, 우리는 슬픔을 그 사랑에 걸맞은 당당한 방식으로 표현하는 방법을 찾아야만 합니다. 이는 엄청난 용기와 불굴의 의지를 요구하는 일입니다. 우리는 치유의 여정에서 스스로의 영웅이 되어야만 합니다.

소울메이트가 세상을 떠났을 때 슬퍼하는 내 영혼을 치유하는
유일한 방법은 그 사랑만큼이나 큰 애도뿐입니다.

마음가짐을 말 속에 응축하면 마법 같은 힘을 품는다.
— 디팩 초프라

말은 우리가 무엇을 생각하고 무엇을 느끼는지, 그리고 앞으로 무엇을 생각하고 무엇을 느끼려 하는지 또한 무엇이 되려 하는지를 우리 자신에게, 다른 이들에게, 우주에 전달하는 힘을 가지고 있습니다.

언어는 마법입니다. 언어는 자신을 이해하는 도구이자 다른 사람이 자신을 이해하도록 돕는 도구입니다.

슬픔을 표현합시다. 말로 하거나 글로 써도 좋습니다. 슬픔을 치유하겠다는 마음가짐 역시 말 속에 담아 봅시다. 말을 통해 우리 내면의 진실을 포착하고 형상화하는 과정에서 그 말들은 변화를 일으키는 힘을 갖습니다.

나는 나의 슬픔 그리고 그 슬픔을 치유하겠다는 나의 마음가짐을
말로 표현하겠습니다.

> 자존감은 한 가지에서 비롯된다. 자신이 가치 있다는 생각이다.
> — 웨인 다이어

슬픔은 우리의 자존감에도 영향을 줄 수 있습니다. 죽음과 관련된 일로 자신을 비난하거나 슬픔 속에서 산산이 부서진 자신을 부끄러워하면, 자신이 못났다고 느낄 수 있습니다. '이것밖에 안 되는군. 끔찍할 정도로 한심해.'

하지만 우리는 가치 있는 사람입니다! 단지 슬픔으로 인한 자연스러운 우울이 가치 없다고 믿도록 우리를 속이는 것뿐입니다. 우울증이 우리 삶의 일부가 되어 버리면, 자존감은 훨씬 더 곤두박질칠지도 모릅니다.

우리는 치유되어서 의미와 사랑과 기쁨으로 가득한 삶을 이어 갈 만합니다. 저도 그렇고, 우리 한 명 한 명이 다 그렇습니다. 우리는 모두 슬픔 속에서 화해하고 계속해서 잘 살아가며 사랑할 만한 자격이 있습니다. 우울함이나 여러 다른 사안들이 우리의 자존감을 침식하고 치유에 이르는 길을 본질적으로 봉쇄한다면 돌봄 전문가의 도움을 구해야 합니다. 우리가 치유될 자격이 있는데도, 스스로 치유될 만한 가치가 없다고 느낀다면 치유되지 않을 것입니다.

나는 치유 받을 만합니다. 의미와 사랑과 기쁨으로 가득한 삶을 이어 갈 자격이 있습니다.

과거를 너무 꽉 끌어안고 있으면 현재를 품을 빈틈이 없다.

— 얀 글라이드웰

슬픔은 항상 균형을 잡는 일입니다. 처음 며칠, 몇 주 동안 우리는 상실에 압도되어 달리 할 수 있는 일이 거의 없습니다. 그렇지만 여전히 먹고, 씻고, 잠을 자야 합니다. 어느 시점에는 일하러 가고 아이들을 돌보고 장을 보고 생활비를 충당해야 합니다. 일상생활에 필요한 것이라면 뭐든지 말이지요.

다시 말해, 우리는 살아 있으면서 슬퍼하고 애도해야만 합니다. 슬퍼하고 애도하는 일은 우리가 살면서 해야 하는 활동의 일부가 됩니다. 그리고 삶의 다른 모든 책무와 비교해서 슬픔과 애도에 얼마나 시간과 에너지를 바칠지 그 균형을 잡으려 우리는 매일 고민합니다. 우리가 항상 그 일을 정확히 하는 것은 아닙니다.

때로는 상실에 너무 집중한 나머지 현재의 삶을 저버리기도 합니다. 이는 초반에는 정상적이고 꼭 필요하기도 합니다. 하지만 결국 우리는 적절한 균형점을 찾아야만 합니다. 우리가 애도를 적극적으로 할수록 점차 세상을 떠난 이가 없는 새로운 삶 쪽으로 균형이 기울기 시작할 것입니다.

나는 애도와 생활 사이의 균형을 맞추려고 노력하고 있습니다.

둘 다 해야 합니다.

9월

낙관주의는 더 나은 미래를 만들려는 전략이다. 미래가 더 나아질
수 있다고 믿지 않는다면, 적극적으로 나서서 책임지고 그렇게 만
들려고 하지 않을 것이니까.

— 노엄 촘스키

슬픔 속에서는 낙관적이기 힘들 수 있습니다. 아무 잘못이 없는데도
상실은 우리를 갈기갈기 찢어 놓았습니다. 삶은 고통스럽고 끔찍합
니다. 더 많은 고통이 찾아올 게 확실한데, 왜 계속 살아야 할까요?

그럼에도 우리는 희망을 붙잡고 있습니다. 희망은 아직은 오지 않
은 좋은 일에 대한 기대입니다. 아직 오지 않은 더 나쁜 일도 있겠지
만, 좋은 일이 나쁜 일을 능가할 것이라는 기대를 하며 감수하겠습
니다.

우리는 애도라고 불리는 이 여정에서 우리 자신에 대한 책임이 있
습니다. 자신을 잘 돌봐야 할 책임, 적극적으로 터놓고 애도해야 할
책임, 자신에게 상냥하고 자비로워야 할 책임입니다. 먼저 희망을
품고, 그다음 낙관주의를 기르고, 그다음 적극적으로 나서서 책임지
고 해야 할 일을 하루하루 조금씩 하는 것입니다. 이것이 우리의 전
략입니다.

나는 미래가 더 나을 것이라고 믿습니다.
적극적으로 나서서 책임지고 그렇게 만들겠습니다.

> 사실 한 사람이 죽는다는 것은 그 사람의 문제라기보다는 남아 있
> 는 사람의 문제이다.
>
> ― 토마스 만, 『마의 산』

우리가 사랑하는 이들은 때때로 자신이 죽은 뒤에 바라는 일(혹은 원치 않는 일)을 말하곤 합니다. "내 시신은 이렇게 처리해 줘"라고 말합니다. 장례식 치르기, 이사하기, 재혼하기, 자신을 돌보기 등등을 하라거나 하지 말라며 당부하지요.

그들이 바라는 바를 존중하는 것이 당연한 걸까요? 음. 항상 그런 것은 아닙니다. 여러분이나 가족이 원하는 것과 그들이 바라는 바가 충돌하면 어쩌죠?

가령 저는 장례식은 산 사람을 위한 것이라는 점을 종종 강조합니다. 누군가 "내 장례식은 하지 말아 줘"라고 말할 때, 장례식이 그를 위한 것이 아니란 걸 기억해야 합니다. 그것은 우리를 위한 것입니다. 의례가 가진 변화의 힘은 다른 어떤 것도 소용이 없을 때, 한 번에 여러모로 우리를 도울 수 있다는 겁니다.

우리 역시 죽겠지만, 그때까지는 계속 살아야 합니다. 저는 세상을 떠난 이가 자신이 남긴 어떤 지시는 어리석었다는 걸 지금은 깨닫지 않았을까 생각합니다. 그러니 이 땅에 남은 우리에게 최선인 결정을 하는 것을 그도 넓은 마음으로 이해하리라 믿습니다.

나는 나와 살아남은 이들을 위해 최선을 다할 것이며,
세상을 떠난 이도 우리를 응원하고 있다고 믿습니다.

현재의 순간에 오롯이 함께 있음Presence은 쉽게 정의될 수 없다. 그
것은 오로지 경험될 수 있을 뿐이다. 하지만 나는 이 점은 알고 있
다. 누군가 혹은 무언가와 진정으로 함께 있는다는 것은 그들 또
는 그것이 나를 바꾸고 영향을 미치는 것을 허용하는 일이라는 것
을. 내가 그들 또는 그것을 바꾸려고 애쓰기 전에!

— 리처드 로어

슬픔도 쉽게 정의될 수 없습니다. 슬픔 또한 오로지 경험될 수 있을
뿐입니다.

우리가 오롯이 슬픔과 함께할 때, 우리는 그 슬픔에 주의를 기울
입니다. 슬픔에 우리를 열어 놓지요. 그 순간 슬픔이 어떻게 보이고
어떻게 느껴지든 우리는 그대로 받아들입니다.

우리가 오롯이 슬픔과 함께할 때, 우리는 슬픔이 우리를 바꾸는
것을 허락합니다. 우리는 슬픔을 바꿔 놓으려고 하지 않습니다. 대
신 있는 그대로 받아들이고 있습니다.

슬픔과 오롯이 함께 있으려면 용기와 연습과 시간이 필요합니다.
또한 슬픔을 표현하거나 애도하는 데도 용기와 연습과 시간이 필요
합니다. 우리는 이 둘 다를 위해 노력하고 있습니다.

나는 슬픔과 오롯이 함께하며 슬픔을 표현하려고 노력하고 있습니다.

나는 웃으며 말했다. "아, 나는 당신이 무너지는 걸 막으려 여기에 온 게 아닙니다. 당신이 무너지든 슬프든 웃든 괴롭든 노래하든 그저 곁에 있으려 왔어요. 이것은 '함께 있음의 사역'ministry of presence입니다. 사랑하는 마음으로 함께하는 일이지요."

— 케이트 브레이스트럽

슬픔 속에서 우리는 우리와 진정으로 함께 있어 줄 사람이 필요합니다. 우리가 말하든 침묵하든 울부짖든 비명을 지르든 함께 있어 줄 사람, 우리가 질겁하는 걸 막는 것이 자신의 임무라고 생각하지 않는 사람, 우리를 지배하려 드는 일 없이 묵묵히 지켜봐 주는 사람, 곁을 지키되 통제하려 들지 않으며 동행하는 사람들 말입니다.

저는 우리 인생에서 약 3분의 1의 사람이 사랑하는 마음과 '함께 있음의 사역'으로 우리와 함께할 수 있음을 깨달았습니다. 또 다른 3분의 1의 사람은 이런 식으로 도울 수는 없지만, 우리를 아프게 하지는 않습니다. 마지막 3분의 1은 종종 독을 뿜으며 우리의 치유에 해를 끼칩니다. 그들은 우리에게 애도를 관두라거나 잘못 애도하고 있다고 단언할지도 모르지요.

이 '3분의 1 법칙'을 명심하는 것이 좋습니다. 마지막 3분의 1의 사람은 피하고요. 운 좋게 처음 3분의 1에 해당하는 '함께 있음의 사역'으로 우리와 함께 해 줄 사람을 만난다면, 슬픔의 여정에서 동반자가 필요할 때 누구에게 의지해야 할지를 알게 될 것입니다.

나는 사랑의 마음으로 함께하는 사람들이 필요합니다. 그들이 '함께 있음의 사역'을 내게 선물하면, 나는 적극적으로 애도할 용기를 낼 것입니다.

> 슬픔을 헤쳐 나가는 방법을 찾는 것은 고된 일이기 때문에 '애도
> 노동'grief work이라고 부른다. 당신이 그 노동을 엉망인 집안일처럼
> 미루면, 슬픔은 그저 가만히 앉아서 당신을 기다리고 있을 것이다.
> ── 마티 투슬리

노동절 무렵이면 저는 가끔 우리가 슬픔 속에서 얼마나 많은 노동을
하는지 생각하곤 합니다. 슬픔과 애도는 고된 일입니다! 사실 우리
평생에서 가장 힘든 일인지도 모르겠습니다.

슬픔과 애도는 진이 빠지게 합니다. 슬픔과 애도가 요구하는 대로
시간과 관심, 노력을 쏟다 보면 우리는 지쳐 나가떨어질 것입니다.
애도 노동은 우리를 육체적으로, 인지적으로, 정서적으로, 사회적으
로 그리고 영적으로 완전히 고갈시킵니다.

그러니 노동절은 어쩌면 애도를 잠깐 쉬는 날일지도 모릅니다. 우
리는 이날을 슬픔에서 놓여나는 휴일로 삼을 수 있습니다. 우리는
열심히 일했고, 하루는 쉬어야 합니다. 절실히 필요한 휴식 시간을
스스로 갖지 않으면, 결국 우리에게 번아웃이 올 수도 있습니다. 우
리를 재충전시킬 일이라면 뭐든 하면서 오늘 하루를 보냅시다.

슬퍼하고 애도하는 일은 진이 빠지게 합니다.

필요할 때 쉬겠습니다.

> 당신의 영혼은 계획이 있다는 것을 믿어라. 그리고 당신이 모든
> 것을 다 볼 수는 없더라도 모든 것이 예정된 대로 펼쳐지리라는
> 것을 인식하라.
>
> — 디팩 초프라

우리 영혼은 상실로 인해 부상을 입었습니다. 부상당한 영혼에게 계획이 있을 수 있을까요?

네, 저는 부상당한 영혼이 우리를 희망과 치유로 안내할 것이라고 믿습니다. 그것이 인도하도록 내버려두기만 한다면요. 부상당한 영혼은 슬픔과 화해하는 데 무엇이 필요한지 본능적으로 알고 있습니다. 눈물을 흘리는 게 필요합니다. 상처를 이야기하는 것이 필요합니다. 사랑과 우정의 연고가 필요합니다.

영혼의 지혜를 질식시키는 것이 자아인 경우가 많습니다. 슬픔을 회피하는 문화에 세뇌된 우리 자아는 영혼을 좌지우지하려고 합니다. "그만 울어." 우리 자아는 말합니다. "너는 강해. 이쯤은 견딜 수 있어. 네 인생의 남은 사람들을 위해 마음을 추스르고 하던 일을 계속해야 해!"

마음을 가라앉히고 자아가 일삼는 폭정 너머에서 들려오는 가장 깊고 가장 진실한 목소리에 귀를 기울인다면, 그 목소리는 우리에게 무엇을 할지 알려 줄 것입니다. 우리 영혼은 계획이 있습니다.

내 영혼은 계획이 있습니다. 내 영혼의 목소리에 귀를 기울이겠습니다.

슬픔은 시간의 날개를 타고 날아가 버린다.

— 장 드 라 퐁텐

이것은 아마도 슬픔을 둘러싸고 있는 가장 큰 오해일 것입니다. "시간이 약이다"라고 사람들은 말합니다. "조금만 버텨. 시간이 갈수록 기분도 나아질 거야."

때로는 저도 시간만으로 슬픔이 치유되길 바라곤 합니다. 하지만 그렇게 되지 않습니다. 맞습니다. 몇 달, 몇 년이 지나면 감정이 무뎌지고 흐려지는 경향은 있지만 시간이 흐르는데도 우리의 슬픔을 적극적으로 애도하지 않으면 그 감정은 더 복잡해질 뿐입니다. 그것들은 만성적인 우울이나 불안, 중독같이 다른 방식으로 표출될 것입니다.

슬픔을 치유하려면 슬픔을 느껴야만 합니다. 그리고 그것을 표현해야 합니다. 시간만으로 그런 마법 같은 일이 일어날 것이라는 잘못된 생각에 빠져 있다면, 우리는 진정으로 살아가는 것이 아니라 그저 존재하기만 하는 삶을 자초하는 것입니다.

시간만으로는 상처를 치유할 수 없습니다.
적극적인 애도만이 그 일을 할 수 있습니다.

사랑하는 사람의 죽음은 마치 사지가 잘려 나가는 것과 같다.

— C. S. 루이스,『헤아려 본 슬픔』

상실의 슬픔을 겪고 있는 우리는 갈기갈기 찢겨 있습니다. 사랑하는 소중한 사람이 죽었을 때, 우리 일부는 잘려 나갔습니다. 우리는 절단 사고를 당하고 살아남은 사람입니다.

사고로 팔이나 다리를 잃은 사람들은 종종 환상통을 경험합니다. 없어진 팔다리가 육체적인 고통으로 그들을 아프게 합니다. 거기에 없는데도 말입니다. 사라진 사람들이 우리를 아프게 합니다. 여기에 없는데도 말입니다. 우리는 신체적으로, 인지적으로, 정서적으로, 사회적으로 그리고 영적으로 아픕니다.

잃어버린 우리 자신의 일부를 되찾을 방법은 없습니다. 오로지 그들 없이 지내는 법을 배울 일만 있습니다. 슬픔과 애도의 과정은 우리의 재활 과정입니다. 재활을 위해 적극적으로 노력할수록 우리는 남은 날을 능숙하고 온전하게 살아갈 수 있을 것입니다.

나는 사지가 잘려 나가는 경험을 했습니다.

그리고 재활에 전념하고 있습니다.

비통함과 붉게 물든 잎,

서글픈 생각들과 화창한 날씨,

아아, 이 영광과 이 슬픔은

잘 어울리지 않네!

— 토머스 파슨스, 「9월의 노래」

어떤 날은 슬픔에 빠져 있기에는 너무나 아름답습니다. 마치 자연이 우리 내면이 느끼고 있는 어둠에 실례되는 짓을 하고 있는 것 같지요. 세상을 떠난 이가 이 멋진 날을 누릴 기회가 있었다면 무척 좋아했을 거라는 생각이 들면, 두 배로 화가 날 수도 있습니다.

내면과 바깥세상이 이렇게 어긋날 때는 어떻게 해야 할까요? 제가 보기에 이럴 때는 야외로 나가 자신을 달래고 자연의 영광과 오롯이 함께하는 데 시간을 보내면, 대개는 슬픔 속에서도 정체되지 않고 조금씩 움직이게 됩니다. 숲속을 걸으며 실컷 울 수도 있습니다. 내 마음과 영혼이 '왜?'라는 질문을 던지는 동안 낙엽을 긁어모으면서 내 몸에 반복적으로 할 일을 줄 수도 있습니다. 아니면 세상을 떠난 이와 침묵의 대화를 나누며 아름다운 오늘을 함께 즐길 수 없어서 얼마나 부당한지 이야기할 수도 있습니다.

불협화음과 긴장은 종종 앞으로 나아가게 하는 발판이 됩니다.

슬픈 생각과 화창한 날씨가 합심해서 치유에 도움을 줄 수 있습니다.

슬픔의 심연에 빠져 있을 때는 기쁨이나 위안을 찾기 어렵디. 때
로는 아주 작은 것이 하루를 버티는 데 도움을 준다. 다른 이들에
게 우스꽝스러워 보일지 몰라도 슬픔과 아픔 한가운데서 조금이
라도 기분이 좋아지는 사소한 것 하나를 찾는 일은 전혀 우스꽝스
러운 일이 아니다.

— 엘리자베스 베리언,『창의적인 슬픔』Creative Grieving

때로는 사소한 것들이 우리를 견디게 해 준다는 사실이 우습기도 합
니다. 제 경우, 슬픔에 깊이 빠져 있을 때는 숨을 들이쉬고 내쉬는 것
같은 단순한 일이나 가벼운 영화(개인적으로 좋아하는 것은 「밥에
게 무슨 일이 생겼나?」)를 보면 한두 시간은 더 버틸 수 있을 것 같
은 기분이 듭니다.

　슬픔 속에서는 사소한 것이 큰 것이 됩니다. 우리에게는 작은 즐
거움과 위로의 순간이 필요합니다. 마치 험난한 산을 오를 때 작은
물건이 우리의 손잡이가 되어 주는 것처럼요. 그런 사소한 것이 있
어 행복할 뿐만 아니라, 어떤 날들은 말 그대로 목숨을 구해 주는 것
처럼 느껴집니다!

　힘겨울 때는 즐거움이나 위로를 주는 사소한 것들의 목록을 만들
어 봅니다. 그 목록을 휴대전화나 지갑, 가방 안에 넣고 다니면 다음
손잡이를 어디서 찾아야 할지 항상 떠올릴 수 있습니다.

내게 즐거움이나 위안을 주는 사소한 것 세 가지,
오늘 나는 일부러라도 이 세 가지만큼은 꼭 붙잡으려고 합니다.

1+1은 때로는 11이다.

— 카슈미르 속담

슬픔에 잠겨 있을 때 단 한 사람만 있어도 충분한 경우를 저는 자주 목격했습니다. 함께 시간을 보내 주고, 말하고 싶을 때 내가 하는 말에 귀 기울여 주며, 대부분 곁에 있어 줄 한 사람.

슬픔과 오롯이 함께 있어 줄 조력자가 꼭 여러 명으로 이루어진 팀일 필요는 없습니다. (그런 팀이 있다면 다행이라고 느끼겠지만.) 그렇습니다. 선량하고, 자신의 판단을 덧붙이지 않으면서 그저 귀 기울여 주고, 우리가 필요할 때 선뜻 시간을 내줄 수 있는 한 명의 동료는 우리가 절망의 지옥 속에 머무를지, 치유되어 다시 일어날지를 가르는 존재가 되기도 합니다.

때로는 1 더하기 1이 2보다 훨씬 더 큰 숫자가 됩니다.

좋은 조력자가 한 명 있으면, 오늘 그에게 고마워할 것입니다.
아직 좋은 조력자가 단 한 명도 없다면, 오늘 새로운 누군가에게
먼저 다가갈 것입니다.

성소聖所란 개인적인 차원에서 보자면, 우리 영혼을 돌보는 일을
수행하는 곳이다.

— 크리스토퍼 포레스트 맥도웰

슬픔과 상실이 그리고 애도의 필요성이 우리 삶에 등장할 때, 우리
는 자기만의 공간이라고 부를 안전한 전용 공간이 필요합니다. 통찰
력이 담긴 책을 읽거나 명상을 하거나 일기를 쓰거나 단순히 우주에
관해 사색할 수 있을 뿐만 아니라 자기 발전과 영적인 수행 방법을
탐색할 수 있는 사적인 영역이 필요합니다.

우리는 각자 자신만의 개인적인 슬픔의 성소를 택할 수 있습니다.
그곳은 예배당에 있는 '여러분의' 자리나 좌석일 수 있습니다. 공원
에 있는 정원이나 등산로, 수련원 뜰의 벤치일 수도 있습니다. 성소
는 보통 신성한 힘을 부르고 우리가 그 힘과 연결되는 것을 돕는 식
으로 신성화되어 있습니다. 향을 피워 방을 정화하거나, 우리 마음
이 영적인 자신에 집중하는 것을 도와줄 물품이나 가구로 방을 장식
함으로써 우리가 사는 집을 성스러운 공간으로 만들 수 있습니다.
특별 기도를 하거나 성가를 불러 집 안의 다른 방들과 구별되는 성
스러운 공간으로 지정할 수도 있습니다.

성소는 우리 영혼이 내적으로 집중하고자 할 때 우리가 찾아가는
곳입니다. 그곳은 고요하고 안전하며 위안을 주는 공간입니다.

내 슬픔을 위한 성소를 정하겠습니다.

> 아이에게 진실을 말하고, 사람들이 괴로워할 때 느끼는 자연스러
> 운 감정을 사랑하는 사람들과 함께 공유할 수 있게 한다면, 그 아
> 이는 무엇이든 받아들일 수 있다.
>
> — 에다 르샨

슬픔에 잠긴 아이들이 있다면, 그들을 도울 기회가 있습니다. 많은
어른이 아이들을 삶의 고통에 노출하기보다는 상실과 슬픔과 애도
를 숨기는 것이 더 친절하다고 잘못 생각하지만…… 사실 아이들에
게 상실과 슬픔과 애도를 숨길 수는 없습니다.

아이가 사랑할 수 있는 나이라면 애도하기에도 충분한 나이입니
다. 사랑하는 사람이 죽으면 우리는 슬퍼합니다. 아이가 사랑하는
사람이 죽는다면, 아이도 슬퍼합니다. 그리고 아이가 애착을 느끼지
않는 사람의 상실로 우리가 슬퍼할 때조차도 아이는 우리의 모든 몸
짓에서 슬픔을 읽습니다.

아이들은 진실을 감당할 수 있습니다. 아이들이 감당할 수 없는
것은 반쪽짜리 진실이나 누락 혹은 노골적인 거짓말입니다. 우리는
아이의 이해력 발달 수준에 맞게 진실을 공유하고 열린 애도의 모범
을 보이는 것으로 아이들을 도울 수 있습니다.

상실로 슬퍼하는 아이가 있다면 도울 것입니다.
나 자신의 슬픔에 너무 압도된 나머지 도울 수 없다면,
친절하고 책임감 있는 어른을 정해 돕도록 하겠습니다.

진정한 자기가 제 모습을 드러낼 순간이 찾아온다. 그 순간은 당신이 이 순간의 불완전함과 조건 없이 온전히 함께 있기로 할 때 찾아온다. 단순한 태도 변화가 필요하다. 완전함을 좇기보다는 이 순간의 불완전함에 완전히, 깊숙이 자신을 내맡겨야 한다.

— 타이오하르

생각해 보면, 슬픔에 잠긴 모든 순간은 불완전합니다. 모든 순간에 우리가 사랑한 사람들이 여기에 없기 때문입니다. 모든 순간을 망치는 것은 바로 이 부재입니다. 그 사람들이 이 순간 우리 곁에 물리적으로 있지 않은 것은 그렇다 칩시다. 그들이 지상의 다른 곳에 있으면서 그들의 인생을 살아가고 있는 것도 아니라는 사실, 그리고 이 사실을 우리가 안다는 것이 이 순간을 불완전하게 만듭니다.

우리가 할 수 있는 것은 이 순간의 불완전함 속에서 살아가는 법을 배우는 것이 전부입니다. 그 불완전함 속에는 좋은 것도 많이 있을 수 있습니다. 안락한 의자, 나뭇잎 사이로 비치는 빛, 소중한 사람과 함께하는 시간.

이 순간의 불완전함에 굴복하면서 우리는 완전함이라는 관념을 내려놓습니다. 그리고 이것을 일단 내려놓으면, 지금 이 순간의 모든 좋은 것들에 감사할 수 있습니다.

오늘은 불완전합니다. 내일 역시 불완전할 것입니다.
나는 완전하지 않지만 좋은 것에 감사하는 마음을 기르기로
마음먹을 수 있습니다.

애도 중인 사람들은 다시 살아가기 위해 죽음을 단단히 붙잡고 있어야 한다. 애도는 수년, 어쩌면 그보다 더 오래 계속될 수도 있다. 1년이 지났다고 애도가 끝난다는 것은 잘못된 환상이다. 애도는 대개 사람들이 다시 살아갈 수 있음을 깨달을 때 끝나고 그제야 상처, 죄책감, 고통만이 아닌 삶 전체에 에너지를 쏟을 수 있게 된다.

— 엘리자베스 퀴블러-로스

우리가 진정으로 다시 살아가기 위해서는 죽음을 단단히 붙잡고 있어야만 합니다. 저는 슬픔이 어느 순간 '완전히 끝난다'고 보는 퀴블러-로스 박사의 주장에는 동의하지 않지만(슬픔은 시간이 지나면서 점차 누그러지고 폭발하는 횟수가 줄어들 뿐입니다), 상처와 고통을 받아들임으로써 다시 온전함을 향해 나아갈 수 있다는 주장에는 동의합니다.

지금은 우리 에너지를 슬픔에 집중합시다. 슬픔이 우리의 진실이기 때문입니다. 시간이 흐르며 슬픔에 우리의 에너지를 쏟고 표현하는 과정은 우리를 다른 곳으로 데려갑니다. 아주 천천히 우리는 그 고통을 넘어서기 시작합니다. 마침내, 변화된 우리 삶의 열정과 사랑이 우리의 새로운 진실이 됩니다.

우리는 지금, 슬픔을 우리 안에 통합할 수 있도록 애도에 에너지를 쏟습니다. 언젠가 다시 그 에너지를 우리 삶 전체에 쏟게 될 것입니다.

나는 다시 살아가는 법을 배울 것이라고 믿습니다.
지금으로서는 슬픔과 애도에 에너지를 쏟겠습니다.

> 산 자들의 땅과 죽은 자들의 땅이 있다. 그리고 그 둘을 잇는 다리
> 가 사랑이다. 사랑만이 살아남았고, 사랑만이 의미가 있다.
>
> ― 손턴 와일더, 『산 루이스 레이의 다리』

우리는 이 세상에 살고 있습니다. 세상을 떠난 소중한 사람들은 다른 세상에 살고 있습니다. 우리는 그들과 헤어져 있고, 이 헤어짐은 헤아릴 수 없을 정도로 고통스럽습니다.

하지만 우리 세상에서 그들의 세상으로 뻗어 있는 다리가 있습니다. 그것은 사랑이라고 불립니다. 우리는 여전히 그들을 사랑합니다. 그리고 죽지 않는 이 사랑은 우리를 그들에게로 연결합니다. 그렇다면 우리를 향한 그들의 사랑은요? 그것 또한 영원합니다. 그 사랑으로 채널을 맞추려고 노력하다 보면, 우리는 그것이 저세상에서 우리가 사는 세상으로 다시 흘러 들어오는 것을 여전히 느낄 수 있습니다.

그 다리가 몹시 고맙습니다.

사랑은 유일하게 살아남은 것입니다.

사랑은 유일하게 의미 있는 것입니다. 나는 사랑을 택합니다.

> 때로는 당신이 이용할 수 있는 유일한 이동 수단은 믿고 도약하는
> 것뿐이다.
> — 마거릿 셰퍼드

때때로 슬픔 속에서 우리는 가파른 협곡 앞에 서게 됩니다. 마치 입을 크게 벌린 그랜드 캐니언이 우리와 치유로 이어지는 길 사이에 놓여 있는 것 같습니다. 지금 있는 곳에 머물면 우리는 영원히 갇힐 것입니다. 하지만 앞으로 나아가는 것 역시 불가능해 보입니다. 어떻게 해야 할까요?

도약해야 합니다. 슬픔을 딛고 다시 추진력을 얻으려면 우리가 떠올릴 수 있는 가장 두렵고 가장 무모한 생각과 손을 잡아야만 합니다. 그리고 점프하는 겁니다.

때때로 막힌 곳에서 빠져나가거나 난관을 뛰어넘거나 건널 수 없는 협곡처럼 보이는 곳의 반대편에 이르려면 믿고 도약하는 것이 필요합니다.

하나, 둘, 셋…… 점프!

때로는 내가 이용할 수 있는 유일한 이동 수단은
믿고 도약하는 것일지도 모릅니다.

우리 심신의 리듬이 자연의 리듬과 일치할 때, 우리가 생명과 조화를 이루며 살아갈 때, 우리는 은총 속에 살고 있다. 은총 속에서 산다는 것은 모든 일이 순조롭게 흘러가고 우리의 욕구가 쉽게 충족되는 의식 상태를 경험하는 것이다. 은총은 마법 같고 신비롭게 맞아떨어지고 우연처럼 주어지며 기쁨이 넘치는 것이다. 그것은 행운의 요소이기도 하다. 하지만 은총 속에서 살려면 자연의 지성이 아무런 간섭 없이 우리를 통과해 흘러가도록 허용해야 한다.

— 디팩 초프라

우리의 슬픔은 자연의 지성의 일부입니다. 우리는 태어나면서부터 사랑하는 법을 알고 있고 슬퍼하는 법 또한 알고 있습니다. 죽음과 고통을 부정하는 현대 서양 문화가 슬픔과 애도의 자연스러움을 의심하게 만들 수도 있지만, 우리는 본능적으로 애도합니다.

슬픔과 애도를 솔직하고 자연스럽게 받아들일 때, 우리는 우리 자신을 은총을 향해 열어 놓게 됩니다. 자신과 싸우거나 자신을 방해하기보다 환영하게 됩니다. 부드러운 정직함 속에서 살아가게 됩니다. 그리고 은총이 흘러듭니다.

나는 슬픔과 애도의 자연스러움을 믿습니다. 슬픔을 더 깊이 받아들이고 표현할수록 나는 은총을 향해 더 활짝 나를 열어 놓습니다.

하느님, 제가 비참한 처지에 있으니 제게 은혜를 베푸소서. 제 눈은 너무 많이 울어 약해졌고, 온몸은 슬픔으로 지쳐 있습니다.

— 시편 31편 9절

자비는 상대를 해칠 힘을 가진 사람이 그에게 베푸는 온정입니다. 다시 말해 자비는 우리를 해칠 수 있는 사람들이 우리를 해치지 않고 다정히 대하는 것입니다.

우리는 지쳤고 아픕니다. 우리는 신뿐만 아니라 동료들이 베풀어 주는 자비가 필요합니다. 상사가 업무 부담을 덜어 주고 우리에게 슬퍼하고 애도할 시간을 허락해 주는 것이 필요합니다. 이웃 사람들이 미소 지으며 도움의 손길을 내밀어 주는 것이 필요합니다. 친구들이 충고하지 않고 인내심을 가져 주는 것이 필요합니다. 가족들이 우리만의 고유한 방식으로 슬퍼하고 애도하는 것을 허용해 주는 것이 필요합니다.

우리는 자비가 필요합니다.

오늘 나는 침묵으로든 말로든 전할 메시지가 있습니다.

나는 비참한 처지에 있습니다. 그러니 자비를 베풀어 주세요.

살고자 하는 나의 욕망은 변함없이 강렬하다. 비록 내 마음이 부
서지긴 했지만, 마음은 원래 부서지도록 만들어진 것이다. 신이
세상에 슬픔을 보낸 것도 그 때문이다…… 이제 내게 고통은 신성
한 의식 같은 것으로 느껴진다. 그것이 닿은 이들을 거룩하게 만
드니 말이다.

— 오스카 와일드

우리가 신이나 더 강력한 힘을 믿는다면, "왜?"라고 자문하는 것도
당연합니다. "신은 왜 이 사람을 죽게 했을까? 왜 지금? 왜 이런 방
식으로?" 이렇게 "왜?"라고 묻는 것은 슬픔 속에서는 정상적이고
꼭 필요한 일입니다.

신은 이유가 있어서 세상에 비통함을 보내신 걸까요? 많은 위대한
철학자와 영적 사상가가 이 질문들을 거듭해 왔습니다. 오늘의 인용
문에서 오스카 와일드는 마음은 원래 부서지도록 만들어진 것이라
말합니다. 저도 이 말에 동의해야 할 것 같습니다. 마음은 사랑하도
록 만들어졌고, 부서지는 것은 피할 수 없는 필연적 귀결이라고 믿
기 때문입니다.

사랑이 거룩하다면 슬픔 역시 거룩합니다. 둘 다 신성하고 변화의
힘이 있는 경험입니다.

내 마음은 사랑했고, 그래서 지금 부서졌습니다.
내 사랑과 내 슬픔이 바로 삶의 본질입니다.

> 변화하는 계절에 관심을 기울이는 것이 봄과 절망적으로 사랑에
> 빠지는 것보다 더 행복한 상태이다.
>
> ― 조지 산타야나

가을이 다가왔습니다. 또다시 계절이 바뀌고 있습니다. 시간은 늘 전진하고 있지요.

저는 가을을 사랑해서 평소에도 9월이 오기를 기다립니다. 하지만 오늘 산타야나 씨 덕분에 늘 변화하는 삶의 본성에 대해 감사하는 마음을 길러야 할지도 모르겠다고 생각합니다.

죽음은 변화입니다. 남겨진 이들에게 죽음은 힘겨운 변화이지만 피할 수 없는 변화이고 때로는 예견된 것이기도 합니다. 상실로 인해 슬퍼하는 것은 변화와 함께 살아가고 새로운 일상을 받아들이는 법을 배우는 과정입니다.

우리는 죽은 이들과 절망적일 만큼 사랑에 빠졌지만 봄처럼 그들은 찾아왔다…… 떠났습니다. 그렇다면 우리는 지금 우리가 겪는 이 순간들에 관심을 기울이는 법을 배울 수 있을까요? 애쓰는 중입니다.

나는 인생의 '지금'에 관심을 기울이려 노력하고 있습니다.

변화를 받아들이려고 노력하고 있습니다.

예술은 자신을 찾게 해 주는 동시에 자신을 잃게 할 수 있다.

— 토마스 머튼

슬픔에 빠졌을 때 예술 작품을 만드는 일은 강력한 애도의 방법이 될 수 있습니다. 스케치, 그림 그리기, 사진 촬영하기, 콜라주 하기, 시나 곡을 쓰기, 공예, 미니 영화 만들기 등의 예술 활동에 참여할 때 우리는 상실에 관한 생각과 느낌을 예술로 흘러들게 할 수 있습니다.

창의적인 것을 좋아한다면, 자기 내면에 있는 것을 표현하는 무언가를 만들어 보세요. 평소에 창작 활동을 좋아하지 않거나 잘하지 못한다고 해도 한번 해 보세요. 관심이 있는 지인과 짝을 이루어 그에게 당신이 시작할 수 있도록 도와달라고 부탁하세요.

물론 예술 작품을 감상하는 것도 카타르시스를 느끼게 해 줄 수 있습니다. 책을 읽거나 미술관을 방문하거나 사랑과 상실을 주제로 한 영화를 보는 것도 좋습니다.

예술 작품을 만들든 감상하든, 우리는 그 경험에 몰입하여 자신을 내려놓는 일과 새로운 이해나 평화를 찾는 일을 동시에 할 수 있습니다.

내 슬픔에 적극적으로 임하고자 오늘 나는 한 점의 예술 작품을 만들거나 감상하겠습니다.

계속 나아가라. 어쩌면 전혀 예상치 못한 순간에 무언가와 마주칠
가능성이 있다. 가만히 앉아서 무언가와 마주친 적이 있다는 사람
에 대해서는 들어 보지 못했다.

— 찰스 F. 케터링

슬픔은 수동적이고 내적입니다. 애도는 능동적이고 외적인 행위입
니다. 우리는 먼저 슬퍼한 다음, 그 슬픔을 애도를 통해 행동으로 옮
깁니다.

우리가 중요한 것들과 마주치게 되는 것은 적극적으로 애도하고
있을 때입니다. 누군가 우리가 애도하고 있는 것을 보고 돕고자 손
을 뻗었을 때 우리는 자비로움과 마주칩니다. 예상치 못한 사소한
축복들과 만났을 때 우리는 감사의 마음과 마주칩니다. 새로운 기회
에 노출될 때 우리는 희망과 마주칩니다.

때로는 조용히 혼자 슬픔과 마주하고 앉아야 합니다. 그러나 슬픔
을 행동으로 옮길 때, 우리는 은총과 만나는 자신을 거듭해서 발견
합니다.

자, 슬픔이여. 이제 행동으로 옮길 때입니다.

무너지는 것을 두려워하지 마세요. 당신이 줄곧 원했던 방식으로 자신을 재건할 기회이니까요.

— 래이 스미스

슬픔은 우리를 백만 개의 조각으로 산산이 부서뜨렸습니다. 우리는 무너졌습니다. 정말 그래요.

한 가지는 확실합니다. 그 조각들을 모아서 예전과 똑같은 모습으로 붙여 놓을 수는 없지요. 우리는 이제 달라졌고 변했습니다.

어쩌면 우리는 산산조각 난 것에서 출발해 그 파편들로 새로운 무언가를 쌓아 올릴 수 있을지도 모릅니다. 어쩌면 이것이 우리가 예전에 실현하지 못했던 우리의 잠재적 모습을 실현할 기회인지도 모릅니다.

물론 새로워지고 나아진 지금의 나와 단 1분이라도 소중한 사람들을 되찾는 것을 맞바꿀 수 있다면 그렇게 하겠지만…… 하지만 그럴 수 없지요. 소중한 이의 죽음으로 인해 우리가 줄곧 바라던 모습으로 우리 자신을 재건할 기회가 주어졌습니다. 그 점에서 우리는 세상을 떠난 사랑하는 이에게 빚을 지고 있다고 생각합니다.

슬픔은 나를 백만 개의 조각으로 산산이 부서뜨렸습니다. 이제 나는 내가 줄곧 원했던 방식으로 나를 재건할 기회를 얻었습니다.

감정에 대한 긍정은 철학적 설명이나 신학적 위안, 용기를 주는
격언에 다다르기 전에 들르는 정차역이다.

— 데이비드 리코, 『절대로 바꿀 수 없는 다섯 가지』

슬픔에 잠겼을 때는 고통스러운 느낌을 밀쳐 두고 싶은 유혹이 일어
납니다. 우리는 고통을 덜어 줄 무언가를 갈망합니다. 무엇이든 괜
찮습니다. 간단한 해답, 그것이 바로 우리가 찾고 있는 것입니다.

하지만 철학적 설명과 신학적 위안과 용기를 주는 격언은 빠른 해
결책이 아닙니다. 우리가 슬픔의 여정을 헤쳐 나가는 동안 그것들
모두가 고려의 대상이 되기도 하고 심지어 위로를 주기도 하지만,
그것들이 우리가 느끼는 감정들을 대체할 수는 없습니다.

그 과정에 우리가 무엇을 느끼든 우리는 그것에 대해 '예'라고 말
해야만 합니다. 우리가 분노를 느낀다면 분노를 인정하고 받아들이
고 표현해야만 합니다. 슬픔이나 두려움, 죄책감을 느끼는 경우도
마찬가지입니다. 우리 중에는 자신의 감정에 '예'라고 말하는 데 연
습이 필요한 사람도 있습니다. 하지만 이는 치유로 향하는 여정에서
필수적으로 거쳐야 할 정차역입니다.

오늘 그리고 매일 나는 내 감정을 인정하겠습니다.

슬픔은 당연히 힘겨운 것임에도 불구하고 우리 안에 있는 에너지의 원천이다. 우리가 밖을 향해 애도할 때, 이 놀라운 치유의 힘을 분출하게 된다.

— 앨런 울펠트

슬픔이 우리 에너지를 빼앗고 무기력하고 맥이 풀린 듯한 기분이 들게 하는 경우가 종종 있습니다. 그런데 어떻게 슬픔이 우리 안에 있는 에너지의 원천이 될 수 있을까요?

우리는 슬픔grief의 외적 표현을 애도mourning라고 부른다고 강조해 왔습니다. 슬픔에 '움직임'을 부여하는 것이 바로 애도입니다.

우리는 슬픔을 휘발유처럼 생각할 수도 있습니다. 슬픔이 우리 안에 비축되어 있을 때는 비활성의 상태입니다. 하지만 그것에 불을 붙이고 그것으로 삶이라는 엔진을 가동하면, 작가 미야자와 겐지의 유명한 말처럼, 우리의 여정을 위한 '연료'로 그것을 태우게 됩니다.

활성화된 슬픔은 놀라운 치유의 힘이 있습니다. 우리는 우리의 여정을 위해 매일 조금씩 더 많은 슬픔을 연료로 태울 것입니다.

나의 슬픔은 비축된 에너지입니다. 나는 오늘 적극적인 애도를 통해 일부를 태우고 이것이 만들어 내는 동력에 주목하겠습니다.

어둠을 탓하는 대신 작은 촛불 하나를 밝히는 것이 더 낫다.

— 공자

우리는 슬픔과 어둠을 회피하는 시대와 문화 속에 자란 탓에 그것들을 저주하곤 합니다. 우리는 죽음을 싫어합니다. 상실을 싫어합니다. 슬픔을 싫어합니다.

그렇지만 어둠은 빛만큼이나 인간 경험의 중심에 있습니다. 본질적이고 피할 수 없는 것을 왜 저주하는 걸까요?

역설적인 것은 '어두운' 경험을 탓하는 대신 받아들이는 법을 배우면 희망의 촛불을 밝히게 된다는 것이지요. 우리는 "어둠이여, 우리는 그대를 존중합니다. 우리는 그대에게 관심을 기울이고 그대를 알아 갈 준비가 되어 있습니다"라고 말하고 있는 것입니다.

이런 생각과 존재 방식은 모든 것을 바꿔 놓습니다. 공포를 떨쳐 내고 희망을 키웁니다.

나는 어둠을 탓하길 멈추고, 그 대신 어둠을 받아들이는 법을 배우고 있습니다. 이것은 내 희망의 촛불을 밝혀 줍니다.

내가 삶의 의미를 발견하려던 그 참에, 그것이 바뀌었다.

— 조지 칼린

이런, 우리는 이 느낌을 알고 있습니다. 삶에 관한 무언가를 알아냈다고 생각했는데, 갑자기 쾅! 모든 게 뒤죽박죽이 되고 상황이 뒤바뀌었습니다. 그리고 우리는 그것을 다시 이해하려고 필사적으로 애씁니다.

사랑하는 누군가의 죽음으로 인해 삶의 의미와 죽음에 관한 온갖 종류의 물음이 제기되는 것은 자연스러운 일입니다. 우리가 답을 찾으려는 것 또한 자연스럽습니다. 우리는 다시 안정감을 느끼고 싶기에 답을 원합니다.

문제는 우리가 삶의 의미에 대한 새로운 이해에 도달하기까지 대개 긴 시간과 많은 고민이 필요하다는 점입니다. 지금으로서는 우리가 할 수 있는 일은 계속 질문하고 탐색하는 것이 전부입니다. 그것 역시 의미가 있습니다.

삶의 의미를 재발견하는, 힘들고 긴 시간을 요하는 일을 하면서
인내심을 가지려고 애쓰겠습니다. 특히 나 자신과 인생 전반에 대해서
그러려고 합니다.

> 소수는 인생과 비슷한 것 같다. 소수는 매우 논리적이지만, 꼬박
> 매달려서 아무리 생각해도 규칙을 알아낼 재간이 없다.
>
> — 마크 해던, 『한밤중에 개에게 일어난 의문의 사건』

그러니까, 29는 소수(그 자신과 1로만 나눌 수 있는 수)입니다. 저는 정말이지 수학을 잘하는 사람은 아니지만, 이 정도는 이해하고 있습니다.

수학자들은 환원 불가능한 논리로 문제와 방정식을 풀려고 애씁니다. 그들의 전문 분야이지요. 하지만 소수는 세상에서 가장 똑똑한 수학 천재도 아직 풀 수 없는 수학적 수수께끼를 제기합니다.

저는 슬픔도 마찬가지로 논리의 영향을 받지 않는다는 점을 알게 되었습니다. 아 물론, 우리는 슬픔에 관해 길게 이야기할 수 있고, 말과 이야기로 그것을 포착하려 시도할 수도 있습니다. 하지만 사랑과 마찬가지로, 슬픔은 근본적으로 언어의 능력을 넘어선 영적인 경험입니다.

우리는 슬픔의 방정식에 관해 얼마든지 이야기하고 생각할 수 있지만, 정말로 중요한 것은 독특하고 개별적이며 정량화할 수 없는 우리만의 경험입니다.

슬픔에 대해서는 규칙을 알아낼 수가 없습니다. 단지 그것을 경험하고, 받아들이고, 날마다 표현하고자 최선을 다할 뿐입니다.

9월은 30일까지 있다……

— 영국 전래 동요

슬픔 속에서는 하루하루가 너무 길게 느껴질 수 있습니다. 고통에 시달리며 매일 반복되는 일과에서 어떤 즐거움도 의미도 발견할 수 없을 때는 지구의 24시간 자전이 한평생처럼 느껴지기도 합니다. 그렇다면 9월은? 9월은 고작 30일(한 달의 평균 일수)뿐인데도 끝없이 계속되고 계속되고 또 계속되는 것만 같습니다.

어쩌면 그것은 시간이 이렇게 더디게 흐르는 것이 정상적이고 자연스러운 '슬픔의 일부'라는 것을 이해하는 데 도움이 될지도 모릅니다. 이 점은 우리를 우리의 생각이나 감정과 직면하게 합니다. 슬픔을 피할 수 없도록 합니다. 이는 꼭 필요하고 중요한 일로 볼 수 있습니다. 우리는 슬픔과 마주할 필요가 있으니까요.

만약 느리게 흐르는 애도의 날들 동안 지나치게 불안하거나 절망감이 든다면 그 시간을 우리의 슬픔을 적극적으로 표현하는 데 쓸 수도 있습니다. 잘 귀 기울여 주는 이에게 우리 마음과 영혼을 쏟아내거나 몸을 움직이는 것도 좋습니다. 말 그대로 우리를 이동시킬 뿐만 아니라, 그것들로 인해 분비되는 엔도르핀은 우리 마음과 영혼까지 이동시켜서 끊임없는 고통에서 잠시 벗어나 쉴 틈을 줍니다.

내 슬픔의 슬로모션에도 이유가 있습니다. 나는 그것에 항복할 수도 있고, 적극적으로 애도하는 데 그 '여분의' 시간을 쓸 수도 있습니다.

10월

나도 내가 겪는 고통을 분류하거나 도표화할 수 있는 어떤 구조와 이론을 간절히 바라곤 했다. 하지만 비통함을 헤쳐 나가는 단 하나의 이야기나 시간표, 통로란 없다.

— 헬렌 보즈닐렉

슬픔의 '단계'에 대해 들어 본 적이 있을 겁니다. 1969년 엘리자베스 퀴블러-로스의 획기적인 책 『죽음과 죽어감』을 통해 대중적으로 널리 알려졌지요. 이 책에서 그녀는 자신이 만났던 말기 환자들이 곧 닥쳐올 죽음을 앞두고 경험하는 슬픔의 다섯 단계를 열거했습니다. 바로 부정, 분노, 협상, 우울, 수용입니다. 그러나 그녀는 이 다섯 단계를 모든 슬픔에 적용할 의도는 없었고, 애도하는 이들이 모두 따라야 할 엄격하고 순차적인 차례로 해석할 의도도 없었습니다.

슬픔을 헤쳐 나가는 데에는 정해진 구조나 단일한 경로가 없는 게 사실입니다. 죽음의 현실을 인정하기, 고통을 받아들이기, 죽은 사람을 기억하기, 새로운 자기 정체성을 발전시키기, 의미 탐색하기, 타인의 도움 받아들이기 등 우리 모두 충족해야 할 것들이 있지요. 하지만 꼭 지켜야 할 일정한 순서나 시간표는 절대 없습니다.

우리는 우리가 생각한 대로 생각합니다. 느끼는 대로 느낍니다. 필요한 만큼의 시간이 걸릴 뿐입니다.

내게는 나만의 고유한 슬픔과 애도의 권리가 있습니다. 이 여정에서는 오직 나만이 길잡이가 될 수 있으니 나는 내게 맞는 방식으로 애도에 필요한 것을 충족하겠습니다.

10월이 있는 세상에 살고 있다는 게 정말 기뻐요.
— L. M. 몽고메리, 『빨간 머리 앤』

가을은 제가 제일 좋아하는 계절이지만, 때로는 슬픔에 잠기거나 바쁜 일상에 치이느라 만화경처럼 다채롭게 물든 나뭇잎과 공기의 청량함을 느긋하게 음미하는 데 소홀하곤 합니다.

위 인용문은 상실의 슬픔을 겪고 있는 우리를 환기하는 데 좋은 말입니다. 우리가 우리 내면 깊숙이 들어가 슬픔을 받아들이는 필수 작업을 하고 있는 때라 하더라도 계절과 상관없이 정기적으로 음미할 수 있는 휴식 시간을 가지면서 쇄신과 회복의 계기를 발견할 수 있습니다.

지금 하고 있는 일이나 생각을 잠시 멈추고, 지금 이 순간 나의 존재에 관심을 기울이기로 의식적으로 마음먹는다면, 그리고 단 5분이라도 그렇게 한다면, 기뻐할 만한 무언가를 반드시 찾게 될 것입니다.

이 세상에 살고 있어서 정말 기쁩니다.

이렇게 멋진 경험을 많이 할 수 있는 곳이니까요.

'나는 ~할 수도 있었는데.' 우리 인생에는 언제나 '일어날 수도 있었지만 일어나지 않은 일들'이 있다. 마법 같은 순간들은 알아차리지 못한 채 지나가고, 그러다 갑자기 운명의 손길이 모든 걸 바꿔 놓는다.

— 파울로 코엘료

우리에겐 지금 '~라면 좋았을 텐데'가 너무 많습니다. ~하지 않았더라면 좋았을 텐데, ~가 없었더라면 좋았을 텐데. 후회와 이루지 못한 소망이 우리를 괴롭히지요. 어떤 일이 가능했는지 생각하는 것은 정상입니다. 우리 머리와 마음은 상황이 어떻게 달라질 수 있었는지를 지나고 나서야 깨달을 수밖에 없습니다.

진심으로 잘 들어 주는 사람에게 우리가 느끼는 후회의 감정을 소리 내어 말하다 보면, 우리의 책임이 어디까지인지 그 한계를 알게 됩니다. 실제로 우리가 잘못한 경우는 거의 없습니다. 우리도, 죽은 사람도, 관련된 다른 어떤 이도 완벽하지 않습니다. 마야 안젤루는 이런 말을 했습니다. "그때는 내가 할 줄 아는 것을 했다. 지금은 더 잘 알고 있으니 더 잘할 뿐이다."

우리는 후회에 관한 이야기를 나누며 인생의 많은 일이 우리 통제 밖에 있다는 것을 차차 깨닫게 됩니다. '~라면 좋았을 텐데'는 통제하고 싶은 우리의 소망을 나타냅니다. 어떤 인간도 삶을 통제할 수 없다는 진실에 우리가 항복할 때, 그 '~라면 좋았을 텐데'는 서서히 힘을 잃습니다.

내게도 '~라면 좋았을 텐데'들이 있습니다. 그것들이 내 마음과 머리를 짓누를 때면, 내 말에 귀 기울여 줄 이에게 소리 내어 이야기하겠어요.

(그녀의) 죽음 이후 나는 그녀가 실제로 어땠는지를 보기 시작했
다. 그건 누군가를 잃는다기보다 발견하는 것에 더 가까웠다.

— 낸시 핼리

사랑하는 이들이 죽은 이후에는 그들과 우리의 관계가 '눈앞에 함께
있는 관계'에서 '기억의 관계'로 전환할 수밖에 없습니다. 기억하는
건 처음에는 아프지만 그것이 보물이라는 사실을 서서히 이해하게
됩니다.

그런데, 우리가 고인과 함께했던 개인적인 경험을 기억하는 것만
이 그를 이해하는 유일한 방식은 아닙니다. 그가 세상을 떠난 후 다
른 사람들이 그들의 기억과 평가를 우리와 공유합니다. 우리는 더
많은 이야기를 갈구하곤 합니다. 몰랐던 것을 알게 되고, 새로운 것
을 깨닫기도 하며 우리가 그렸던 고인의 초상화도 조금씩 바뀌고 변
해 갑니다.

이렇게 해서 우리는 세상을 떠난 사랑하는 사람을 재발견하게 됩
니다. 때로는 달라진 인식이 좋기도 하고, 때로는 그렇지 않기도 합
니다. 어느 쪽이든 우리가 변함에 따라 죽은 그들 또한 변합니다. 이
는 죽음조차도 우주의 끊임없는 운동 앞에서는 무력하다는 점을 보
여 줄 뿐입니다.

나는 나 자신을 재발견하면서 당신 또한 재발견하고 있습니다.

모든 슬픔은 이야기 속에 담아내거나 이야기로 들려주면 견딜 수 있다.

— 이자크 디네센

사랑이 똑같이 반복될 수 없듯 슬픔 역시 그렇습니다. 사랑도 슬픔도 인간의 역사에서 유일한 이야기이자 고유한 눈송이와 같습니다. 이야기를 들려주는 것은 지금 우리의 애도 작업 중 일부입니다. 우리가 경험한 사랑과 상실의 이야기를 존중해 줄 사람들 곁에서 우리는 위로와 지지를 얻습니다.

사랑과 상실의 이야기들은 시간과 인내, 그리고 무조건적인 사랑을 필요로 한다는 점에서 현대 사회에 강력한 해독제 역할을 합니다. 현대 사회는 하루에 열두 번도 더 "그만 놓아 주세요" "잊고 앞으로 나아가세요" "그만 정리하세요"라는 말로 우리를 설득하는 데 여념이 없습니다. 우리가 우리의 이야기를 친구나 가족, 동료 혹은 같은 슬픔의 길동무 누구와 나누든, 그들이 우리의 고유한 이야기의 증언자가 되는 것은 결국 앞으로 나아가고자 길을 되돌아가는 한 가지 방법이 됩니다.

우리는 이야기를 들려주면서 우리 자신을 치유합니다. 이것이 이야기가 지닌 놀라운 힘입니다.

사랑과 상실에 관한 나의 이야기를 들려줄 방법을 찾겠습니다.

'정상적인'은 상대적인 용어다. 나는 아직 '정상적인' 사람을 만나
지 못했다.

— 켄 포와로

저는 세계를 돌아다니며 슬픔과 애도에 관하여 이야기하고 이 주제
에 관한 책도 많이 썼기 때문에 애도하는 이들이 매일 질문할 내용
을 가지고 제게 다가옵니다. 제가 가장 많이 받는 질문 중의 하나는
다음 질문의 변주입니다.

"나는 ＿＿＿을 겪어 왔습니다. 이게 정상인가요?"

대답은 언제나 "네, 맞아요"입니다. 당신이 생각하거나 느끼거나
경험하는 것이 무엇이든 당신이 처한 상황에서는 정상입니다. 그러
나 때때로 상실은 비정상적으로 트라우마를 남깁니다. 이 경우 당신
의 슬픔은 더 복잡할지도 모릅니다. 하지만 그렇더라도 그것은 비정
상적으로 가혹한 심리적 상처에 대한 정상적인 반응입니다. 당신이
이런 경우에 해당한다면, 별도의 지원을 받을 것을 권합니다. 슬픔
을 함께해 주는 경험 많은 상담사가 트라우마를 수반한 당신의 슬픔
에 대해 중환자실에 준하는 도움을 줄 것입니다.

나의 슬픔은 정상입니다. 나는 정상입니다. 나도, 나의 슬픔도
아무 이상이 없습니다.

비는 보통 내 기분을 차분하고 느긋하게 만든다. 구석에 웅크리고 앉아 천천히 시간을 보내며 집 안 가구 냄새를 맡는다. 하지만 오늘은 그냥 축축한 기분이다.

— 제프 멜보인

'보통'이라는 단어가 들어 있는 다음 문장의 빈칸들을 채울 수 있을 거예요. '_____은 보통 내 기분을 _____하게 만든다. 하지만 슬픔 속에 있는 지금, 그것이 내 기분을 _____하게 만든다.'

슬픔은 우리가 하는 모든 경험에 영향을 미치곤 합니다. 예전에는 즐거웠던 일이 더는 즐겁지 않을 수 있습니다. 예전에는 아무렇지 않던 일들이 지금은 연약한 감정의 지뢰밭이 되기도 하고요.

'모든 것에 암막을 드리우다'casting a pall over everything라는 표현을 들어 본 적 있습니까? 'pall'이라는 단어는 관이나 영구차를 덮는 천 혹은 먹구름이나 연기, 먼지로 뒤덮인 것을 뜻합니다. 우리가 겪는 슬픔은 모든 것에 암막을 드리울 수 있습니다. 우리가 만나는 대부분의 것을 고통스럽거나 침울한 상태로 보이게 합니다.

우리는 암막이 드리운 수렁에 빠져 있습니다. 하지만 계속 애도해 나가면 다행히 그 암막은 서서히 걷히기 시작할 것입니다.

나의 슬픔은 모든 것에 암막을 드리우고 있습니다.
지금으로서는 이것이 정상이고 꼭 필요한 일입니다.

> 천사들은 늘 슬퍼하는 이들 곁에 머물며 속삭인다. 그대가 사랑한
> 이는 신의 손안에서 안전하다고.
> — 아이린 엘라이어스 프리먼

대천사 아즈라엘은 다양한 종교와 문화에서 등장합니다. 기본적으로 그는 죽은 자들이 천국으로 가는 길을 동행하고 그런 다음 지상으로 다시 돌아와 남겨진 이들을 위로하는 천사로 그려져 있습니다.

저는 천사의 존재를 믿습니다. 우리가 사랑하는 이가 임종을 맞아 천사의 손에 이끌려 하늘나라로 인도된다고 생각하면 얼마나 멋지겠습니까. 그리고 우리가 슬픔에 잠겨 도움이 필요할 때마다 눈에 보이지 않지만 늘 함께 있어 주는 천사가 있어서 그에게 의지할 수 있다고 생각하면 얼마나 위로가 되겠습니까.

천사의 존재를 믿는 것은 모든 것이 잘될 거라는 믿음의 한 형태입니다. 그들은 우리의 중재자로서 현세와 내세를 연결해 줍니다. 그들은 우리의 믿음을 구현합니다. 그들은 희망의 운반자입니다. 안 좋을 게 뭐가 있습니까?

천사의 존재를 믿든 안 믿든, 모든 것이 잘될 거라고 믿는 쪽을 선택할 수 있습니다.

> 오늘 밤, 상실 직후에 느꼈던 슬픔의 온갖 지옥이 다시 열렸다. 정신 나간 말들, 쓰디쓴 원망, 메스대는 속, 악몽 같은 현실, 눈물 속에서 허우적거림. 슬픔 속에서는 그 무엇도 '가만히 있지' 않는다. 한 국면에서 벗어나는 듯해도 늘 되돌아가 돌고 돈다. 모든 게 반복된다.
>
> — C. S. 루이스

막 시작했거나 새롭게 싹튼 사랑이 아름답다면, 상실 직후의 슬픔은 고통으로 일그러져 있습니다. 사랑과 슬픔은 인간의 경험이라는 시소 위에서 서로 균형을 이룹니다. 천국과 지옥처럼.

하지만 슬픔의 초반 며칠과 몇 주를 잘 견디며 지나왔다 해도, 때로는 그때의 슬픔이 준 몹시 고통스러운 생각과 감정에 다시 빠져들게 됩니다. 상처와 좌절은 우리를 절망으로 가득 채울 수 있습니다.

슬픔 속에서 치유는 느리게 나선형으로 진행되는 과정입니다. 적극적으로 애도하면 시간이 지남에 따라 극심한 슬픔조차 누그러진다는 사실을 우리는 믿어야만 합니다. 한참 지나고 보면, 우리가 나선형을 그리며 특정 생각이나 감정으로 되돌아갔을 때마다 아주 조금씩 편해지고 있었다는 것을 알 수 있습니다. 당시에는 그렇지 않았을 테지만요.

슬픔 속에서는 모든 것이 반복됩니다…… 하지만 점점 부드러워지죠. 아주 천천히 잦아들었다 저 멀리 사라지는 강렬한 북소리처럼.

어떤 인용문으로도 소용없는 그런 하루를 보냈다.

— 리셀 E. 굿리치

이 책은 상실로 슬퍼하는 이들에게 매일 아주 조금씩 은혜를 나누고 희망을 주려는 것입니다. '하루하루 조금씩'이라는 전체 구성 때문에 매일 새로운 생각이나 아이디어를 하나씩 제시하기는 하지만, 간결해서 부담스럽지는 않을 것입니다.

그렇지만 어떤 날에는, 인용문과 명상록의 형식을 취하고 있는 이 간결한 심오함이 지나치게 말만 그럴듯한 것으로 보일 수 있습니다. 우리가 겪고 있는 이 슬픔은 모아서 울타리에 가두고 길들일 수 있는 것이 아닙니다. 이 슬픔은 공감이나 조언 몇 마디, 영리한 말로 달래기에는 너무나 크고 압도적입니다.

이 책을 여느 때처럼 집어 들어 오늘 날짜의 생각들을 읽고 있자면 그것들이 여러분이 지금 겪고 있는 일 앞에서 하찮게 느껴질 수 있습니다. 그럴 때는 제가 이해한다는 점을 꼭 알아주세요. 그런 날은 책을 치워 놓고, 대신 여러분의 생각과 감정을 잘 들어 주는 사람과 이야기를 나누어 보세요.

내 슬픔에 대한 대답은 냉장고 자석으로 붙일 만한 짧은 문구로는 담기지 않습니다. '지혜의 말들'을 무시하고 싶을 때는 언제든 그렇게 해도 됩니다.

> 세상에는 인간의 인식과 사고의 한계를 드러내는 진정한 신비가
> 존재한다. 지혜는 그 한계를 이해할 때 무너지는 것이 아니라 강
> 화된다.
>
> — 모티머 J. 애들러

저는 배우는 것을 무척 좋아합니다. 열정을 가지고 하는 다른 일들뿐만 아니라, 슬픔에 빠진 사람들과 슬픔을 돌보는 사람들과 함께하는 일에서도 저는 항상 배움을 통해 제 이해가 더 넓어지기를 갈망합니다. 저는 저를 전문가로 생각해 본 적이 없습니다. 그보다는 헌신적인 학생이라 생각합니다.

제가 모든 것을 알 수 없다는 것 또한 잘 알고 있습니다. 모든 것을 배우기에는 시간이 충분치 않을뿐더러 인간이 모든 것을 다 알 수 있는 것도 아니니까요. 현재 우리가 가진 이해력과 통제권을 벗어난 것들이 너무도 많다는 것을 깨달으려면 태양계, 은하계 그리고 우주 전체에서 지구가 차지하는 자리를 묘사한 온라인 동영상만 봐도 됩니다.

제게 인간의 삶과 죽음은 여전히 수수께끼입니다. '어떻게' 보다는 '왜'라는 관점에서 그렇습니다. 하나의 종으로서 우리는 늘 어느 정도까지만 지혜로울 수 있습니다. 그 너머에 있을지 모르느 것우 상상력과 믿음을 발휘해야 할 짜릿한 영역입니다. 우리의 인지적 한계를 인정하면 가능성으로 가득 찬 온 우주가 우리 앞에 열립니다.

이해할under-stand 수 없을 때, 나는
수수께끼 '아래에 서 있는'standing-under 것을
받아들일 수 있습니다.

'아래'로 가 본 자들만이 '위'를 이해할 수 있다.

— 리처드 로어

우리는 '아래'를 이해합니다. 우리는 몇 날, 몇 주는 아래쪽에서 지낼 때도 있습니다. 소중한 이가 세상을 떠났다는 슬픔보다 더 깊은 아래는 없습니다.

아래가 고통스럽지만, 때로는 정상적이고 꼭 필요한 것이기도 합니다. 그렇지만 아래쪽의 깊은 곳에서도 여전히 위를 바라볼 수 있습니다. 우리는 사랑과 기쁨의 시간을 기억할 수 있습니다. 우리는 우리가 사랑하고 우리를 사랑한 다른 이들과 연결될 수 있습니다. 그리고 아래로 처지는 날에는 경쾌한 활동과 오락과 기분 전환의 시간을 일정에 넣을 수 있습니다.

우리는 '위'도 이해합니다. 우리의 아래로 조금의 '위'를 초대할 수 있습니다. 그리고 미래에는 더 많은 '위'를 바라며 희망을 꼭 붙잡을 수도 있습니다.

나는 '아래'를 이해하지만, 그것은 내가 '위'도 이해하기 때문입니다.

나는 아래의 한가운데에서도 스스로에게 '위'의 휴식 시간을 줄 것입니다.

> 신은 당신의 친구라는 점을 잊지 말기를. 모든 친구가 그렇듯이,
> 신도 당신의 삶에서 일어나는 모든 일을 간절히 듣고 싶어 한다.
> 좋은 일이든 나쁜 일이든, 슬픔으로 가득 차 있든 분노로 가득차
> 있든, 심지어 왜 끔찍한 일들이 일어나야 하는지 당신이 질문할
> 때조차도.
>
> ― 니콜라스 스파크스

우리는 슬픔이 신앙을 모욕한다고 잘못 생각하는 경우가 가끔 있습니다. '어쨌든 신앙이 있다면 죽음을 슬퍼해서는 안 돼. 사실 우리는 기뻐해야 해!' 우리가 받은 종교적 훈련이나 소속감은 이런 오해를 키울 수 있습니다.

하지만 신은 우리를 사랑하도록 만들었고, 이는 그분이 우리를 슬퍼하도록 만들었다는 것도 의미합니다. 그리고 그분이 우리 친구라면, 우리 인간의 생각과 감정 모두를 자비롭게 증언해 주실 것입니다. 신과 관계를 맺는다는 것은 신앙에 의문을 가지는 것을 포함해서 모든 것을 그분에게 가져갈 수 있다는 의미입니다.

이 점을 분명히 해 둡시다. 신앙을 갖는 것과 슬퍼하는 것은 상호 배타적인 일이 아닙니다. 세상을 떠난 사랑하는 이들과 우리가 언젠가 재회하리라는 것을 믿는다 해도, 우리는 지상의 이곳에서 우리 눈앞에 있던 그들의 존재를 여전히 그리워합니다.

신앙이 있어도 슬퍼할 수 있습니다. 또한 자신의 신앙에
의문을 가질 수도 있습니다. 신은 모든 것을 이해하고 받아들입니다.

슬픔은 공유할 수 없다. 모든 사람은 슬픔을 홀로, 자신의 짐으로, 자신의 방식으로 짊어진다.

— 앤 머로 린드버그

주의해야 할 오해입니다! 슬픔은 공유할 수 있습니다. 슬픔을 우리 외부와 공유하는 것을 애도라고 하며, 애도는 치유의 방법입니다.

린드버그 여사의 발언은 흔한 오해라 경계할 필요가 있습니다. 이 발언은 곧이곧대로 받아들기가 쉽습니다. 그렇게 하면 슬픔을 마음속 깊이 묻어 두어 결코 화해할 수 없는 상황을 자초하게 됩니다.

네, 우리는 각자 고유한 방식으로 슬퍼하고, 각자가 적극적으로 애도할 동기를 스스로 찾고 또 용기를 내야만 합니다. 이 점은 사실입니다. 하지만 슬픔에 잠겼을 때 우리는 결코 혼자가 아닙니다. 이 진실에 따라 행동하는 경우가 많을수록 더 좋습니다.

내 슬픔은 나만의 것이지만, 그 슬픔을 다루는 데는 다른 사람들의 도움도 필요합니다.

우리 모두가, 온 세상 사람들이 매일 오후 3시경 쿠키와 우유를 먹은 다음 자기 담요에 누워 낮잠을 잔다면, 이 세상이 얼마나 좋아질지 생각해 보라.

— 바바라 조던

애착 담요가 필요하다고 생각한 적이 있나요? 많은 사람이 애착 담요를 가지고 있거나 어렸을 때 가지고 있었죠. 그걸 꼭 잡고 있으면 마음이 진정되었고요. 어쩌면 슬픔을 헤쳐 나가는 우리의 여정에 안전함을 느끼게 해 주는 대상이 필요한 시점인지도 모르겠습니다.

몇 가지 아이디어가 있습니다. 플란넬 잠옷, 포근한 가운, 실내화, 부드럽고 폭신한 담요, 동물 봉제 인형, 각별한 베개, 부드러운 스웨터. 물건은 새것일 수도 있고 헌것일 수도 있고, 심지어 세상을 떠난 이의 것일 수도 있습니다. 슬픔이 깊이 느껴질 때마다, 우리는 안전함을 느끼게 해 주는 물건을 꼭 붙잡고서 자신에게 울거나 숨 쉴 시간을 줄 수 있습니다.

우리가 아무리 나이를 먹어도 쿠키와 우유, 낮잠, 애착 담요를 원할 수 있습니다.

나는 _____을 꼭 붙잡고 있으면 위로받는 기분입니다.
나는 위로가 필요하고 또 위로받을 자격이 있습니다.

효과 빠르게 완화하고 싶다면, 속도를 늦추어라.

— 릴리 톰린

슬픔에 빠졌을 때, 우리는 종종 가능한 한 빨리 슬픔에서 벗어나고 싶어 합니다. 어쨌든 아프니까요. 하루도 빠짐없이 고통을 경험하는 것은 고된 일입니다. 그래서 우리는 계속 바쁘게 살면서 자신의 주의를 분산시키려고 노력합니다.

하지만 슬픔은 서두르기를 거부합니다. 슬픔은 필요한 만큼의 시간이 걸리기를 고집합니다. 슬픔은 게으름뱅이에 꾸물대고 빈둥거립니다. 그것이 슬픔의 본성입니다. 급히 서두를 필요가 전혀 없습니다.

하지만 여기 역설이 있습니다. 거북이 같은 슬픔의 속도에 우리가 마침내 항복할 때, 효과 빠르게 완화되는 경우가 많습니다. 속도를 함께 늦추어 슬픔의 느릿느릿함을 받아들이면 뜻밖에 평화로움을 경험할 수 있습니다. 우리는 우리가 바라는 모습이 아니라 있는 그대로의 모습에 우리를 맞춰 가는 것입니다.

슬픔의 느림을 존중합니다. 슬픔은 정확히 가야 할 속도로 가고 있습니다.

놀이를 하면 인생이 더 재미있어집니다.

— 로알드 달

사랑은 쾌활할 수 있습니다. 그렇죠? 우리는 사랑하는 이들과 함께 재미있고 유치하게 기분 전환을 하면서 시간 보내기를 즐깁니다. 또한 서로를 다정하게 놀리기도 하고 상대방을 웃게 만들려고 애쓰지요. 사랑의 좋은 점 중 하나는 이런 재미와 놀이입니다.

그러니 슬픔이 사랑의 샴쌍둥이라면…… 슬픔 속에서도 가끔은 쾌활하게 굴어 볼 수 있지 않을까요? 슬픔 속에서도 우리는 쾌활할 수 있습니다. 모든 것을 너무 심각하게 받아들이지 말 것을 스스로 상기하고, 재미와 웃음을 위해 시간을 할애하고, 블랙 유머가 우리 문화에서 전반적으로 금기시하는 죽음과 슬픔의 주제를 다룰 수 있도록 허용하면서 말입니다.

놀이를 하면 슬픔이 더 가벼워진다고 확실히 말하진 못하겠습니다. 하지만 놀이를 하면 슬픔이 더 견딜 만한 것이 된다고 말하고 싶군요. 또한 삶과 사랑에도 더 진실해진다고요.

나의 슬픔에는 재미와 웃음이 들어올 자리가 있습니다.

심연으로 내려가야만 삶의 보물을 되찾을 수 있다.

— 조지프 캠벨

오늘 우리가 꼭 붙잡고 기댈 수 있는 은유가 하나 있습니다. 슬픔을 위험하고도 몹시 힘든 '보물찾기'로 보는 겁니다. 물론 우리가 늘 해 보고 싶었던 보물찾기는 아니지만, 우리는 지금 보물찾기 장소에 있 습니다. 그리고 이 깊은 심연 속에 있다면, 이곳에 감춰진 보물을 찾 아야 하지 않겠습니까?

분명 슬픔의 밑바닥에서 찾을 수 있는 보물들이 있기 때문입니다. 이를테면 세상을 떠난 그 사람과 함께 보냈던 즐거운 시간에 대한 반짝이는 기억들처럼요. 다른 사람들을 사랑하고 또 그들을 필요로 할 때 우리 삶이 가장 의미 있다는 황금빛 깨달음처럼요. 지금부터 앞으로 우리가 무언가를 하고 어떤 모습으로 존재할 때 정말로 중요 한 것이 무엇인지에 대한 다이아몬드처럼 선명한 이해처럼요.

준비가 되면, 나는 슬픔 속에서 보물을 찾는 사람이 되겠습니다.

질투란 자신의 축복이 아닌 남의 축복을 계산하는 기술이다.
— 해럴드 코핀

상실의 슬픔을 겪는 우리는 때때로 질투를 느낄 수 있습니다. 우리는 소중한 누군가를 잃었지만, 주변에는 그러한 상실을 겪지 않은 사람들도 많지요. 그들은 우리가 더 이상 누릴 수 없는 것들을 여전히 누릴 수 있다는 게 얼마나 행운인지조차 모른 채 태평하게 살지요.

상실은 자연스럽게 질투의 스포트라이트를 켜곤 합니다. "보세요! 저 사람은 아직도 가지고 있어요. 우리는 없는데!" 상실은 우리가 '가지지 못하는 것'뿐만 아니라, 다른 사람이 '가지고 있는 것' 또한 드러냅니다.

물론 세상은 공평하지 않습니다. 온 세상 사람들이 기쁨을 누리고 고통에 시달리는 정도는 천차만별입니다. 더욱이 우리가 질투하는 바로 그 사람들이, 우리 모르는 사이 그들만의 깊은 상실과 고난을 겪을 수도 있지요.

우리는 관점을 넓히려고 노력할 수 있습니다. 또한 질투에서 오는 생각과 감정을 표현할 수 있고 또 표현해야만 합니다. 그것 역시 우리 슬픔이 이야기하는 것이니까요. 슬픔에는 옳고 그름도, 명예로움이나 수치스러움도 없습니다. 슬픔은 그저 그러할 뿐입니다. 늘 그랬듯이 슬픔이 밖을 향해 목소리를 내게 하면 우리가 슬픔과 친구가 되고, 이해하고, 결국 받아들이는 데 도움을 줍니다.

내가 어떤 질투를 느끼든 그것도 내 슬픔의 일부입니다.
정상적이고 자연스러운 것이며 표현되어야 합니다.

나는 마감 시간이 무척 좋다. 그것이 지나갈 때 나는 '휙휙' 소리가
좋다.

— 더글러스 애덤스

이 슬픔을 '극복'할 수 있는 마감 기한은 언제까지인가요? 6개월 후
면 '정상으로 돌아갈' 것이라고 예상해도 될까요? 혹은 1년? 2년?

우리 문화에서는 가능한 한 빨리 극복하고 돌아가기를 바랍니다.
주변 사람들 역시 보통은 우리가 서두르기를 원합니다. 심지어 우리
스스로 마감 기한을 정하기도 합니다.

하지만 슬픔은 그런 식으로 움직이지 않습니다. 슬픔은 시간표에
반응하지 않습니다. 필요한 만큼의 시간이 걸리고, 사실상 실제로는
절대 끝나지 않습니다. 그러니 다음에 누군가 슬픔의 마감 기한을
넌지시 말하면, 그냥 웃으면서 그것이 '휙' 지나가는 소리를 즐기세
요. 우리는 이제 충분히 압니다. 우리는 슬픔의 주인이며, 마감 기한
은 그냥 스치는 효과음에 불과하다는 것을.

나의 슬픔과 치유에는 마감 기한이 없습니다. 가장 이상적인 속도는
그것들이 나아가는 속도입니다. 그 속도가 어떻든 말입니다.

나는 얼마나 멋진 인생을 살아왔는지! 이걸 좀 더 빨리 깨달았더라면 좋았을 텐데.

— 시도니-가브리엘 콜레트

우리는, 여러분도 저도 죽어 가고 있습니다. 우리는 모두 죽어 가고 있으며 조만간 이곳, 지상에서의 우리의 삶도 결국 끝나겠지요.

죽음이 임박하면 우리 슬픔도 달라질 것이라는 생각이 듭니다. 우리는 새롭게 발견된 관점을 갖게 되겠지요. 앞으로 내다보며 세상을 떠난 소중한 이들과 곧 재회할 것이라는 희망을 가질 뿐만 아니라, 뒤를 돌아보며 우리가 함께 나눴던 멋진 사랑과 삶에 감사하는 마음을 느낄 것입니다.

저는 가까웠던 몇몇 사람의 임종을 지켰습니다. 그들은 다양하게 생각과 감정을 표현했지만, 가장 두드러진 소망은 얼마 남지 않은 며칠을 자신의 삶을 이야기하는 데 쓰고 싶다는 것이었습니다. 그 이야기에는 그들이 사랑했던 사람들의 죽음도 포함되어 있었지만, 대개는 그들이 사랑했던 사람들의 삶 그리고 그들이 함께 보냈던 시간에 초점이 맞춰져 있었습니다.

죽어 가는 과정은 애도에 관한 중요한 무언가를 가르쳐 줍니다.

오늘도, 내일도, 모레도 나는 내가 얼마나 멋진 삶을 살아왔는지를 깨달으려고 애쓰겠습니다.

그녀는 눈부시게 빛나는 경이로움의 한순간을 경험했다. 그것은 이 사람들뿐만 아니라 살아 있는 모든 이, 모든 것, 심장의 박동, 펄럭이는 날개, 그녀처럼 태양을 쫓으며 스스로 땅을 뚫고 올라오는 새싹, 이 모든 것과 연결되어 있다는 느낌이었다.

— 힐러리 조던, 『그녀가 눈을 떴을 때』When She Woke

이 땅에서의 삶과 연결되어 있다고 느끼고 싶습니다. 사랑과 생명의 경이로움을 느끼고 싶습니다. 하지만 문제는 죽은 사람과의 단절감이 더 강하다는 사실입니다.

깊은 슬픔 속에서 우리는 삶의 잡아끄는 힘보다 홱 끌어당기는 상실의 힘을 더 강력하게 경험합니다. 이것은 정상이고 자연스럽습니다. 우리가 태양을 향해 얼굴을 돌릴 수 있으려면 먼저 상실을 받아들이고 수용하는 법을 배워야만 합니다.

그렇지만 우리는 살아 있는 모든 이, 모든 것과 연결되어 있습니다. 또한 죽은 모든 이와 연결되어 있다고 생각합니다. 그 연결감을 강화하고 확장할 기회를 기꺼이 받아들이는 것은 슬픔을 견디는 데 도움이 됩니다. 그뿐만 아니라 앞으로 더 풍요로운 날들을 위한 삶의 토양을 마련하는 것이기도 합니다.

나는 모든 이, 모든 것과 연결되어 있습니다.

> 외로움은 홀로 있음의 고통을 표현한 말이고, 고독은 홀로 있음의
> 영광을 표현한 말이다.
>
> — 폴 틸리히

누군가, 특히 일상을 늘 함께하던 사람이 사라졌을 때 오는 외로움은 유난히 견디기 힘듭니다. 인간으로서 우리는 일반적으로 동반 관계에 의지합니다. 동행자를 뺏겼을 때 우리 일상은 두 동강이 나죠.

외로움은 아픕니다. 외로움에 대항하려면 다른 사람들에게 다가가는 방법을 찾아야 합니다. 친구, 가족, 이웃, 함께 자원봉사 하는 사람들, 직장 동료, 취미를 공유하는 마음 맞는 사람들 등 공통점이 있는 여타의 사람들과 시간을 보내는 새로운 일상을 만들 수 있습니다. 연결을 위해 노력하는 것은 외로움을 달래 줄 뿐만 아니라, 우리가 슬픔을 표현할 때 귀 기울여 줄 사람을 얻는 일이기도 합니다.

하지만 슬픔 속에서는 고독 또한 꼭 필요합니다. 자신의 감정을 느끼고 생각을 정리하려면 혼자만의 고요한 시간이 필요합니다. 속도를 늦추고 내면으로 향하려면 때로는 고독을 길러야 합니다. 혼자 있는 것은 우리가 생각해 왔던 것처럼 저주가 아닙니다. 오히려 축복입니다. 결국 우리는 혼자 태어나고 혼자 죽을 것입니다. 우리 각자는 혼자만으로도 신의 아이입니다.

다른 사람들과 연결되는 것, 고독을 편안하게 받아들이는 것,
둘 다를 위해 노력하겠습니다.

보고 싶지 않은 것들에 눈을 감을 수는 있지만, 느끼고 싶지 않은 것들에 마음을 닫을 수는 없다.

— 조니 뎁

우리 마음은 지혜롭습니다. 마음은 가장 깊은 곳에 있는 진실을 알고 있습니다.

슬픔을 느끼고 싶지 않을 때는 잠시 주의를 딴 데로 돌릴 수 있습니다. 우리 자신을 무감각하게 만들 수 있습니다. 부정할 수도 있습니다. 그런 회피는 생존을 위해 필요한 경우도 있지만, 매번 일시적인 조치입니다.

사랑을 받아들였기에 우리 마음이 지금 슬픔을 겪고 있는 것입니다. 우리는 사랑에 마음을 열었기에 슬픔에도 마음을 닫을 수 없습니다. 슬픔은 사랑과 함께 우리 마음 안에서 살아갑니다. 지금 우리 앞에 놓여 있는 과제는 매일, 매주, 매달, 매년 우리의 슬픔과 친구가 되는 것입니다.

슬픔을 인정하고 받아들이고 수용하고 표현하고 화해하는 것, 이것이 우리가 해야 할 일입니다.

슬픔에 마음을 닫을 수는 없습니다.
슬픔은 이미 마음 안에서 나의 관심을 요구하고 있습니다.

사람에는 두 부류가 있다. 한 부류는 그들의 자아가 어느 지점에서 최종적으로 굳어졌는지를 보면 알 수 있다. 반면, 다른 부류는 계속 움직이고 변하며…… 유동적이다. 계속 앞으로 나아가며 인생과 새롭게 만난다. 그 움직임이 그들의 젊음을 유지한다. 내가 보기에 그들이야말로 살아 있는 사람들이다. 굳지 않도록 끊임없이 경계해야 한다.

— 게일 고드윈

어떤 사람들은 슬픔 속에서 굳어져 갑니다. 그들에게 세상 전부였던 누군가가 세상을 떠나고…… 그리고 막막해졌죠. 그들은 상실의 진흙탕에 빠진 채 주저앉고 모두 포기합니다.

이제는 아시죠? 한동안 슬픔에 잠기는 것은 정상이고 꼭 필요한 일입니다. 탈출구는 오직 하나뿐입니다. 슬픔을 느껴야만 치유할 수 있어요.

슬픔을 적극적으로 표현하는 것과 희망을 기르는 것, 이 두 가지가 우리를 굳지 않게 막아 줍니다. 애도는 '움직이는 슬픔'입니다. 슬픔이라는 질척한 콘크리트가 우리를 그 자리에서 굳지 않도록 하는 것은 바로 그 움직임입니다. 희망을 기르는 것은 미래에는 선하고 사랑스러운 일들이 기다리고 있다는 것을 믿고자 최선을 다하는 것을 의미합니다.

애도하는 것과 희망하는 것, 이것은 우리를 진정 살아 있게 합니다.

나는 슬픔 안에서 굳어 버리기를 원치 않으니, 계속 움직일 것입니다.
적극적으로 애도할 것입니다. 적극적으로 희망할 것입니다.

낙담하지 마라. 자물쇠를 푸는 것은 열쇠 꾸러미의 마지막 열쇠인
경우가 많다.

— 작자 미상

슬픔을 표현하거나 애도하려고 우리가 취하는 행동들을 큰 열쇠고리에 달린 열쇠들이라고 생각해 봅시다. 우리는 잠긴 문 앞에서 열쇠를 꺼내 사용해 봅니다.

오늘 우리 앞길을 막고 있는 문이 분노라고 해 봅시다. 우리는 세상을 떠난 사람, 죽음을 둘러싼 상황, 우리 자신 등등에 분노하고 있습니다. 분노가 계속 일어날 때 분노를 느끼는 것은 정상이고 꼭 필요합니다. 또한 그것을 우리 외부로 표현해야만 합니다. 그래서 우리는 그 열쇠고리에 달린 열쇠 하나를 자물쇠에 끼워 봅니다.

첫 번째 열쇠에는 '비명'이라고 적혀 있을지도 모릅니다. 개인실로 들어가 시간이 얼마나 걸리든 큰 소리로 외치며 분노를 마구 표출합니다. 그런 다음 어떤 기분인지 살펴봅니다. 여전히 분노가 남아 있다면 이번엔 다른 열쇠를 사용해 볼 수도 있습니다. 이를테면 '일기'나 '예술'이라고 적힌 열쇠입니다. 분노가 조금 누그러지기 시작하면, 즉 닫혀 있던 마음의 문이 열리는 것 같다면 적어도 오늘의 나에게 맞는 열쇠를 찾았다는 것을 알게 됩니다.

내 열쇠고리에는 열쇠가 가득합니다. 오늘의 자물쇠를 푸는 열쇠를 찾기 위해 나는 매일 애쓸 것입니다.

크레용을 주세요. 어른들에게는 꿈의 마술봉이 걱정스러울 정도로 결핍되어 있습니다.

— 선울프 박사

움직이고 있는 슬픔은 치유로 가는 길 위에 있는 슬픔임을 늘, 늘 명심합시다. 연필이나 펜으로 그리는 것, 크레용이나 색연필로 색칠하는 것, 그리고 어떤 종류가 되었건 예술 작품을 만드는 것은 모두 슬픔을 움직이게 하는 방법입니다.

성인용 컬러링 북 열풍을 쫓아가 본 적이 있나요? 이제는 무수히 많은 주제를 다양한 스타일로 묘사해 놓은 수백 권의 컬러링 북 중에서 고를 수 있습니다. 매력적이고 종종 복잡한 도안에 색을 칠하는 과정은 사람을 안정시키는 효과가 있습니다. 거기에는 마음챙김이 요구됩니다. 색칠하기는 본질적으로 명상의 한 형태입니다.

특히 연필이나 펜으로 그리기, 낙서하기, 크레용이나 색연필로 색칠하기를 좋아한 적 있는 사람이라면, 성인용 컬러링 북을 한 권 사서 도전해 볼 것을 권합니다. 부드럽고 반복적인 몸동작에 매료될 수도 있을 것입니다. 꿈의 마술봉들이 여러분과 여러분의 슬픔을 좀 더 평화로운 곳으로 옮겨 줄지도 모릅니다.

나는 오늘 슬픔에 움직임을 주는 한 가지 방법으로 색칠하기(또는 연필이나 펜으로 그리기, 찰흙 놀이, 붓과 물감으로 그리기 등등)에 도전해 보겠습니다.

때로는 한 사람이 사라졌을 뿐인데 세상 모든 사람이 사라진 것
같은 때가 있다.

　　　　　　　　　　　　　　　　　　　— 라마르틴

프랑스인들은 "보고 싶어요"라고 말하지 않습니다. 그들은 '당신이
내게서 사라졌어요'라는 의미인 "튀 므 망크"Tu me manques라고 표현
합니다.

　우리가 사랑하는 사람들은 우리의 일부이며, 그들이 죽으면 우리
일부도 우리에게서 사라집니다. 이것이 소중한 사람이 죽으면 우리
의 일부도 함께 죽는 것이라고 말하곤 하는 이유입니다.

　없어서는 안 될 무언가가 지금 우리 삶에서 사라졌다는 느낌은 슬
픔에서 가장 견디기 힘든 부분입니다. 그 느낌은 절대 없어지지 않
을 것입니다. 그 빈 구멍은 다른 사람들이나 활동, 물건들로 채울 수
없습니다. 그 무엇으로도 채울 수 없습니다.

　그렇지만 어쩌면 그 구멍에 대한 이해에 이를 수는 있을 겁니다.
지금 그것은 세상을 떠난 사람에 대한 우리의 기억과 사랑을 담는
그릇입니다. 그리고 그 기억과 사랑은, 비록 그 사람의 존재를 대신
할 수는 없지만, 역시 대단히 소중한 것입니다.

　당신은 내게서 사라졌습니다. 나는 그 빈 자리와 함께 사는 법을 배우고
있습니다.

내가 있는 곳과 내가 있고 싶은 곳 사이의 간극이 내게 두려움이
아니라 영감을 주게 하는 법을 나는 날마다 배우고 있다.

— 트레이시 엘리스 로스

우리는 여기에 있습니다. 그리고 기분이 더 나아지려면 저 너머, 슬
픔이라는 거대한 협곡 반대편에 있어야 한다는 것을 알고 있습니다.

우리와 치유 사이에는 큰 간극이 있습니다. 그 사실을 알면 낙담
하게 되고 우울해지고 두려움을 느낄 수 있습니다.

하지만 우리는 그 협곡을 오히려 하나의 도전으로 볼 수도 있습니
다. 그것은 우리가 선택한 도전은 절대 아닙니다. 우리는 차라리 사
랑하는 그 사람들을 여기 우리 곁으로 되돌려 놓고 싶습니다. 그렇
지만 그것이 불가능하기에, 우리는 슬픔을 하나의 기회로 생각하는
법을 배우고 있습니다.

이 여정은 험난할 것입니다. 하지만 또한 우리를 바꿔 놓을 것입
니다. 어쩌면 협곡의 반대편에서 달라져 있을 새로운 우리 모습과
만나기를 기대해도 될 것 같습니다.

나의 슬픔은 거대한 협곡입니다.
하지만 그 반대편에 도달하고 싶은 마음이 생겨납니다.

우리는 모두 가면을 쓰고 있다. 그리고 피부 한 꺼풀을 벗겨내지 않고서는 가면을 벗을 수 없는 때가 올 것이다.

— 앙드레 베르티옴

상실의 슬픔을 겪고 있는 우리는 대부분 가면을 쓰는 데 능숙합니다. 우리 문화는 우리에게 "기운 내야 해" "침착함을 유지해야 해" "앞으로 나아가야 해"라고 말합니다. 그래서 우리는 줄곧 우리의 진짜 생각과 감정을 감추는 가면을 쓴 채, 해야 할 일을 하면서 그날그날의 삶을 살아갑니다.

하지만 말이죠, 겉과 속이 다른 사람이 될 필요가 없습니다. 생각과 감정에 솔직해도 됩니다. 슬픔을 치유하려면 슬픔을 숨김없이 솔직하게 표현해야 합니다.

두려운 기분이 들더라도 오늘은 가면을 벗어서 옷장 속에 넣어 두세요. 무슨 일이 일어나는지 한번 지켜보세요.

오늘은 특별히 친구들과 가족이 곁에 있을 때 의식적으로 가면을 벗으려고 합니다.

어떤 사람의 이름이 여전히 불리고 있는 한 그는 죽은 것이 아니라는 걸 모르는가?

— 테리 프래쳇

10월 31일, 여기 미국에서 핼러윈 축제가 벌어지는 동안 멕시코와 세계의 다른 지역에서는 수백만 명의 사람들이 디에 데 무에르토스 Día de Muertos, 즉 '망자의 날'을 기념합니다. 오늘 시작해서 사흘간 이어지는 휴일이지요. 가족들은 고인이 된 사랑하는 이들을 위해 제단을 세우고 묘지를 방문해서 좋아하는 음식과 음료, 사진과 기념품, 특별한 장식물을 선물로 놓고 옵니다. 고인이 된 사랑하는 이들의 영혼에게 이 기간에 산 사람을 방문하라고 격려해서, 산 자와 죽은 자가 서로 소통하는 것이 그 취지입니다.

해마다 온 공동체와 문화가 상실을 인정하고 불멸하는 사랑의 현실을 의례로 표현하면서 사흘을 보낸다는 것, 이 얼마나 멋집니까!

고인이 된 사랑하는 이들을 기억하기 위해 우리가 꼭 망자의 날을 기념하는 공동체의 일원일 필요는 없습니다. 그들을 기억하고 그들을 향한 우리의 계속되는 사랑을 확인하고자 우리만의 의례를 만들어 매일 행하거나, 이따금 행하거나, 특별한 날이나 휴일에 행하면 됩니다. 결국 우리 마음속에서는 매일매일이 망자의 날입니다.

세상을 떠난 사랑하는 이들의 이름을 부르고, 그들을 주기적으로 기억하기 위한 방법을 찾겠습니다.

11월

창세기에서는 어둠이 먼저였다. 빛은 두 번째로 왔다.

— 바바라 브라운 테일러

1년 중 날이 짧아지고 어둠이 길어지는 이 시기가 되면, 슬픔에는 어둠이 필요하다는 것이 생각납니다.

사랑하는 사람이 세상을 떠나면, 영혼의 어두운 밤은 길고도 캄캄한 밤이 될 수 있습니다. 그것은 불편하고 무섭습니다. 아프기도 합니다. 그렇지만 어둠과 싸우거나 부정하거나 거기서 도망가려고 하지 말고 그 속에 가만히 앉아 있어 보세요. 그러면 어둠이 우리에게 무언가를 가르쳐 준다는 것을 알게 될 것입니다.

슬픔의 어둠과 친구가 되려면 용기와 노력이 필요합니다. 하지만 결국 그렇게 해야만 우리는 다시 빛이 있는 곳으로 들어갈 수 있습니다.

슬픔에 잠겨 있을 때, 어둠은 빛으로 가는 필수 단계입니다.

삶과 죽음을 가르는 경계는 기껏해야 희미하고 모호하다. 삶이 어디서 끝나고 죽음이 어디서 시작되는지, 누가 알겠는가?

— 에드거 앨런 포, 「생매장」

켈트족의 전통에서 '얇은 곳'thin places은 물리적 세계와 영적 세계의 경계가 가장 희미하게 느껴지는 장소입니다. 하늘과 땅, 거룩한 것과 일상적인 것 사이에 있는 베일이 너무 얇아서 근처에 있으면 시간을 초월하고 한계가 없는 영적 세계를 직관적으로 감지하게 되는 그런 곳입니다.

얇은 곳은 보통 야외에 있습니다. 물과 육지가 만나거나 육지와 하늘이 합쳐지는 곳인 경우가 많지요. 우리는 강둑이나 해변, 산꼭대기에서 얇은 곳을 발견할 수 있습니다. 성스러운 장소, 이를테면 성당, 모스크, 사원, 기념관, 묘지 또한 얇은 곳인 경우가 많습니다. 하지만 실제로는 다른 세계로 초월하는 느낌이 드는 곳이라면 어디든 당신에게는 얇은 곳입니다. 그곳이 저에게는 그렇지 않더라도 말이지요.

죽은 사람과 가장 가까운 곳에 있다고 느껴지는 곳이 어디입니까? 그곳으로 가세요.

얇은 곳과 마주치면 기억해 두었다가……
종종 그곳으로 돌아가겠습니다.

평생 슬퍼하지도, 용서받지도 못한 상처는 우울증을 키운다.
— 페넬로피 스위트

인생에서 상실을 겪을 때마다 우리 내면에서는 상처를 느낍니다. 우리는 슬퍼합니다. 하지만 우리가 이 슬픔을 탐색하고 밖으로 표현하지 않는다면, 다시 말해 애도하지 않는다면, 우리는 결국 영원히 그 상처를 안고 살아갈 것입니다. 그리고 그 상처를 안고 살아가는 동안 상처는 다른 여러 가지 증상으로 변질됩니다. 신뢰와 친밀감 형성의 어려움, 우울증, 불안, 약물 남용, 기타 중독 그리고(또는) 신체적 불편함 등입니다.

슬픔을 짊어지고 살아가면 그 슬픔은 우리를 짓누릅니다. 우리의 신성한 불꽃을 꺼뜨립니다.

좋은 소식이라면, 아무리 오래된 슬픔이라도 애도하기에 너무 늦은 경우는 없다는 것이죠. 오랫동안 묻어 두었던 감정을 다시 불러내고 받아들임으로써 우리는 절대 가능하지 않을 것이라 생각했던 즐거운 살아 있음을 향해 나아갈 수 있습니다.

정말이지 나는 가장 멋진 삶을 살고 싶습니다. 내가 짊어진 모든 슬픔을 털어놓고 애도하고자 노력하겠습니다.

자신을 충분히 사랑한다면, 선을 분명히 그어라. 당신의 시간과 에너지는 소중하다. 그것을 어떻게 사용할지는 당신이 선택할 수 있다. 무엇을 받아들이고 무엇을 안 받아들일지 결정함으로써, 당신을 어떻게 대해야 하는지 사람들에게 알려 주어라.

— 애나 테일러

슬픔 속에서도 선을 분명하게 긋는 것이 치유에 필요한 경우가 종종 있습니다. 첫째, 다른 사람들과 선을 분명히 그어야 합니다. 특히 우리가 겪고 있는 슬픔으로 우리를 평가하거나, 우리가 부끄럽게 느끼도록 만들거나, 우리가 치유에 해롭다고 알고 있는 행동을 하는 사람들과 선을 그어야 합니다. 단순히 그들과 시간을 보내지 않겠다고 결정하면 됩니다.

둘째, 일거리나 다른 의무들과도 분명히 선을 그어야 합니다. 우리의 시간과 에너지는 소중합니다. 슬픔과 친구가 되고 슬픔을 표현하는 데는 시간과 에너지, 둘 다 필요합니다. 우리는 단호히 자기 돌봄을 위한 시간을 우선시해야 합니다.

셋째, 우리 자신과도 선을 분명히 그어야 합니다. 자기 파괴적인 행동뿐만 아니라 슬픔을 '틀어막으려' 하거나, 그것을 지나치게 지적인 방식으로 다루거나, 우리를 걱정하는 다른 이들의 도움과 충고를 거절하려는 성향들로부터 자신을 지켜 내야 합니다.

나는 나 자신을 사랑하고, 치유를 간절히 원하기에 선을 분명히 그을 것입니다. 치유를 원합니다.

자비의 대상에 자신이 포함되지 않는다면, 그것은 불완전하다.
— 붓다

우리 중에는 다른 사람에게 친절한 태도로 대하는 것에는 능숙하지만, 자신에게 친절하게 대하는 데는 꽤 서툰 사람들이 많습니다. 슬픔의 시간을 보내는 동안 우리가 뜯어고쳐야 할 습관이 하나 있다면, 바로 이것입니다.

슬픔에 빠졌을 때는 우리는 자신에게 상냥해야만 합니다. 자신에게 친절하고 자기를 용서할 수 있어야 합니다. 우리 자신을 무조건 사랑해야 합니다. 결국 우리는 갈기갈기 찢겼고 치유를 위해 좋은 돌봄이 필요합니다.

'자비'compassion라는 단어는 '열정을 가지고'with passion를 의미합니다. 열정을 가지고 우리 자신을 돌보기로 합시다. 신체적으로, 인지적으로, 정서적으로, 사회적으로, 영적으로. 그리고 다른 이들 역시 열정을 갖고 우리를 돌볼 수 있게 합시다.

오늘도 내일도 남은 모든 날에도 열정을 가지고 나 자신을
돌보겠습니다.

슬픔은 동정보다 더 오래간다. 이것이 슬퍼하는 자들이 겪는 비극 중 하나다.

— 엘리자베스 맥크래큰, 『내 상상의 정확한 복제본』An Exact
Replica of a Figment of My Imagination

슬픔은 보통 찾아오는 것은 빠르지만 치유되는 것은 느립니다. 사랑하는 이가 병이 들어 그의 상실을 예상하고 있었다 해도, 정작 그가 죽으면 갑작스럽게 덮친 슬픔의 힘이 우리를 때려눕힙니다. 가장 고통스러운 시기가 몇 달 혹은 몇 년 동안 이어질 수도 있습니다.

슬픔이 더디게 느껴질 때는 인내심을 가져야만 합니다. 동시에 그 슬픔을 적극적으로 표현할 때 오히려 슬픔에 가속도가 붙는다는 사실을 깨닫곤 합니다.

슬퍼하지 않는 친구나 가족은 대부분 우리의 슬픔이 지속되는 동안 우리 곁에 머물지 못합니다. 시간이 너무 오래 걸리고, 오롯이 함께 있어 주기에는 너무 힘들기 때문입니다. 오랜 기간 계속해서 슬픔을 함께 나누어야 한다는 걸 이해해 주는 사람 한두 명만 찾을 수 있다면, 그것으로 충분합니다.

아무리 긴 시간이 들더라도 내 슬픔이 필요로 한다면 그 시간을 허락하겠습니다. 슬픔에 갇혀 있다는 기분이 들면, 어떤 식으로든 슬픔을 표현하여 슬픔이 다시 움직이도록 노력할 것입니다.

내 말을 믿어라. 하늘 아래 가장 슬픈 것은 슬퍼할 줄 모르는 영혼
이다.

　　　　　　　— 드 가스파랭 백작 부인

지금 당장은 인정하기 어렵겠지만, 세상에서 가장 슬픈 것은 '슬픔'
그 자체가 아닙니다. 슬퍼할 줄 모르는 것이 가장 슬픈 것입니다.
　우리는 사랑합니다. 우리는 상실했습니다. 우리는 슬퍼합니다.
　우리는 운이 좋은 사람들입니다.

　나의 슬픔은 사랑의 한 증상입니다. 나는 행운아입니다.

여행에서 가야 할 목적지가 있다는 것은 좋은 일이다. 하지만 결국 여행에서 중요한 것은 여행 그 자체이다.
— 어슐러 K. 르 귄,『어둠의 왼손』

알아차리셨나요. 제가 슬픔에 관한 이야기를 할 때 '황무지를 헤쳐 나간다'는 비유를 자주 사용한다는 것을요. 맞습니다. 슬픔은 일회성의 사건이 아니며, 심지어 단기간에 끝나지도 않습니다. 그것은 당신을 영혼의 황무지로 데려가는 길고 지루한 사태입니다.

슬픔 속에서 우리는 치유를 향한 여행을 하고 있습니다. 희망과 행복(또는 내가 화해라고 부르는 것)이라는 보이지 않는 목적지를 향해 나아가면서 우리는 슬픔을 경험하고 표현하고 있습니다. 때로는 앞으로, 때로는 뒤로, 때로는 제자리를 맴돌면서 말입니다.

여정에 목적지가 있는 것은 좋은 일입니다. 하지만 저는 살면서 직접 애도를 많이 했고, 또 많은 애도자와 함께 작업을 해 왔던 터라, 슬픔을 헤쳐 나가는 여정 그 자체가 돌이켜 보면 보람되고 풍요로운 경험인 경우가 많다는 사실 또한 알고 있습니다. 그러니 아무리 슬프더라도 우리의 일상에 가능한 한 많이 감사하며 살아가도록 노력합시다.

나는 고통스럽지만 많은 가능성으로 북적거리는 여행을 하고 있습니다.

아저씨가 밤에 하늘을 올려다 볼 때면, 수많은 별들 중 어딘가엔 내가 살고 있어. 그 별에서 난 웃고 있겠지. 그러니까 모든 별들이 아저씨를 향해 웃고 있을 거야.

— 앙투안 드 생텍쥐페리, 『어린 왕자』

당신은 어디 있습니까?

당신의 몸에 작별 인사를 했습니다. 그 몸은 당신이었지만 당신이 아니었지요. 그 몸은 내가 만지고 냄새 맡고 보고 들을 수 있는 당신의 일부였습니다. 당신의 몸은 당신에게 생명을 불어넣어 주었기에 내게 소중했습니다.

하지만 당신은 더 이상 그 몸에 살지 않습니다. 그건 바로 알 수 있어요. 그럼, 당신은 어디로 갔나요? 당신이 더 이상 당신처럼 보이지 않는다면, 나는 당신을 어떻게 찾아야 하나요?

사랑하는 사람이 세상을 떠나면 우리는 종종 하늘을 바라보며 그들이 왠지 지금 '저 위에' 살고 있을 것 같다고 상상하곤 합니다. 밤하늘은 위로와 경이로움의 원천이 될 수 있습니다. 우주는 신비롭고 아름다우며, 우리가 이해하는 것보다 훨씬 더 크고 더 복잡합니다. 별은 우리에게 위안을 줍니다. 그리고 우리가 허락한다면, 답할 수 없는 우리 질문에 일종의 해답을 주기도 합니다.

당신이 어디로 갔는지 알 수만 있다면 좋겠습니다.

당분간은 상상하는 것이 차선책입니다.

우리는 벽에 부딪혔을 때, 열린 틈, 즉 벽 너머로 이어지는 터널 출구를 찾지 않는 경우가 많다. 그곳에선 인생이라는 자갈길을 걸으며 사랑과 손을 잡을 수 있는데도 말이다.

— 브리짓 로드리게스

슬픔은 일종의 벽입니다. 높고 길어서 타고 넘을 수 없을 것처럼 보입니다. 그 벽 너머에는 치유와 행복이 있지만, 우리는 그 벽을 어떻게 넘을 수 있는지 모릅니다.

그 벽은 넘을 수 없습니다. 통과할 수 있을 뿐입니다. 아시겠지만 슬픔에는 열린 틈이 있습니다. 그것은 애도라고 불리는 터널이지요.

이 길고 어둡고 험난한 터널에서 우리는 슬픔을 인정하고 받아들이고 표현함으로써 천천히 앞으로 나아가는 길을 찾습니다. 터널 안에서 우리는 웁니다. 터널 안에서 사랑과 상실의 이야기를 들려줍니다. 터널 안에서 기억을 나누고 도움을 청합니다.

터널 끝에 있는 빛은 희망입니다. 그 빛은 희미하고 아득하게 멀리 떨어져 있을지 모르지만, 그곳에 분명히 있으며 우리를 출구로 이끕니다.

슬픔이라는 벽을 통과하는 터널은 애도입니다.

'와비사비'는 세 가지 현실을 인정함으로써 진정성이 있는 모든 것을 길러 낸다. 그 세 가지는 '아무것도 지속되지 않는다' '아무것도 완결되지 않는다' '아무것도 완벽하지 않다'이다.

— 리처드 파월

일본의 와비사비ゎびさび라는 개념은 인생의 불완전함과 덧없음을 기꺼이 받아들이는 것입니다. 이 철학은 또한 단순함과 자연을 소중하게 생각합니다.

삶에서 물질적인 것은 그 어떤 것도 지속되지 않습니다. 물질적인 재화는 왔다가 사라집니다. 육체는 태어났다가 결국에는 죽습니다. 그리고 그 어떤 것도 완벽하지 않습니다. 심지어 죽은 사람을 향한 우리의 사랑과 그와의 관계조차도 셀 수 없이 많은 측면에서 결함이 있습니다.

삶은 불완전하고 덧없습니다. 어쩌면 사랑은 그 모든 불완전함 속에서도 유일하게 지속되는 것일지도 모릅니다.

삶의 일시적이고 불완전한 아름다움을 음미하는 법을 배우고 있습니다.

모든 위대한 변화에는 늘 혼돈이 앞선다.
— 디팩 초프라

슬픔은 너무나 혼란스럽게 느껴질 수 있습니다. 마치 거칠고 세차게 흐르는 강 한복판에서 붙잡을 것 하나 없이 서 있는 것과 같습니다. 우리는 혼란스럽고 당혹스럽고 지리멸렬합니다.

아찔하고 비참하기까지 합니다.

하지만 혼돈은 우리를 재배열하고 있습니다. 이 혼돈이 새로운 패턴과 연결을 만들어 내고 있다는 것을 믿어야만 합니다. 시간이 흐르며 애도 작업을 하다 보면, 우리는 결국 변했지만 여전히 아름답고 새로워진 자신의 모습을 보게 될 것입니다. 우리는 그렇게 되고 있는 중입니다.

나는 혼돈 속에서도 번창하는 사람이 되지는 못하지만, 일시적인 혼돈이 지닌 회복의 힘을 믿는 사람이 되려고 노력할 수는 있습니다.

진짜 사랑 이야기에는 결말이 없다.

— 그레고리 J. P. 고덱

사람은 죽지만, 사랑은 죽지 않습니다.

죽음을 애도하는 것과 죽은 사람을 계속 사랑하는 것은 서로 배타적이지 않습니다. 실제로 상실을 우리 삶에 통합하는 것은 상실에 직면해서도 계속 사랑할 용기를 갖는다는 의미입니다.

우리는 사랑을 멈추고 싶어도 멈출 수가 없었습니다. 하지만 사랑하는 사람이 더 이상 여기에 있으며 사랑받을 수는 없기에, 그것을 사랑의 기억과 영원한 연결감으로 변형시켜 우리의 여생 동안, 그리고 그 이후까지 간직해 가야 합니다.

이제 우리의 과제는 인생을 계속 여행하는 것입니다. 죽은 이와 여전히 그리고 언제까지나 얽혀 있으면서도, 우리 역시 하늘로 사라질 때까지 매일의 삶에 지속적인 의미를 불어넣어 줄 새로운 길과 관계에 마음을 열고서 말입니다.

나의 사랑 이야기는 영원히 계속될 것입니다.

우주의 비밀을 발견하고 싶다면, 에너지, 주파수, 진동의 관점에
서 생각하라.

— 니콜라 테슬라

프라나Prana는 '생명력' 또는 '생명 에너지'를 뜻하는 산스크리트어입
니다. 중국어로는 기氣라고 합니다. 다양한 문화와 전인적인 학문 분
과, 예컨대 요가에서는 우리 몸이 프라나 파동을 품고 있다고 봅니
다. 이 파동들은 우리에게 에너지를 주고, 모든 사람과 모든 생명을
결속시키는 우주적 프라나로 우리를 연결해 준다는 것입니다. 프라
나 에너지는 침술, 기공, 태극권, 명상 등 기타 전통적 수련법에서 호
소하는 생명의 정수입니다.

서구에서는 '영혼'spirit이라는 용어를 씁니다. 슬픔은 우리 영혼을
둔화시키고 기운을 떨어뜨립니다. 그래서 슬픔이나 우울함을 묘사
할 때 '가라앉은 영혼.'low spirits이라는 표현을 사용하지요. 영혼을 키
워서 다시 일으켜 세우는 것이 치유의 길에서 지향하는 중심 목표입
니다.

이상에서 언급한 전통적인 수련법들은 프라나를 강화하는 데 도
움이 됩니다. 충분한 휴식을 취하고, 잘 먹고, 적절하게 운동하고, 의
미 있고 즐거운 활동에 참여하는 것 역시 도움이 됩니다. 애도할 때
는 우리 영혼을 키우고 보살필 것을 잊지 마세요.

내 영혼이 가라앉으면, 나는 이것을 영혼을 기르는 데 더 많은 시간을
보내야 한다는 신호로 받아들이겠습니다.

> 스트레스는 심리적 건강뿐만 아니라 훨씬 더 많은 것을 파괴할 수
> 있다. 그것은 희망, 믿음, 신앙을 갉아먹는 경우가 너무도 많다.
>
> — 찰스 F. 글래스먼

스트레스는 요구, 도전, 변화에서 비롯됩니다. 슬픔은 스트레스를
많이 줍니다. 우리 삶의 많은 상황이 그렇습니다.

우리는 지금 바로 슬퍼해야만 합니다. 하지만 스트레스를 주는 다
른 모든 일에까지 적극적으로 임할 필요는 없습니다. 스트레스는 희
망, 믿음, 신앙을 갖는 우리의 역량을 서서히 무너뜨립니다.

우리가 스트레스를 자주 받는 상황과 활동의 목록을 작성하기에
지금이 적기입니다. 그중에 우리 일상생활에서 삭제할 수 있는 항목
은 얼마나 될까요? 시작해 봅시다.

내 삶에서 스트레스 주는 일을 오늘, 최소한 한 가지는
삭제하겠습니다. 삭제하는 것에 죄책감이 느껴지더라도 지금은
나의 희망, 신념, 믿음이 더 중요하다는 사실을 기억하겠습니다.

사랑하는 이의 상실은 시간이 지난다고 치유되는 것이 아니다. 그 시간 동안 무엇을 하느냐에 따라 치유된다.

— 캐럴 크랜들

시간만으로 슬픔이 치유되기를 기대하는 것은 마치 시간만으로 좋은 몸 상태가 유지되기를 기대하는 것과 같습니다. 그런 일은 절대로 일어나지 않습니다.

매주 거의 매일 몸을 움직여 운동하는 것이 건강을 얻고 유지하는 방법입니다. 마찬가지로 슬픔을 움직이게 하는 것, 즉 매주 거의 매일 슬픔을 인정하고 슬픔과 친구가 되고 다양한 방식으로 우리 밖으로 슬픔을 나누는 것이 치유를 향해 천천히 나아가는 방법입니다.

우리는 사랑했고 상실했습니다. 이제 시간이 우리 앞에 펼쳐져 있습니다. 그 시간을 최대한으로 활용해 봅시다. 그래야 치유되고 다시 온전히 살면서 사랑할 수 있습니다.

슬픔을 다루기 위해 해야 할 일이 있습니다. 오늘도 내일도 그다음 날도 끝없이.

우리가 항복하고 그저 사랑할 때 놀라운 일이 일어난다. 우리는 또 다른 세계, 우리 안에 이미 있는 힘의 영역으로 녹아든다. 우리가 변하면 세상도 변한다. 우리가 부드러워지면 세상도 부드러워진다. 우리가 세상을 사랑하기로 마음먹을 때, 세상도 우리를 사랑한다.

— 메리앤 윌리엄슨

결국 우리가 상실에 항복하면, 상실이 우리에게 행사하던 힘도 서서히 약해지기 시작한다는 것을 깨닫게 됩니다. 우리는 상실을 온전히 느끼고 경험하고자 용기를 내어 상실로 관심을 돌립니다. 그리고 그렇게 하면서, 상실이 그 힘을 일부 잃는다는 것을 알게 됩니다.

슬픔에 항복하는 것은 슬픔과 싸우는 것보다 더 큰 근성을 필요로 합니다. 그것은 더 효과적이기도 합니다.

사랑과 수용의 태도로 슬픔과 마주하는 법을 배울 때, 슬픔은 누그러집니다. 그리고 세상의 선하고 의미 있는 것이 모두 우리에게 다시 열립니다.

나는 슬픔에 항복하고자 노력하고 있습니다.

인생은 음악과 같다. 규칙이 아니라 귀와 느낌, 본능으로 작곡해
야 한다.

— 새뮤얼 버틀러

슬픔이 본능적이라는 사실을 알고 계십니까? 고통을 느끼고, 죽은
사람에 대한 기억을 떠올리고, 삶과 죽음의 이유를 고민하라고 우
리에게 가르칠 필요는 없습니다. 이런 생각과 감정 모두 자연스럽게
우리를 찾아오니까요.

　반면, 애도는 문화적으로 형성됩니다. 우리는 무엇을 얼마나 오랫
동안 표현하면 괜찮은지를 배웁니다. 슬픔과 애도에 관한 사회의 규
칙은 본능적으로 슬픔을 표현하는 것을 제한합니다.

　하지만 우리는 사회의 터무니없는 규칙을 무시하는 법을 배우고
있습니다. 우리 마음이 본능적으로 무엇을 생각하고 느끼든 간에 그
것을 부끄러움 없이 밖으로 표현할 것입니다.

나의 슬픔은 음악과 같습니다.

규칙이 아니라 귀와 느낌과 본능이 작곡합니다.

어쩌면 당신은 말하기 두려운 무엇, 사랑하기 두려운 누군가, 가기 두려운 어떤 곳이 있을지도 모른다. 아플 것이다. 그만큼 중요하기 때문이다.

— 존 그린

슬픔 속에서 느끼는 두려움은 우리에게 무엇이 중요한지를 가르쳐 줍니다. 혼자 살아가는 것이 두렵다면 동행자를 갖는 것이 중요하고, 재정적 문제가 두렵다면 재정적 안정성이 중요하다고 가르쳐 줍니다. 내면의 생각과 감정을 다른 이들에게 말하는 것이 두렵다면, 그 생각과 감정이 자신에게 중요하다는 걸 가르쳐 주지요.

우리는 두려움을 통해 앞으로의 삶에서 어떤 일들이 위험을 감수할 만한 가치가 있는지를 알아낼 수 있습니다. 그런 다음 그 두려움을 끌어안고 헤쳐 나가면서 우리에게 가장 중요한 것들을 향해 손을 내밀 수 있습니다.

또한 상처를 통해 무엇이 중요한지를 확인할 수도 있습니다. 아프다면, 그것은 우리가 무언가 또는 누군가를 잃었음을 의미합니다. 상처는 상실의 한 증상이며, 이를 통해 우리에게 무엇이 중요한지, 그리고 우리 삶에서 새로이 만들려고 노력해야 할 것이 무엇인지를 가르쳐 줍니다.

두려움과 상처를 겁내지 않으려 노력할 것입니다.
그것들은 나의 스승이기 때문입니다.

기억을 간직할 때 가장 견디기 힘든 부분은 고통이 아니다. 그것을 혼자 간직하고 있다는 외로움이다. 기억은 나누어야 한다.

— 로이스 로리, 『기억전달자』

기억이 우리를 아프게 하는 경우가 종종 있습니다. 죽은 이를 기억하는 것은 고통스러울 수 있습니다. 나쁜 시절에 대한 기억뿐만 아니라 좋은 시절에 대한 기억도 그렇습니다. 그 기억들은 그 사람이 지금 부재한다는 점뿐만 아니라 미래의 모든 날에도 부재한다는 것을 강력하게 환기하기 때문입니다.

하지만 개인적인 경험과 수십 년 동안 애도 과정에 있는 이들을 상담해 오면서 알게 된 사실이 있습니다. 우리가 기억을 꺼낼 준비가 된 때가 온다는 것입니다. 그것들이 행복한 기억이라면, 우리 안에 다른 이들과 나눠야 할 보물이 있는 것과 같습니다. 그 모든 기억을 혼자 간직하는 것은 외로운 일입니다. 또한 그것이 힘든 기억이라면, 헤쳐 나가기 위해 먼저 나누어야 한다는 것을 깨달아야 합니다. 그렇게 할 때까지 그 기억들은 우리를 계속 괴롭힐 것입니다.

물론 기억을 나누는 것은 우리에게 고통을 불러일으킵니다. 하지만 그것은 좀 더 달콤쌉쌀한 고통이 되어 갑니다. 매번 단맛이 쓴맛보다 조금씩 더 강해지면서 말입니다.

준비가 되면, 나의 기억들을 나누어야 합니다.

가식적인 태도를 취하면 온몸이 반란을 일으킨다.
— 아나이스 닌

슬픔은 교활합니다. 슬픔은 우리의 관심을 끌고자 모든 가능한 수단을 동원하려 들 것입니다.

우리가 슬픔을 무시하거나 부정하거나 미루면, 슬픔은 방향을 바꾸어 종종 우리 몸을 표현의 수단으로 삼습니다. 말 그대로 우리를 병들게 할 것입니다.

슬픔이 필요로 하고 또 마땅히 받아야 하는 관심과 표현의 기회를 주지 않으면 통증과 고통, 바이러스성 질환, 자가면역 질환, 심지어 심혈관계 질환이나 기타 전신 질환이 발생하는 경우가 많습니다.

내 몸의 건강 상태는 부분적으로는 애도의 건강 상태를 반영합니다.

> 당신은 영혼을 가지고 있는 것이 아니다. 당신이 바로 영혼이다.
> 당신은 몸을 가지고 있을 뿐이다.
> ─ C. S. 루이스

우리는 시간을 초월해 있는 영혼입니다. 모든 이가 이렇게 믿는 것은 아니지만, 적어도 곰곰이 생각해 볼 만한 의견입니다.

우리 영혼이 지상으로 내려와 이 몸에 깃든 것이라면, 영혼은 우리 몸이 다 살고 난 이후에도 계속 존재할 것입니다. 짜릿하게도, 이는 사랑하는 이들의 영혼이 그 몸은 죽었지만 어딘가에서 어떤 식으로든 계속 살아가고 있다는 의미입니다. 바로 이 순간에도 말이죠.

저는 슬픔이란 지상에서의 상실을 헤쳐 나가는 영혼의 여정이라고 믿습니다. 우리 영혼은 이곳에 일시적으로 존재하면서 인간으로 산다는 것의 의미에 깊은 영향을 받습니다. 그래서 애도합니다. 애도는 우리 영혼이 인간 존재를 온전하게 경험하고 표현하도록 허용하면서, 우리가 이 파란 행성에서 보낼 남은 모든 날을 위한 희망과 의미를 창조하도록 합니다.

나는 영혼을 가지고 있는 것이 아닙니다. 내가 바로 영혼입니다.
내 영혼은 슬픔을 표현하라고 내게 외치고 있습니다.

> 감사하지 않는 마음은…… 어떤 자비도 발견하지 못한다. 하지만
> 감사하는 마음으로 하루를 샅샅이 훑어보면, 자석이 철을 끌어당
> 기듯 매시간 하늘의 축복을 발견할 것이다!
>
> — 헨리 워드 비처

올해는 감사하는 마음을 갖기가 어렵습니다. 슬퍼할 일이 너무 많고
애도할 일이 너무 많습니다. 참담한 상실이 있고, 식탁에는 두려운
빈자리가 있습니다.

하지만 역설적으로, 자비를 끌어당기는 것은 감사하는 마음입니
다. 이 시기에는 위로와 돌봄이 필요합니다. 자비가 필요합니다. 슬
픔과 더불어 감사함을 느끼고 표현하는 일에 열려 있는 부드러운 마
음만이 자비에도 열려 있습니다.

그래서 우리는 슬퍼하는 동시에 감사하는 마음을 갖습니다. 고통
을 안에 가둬 놓고 자비와 돌봄이 들어오는 것을 막고 있는 우리 마
음의 문을 잡아서 그 경첩을 떼어 냅니다. 그 통로를 열어 두면 고통
은 나가고, 축복은 들어옵니다.

내 마음은 상실에는 감사하지 않지만, 그 밖의 많은 일에는 감사합니다.
이 두 가지 마음 모두가 오늘 하루를 당당히 보내도록 허용하겠습니다.

11월이 되면, 대지는 조용해집니다. 대지는 자신의 침대를, 꽃과 작은 생명체들을 위한 겨울 침대를 만들고 있습니다. 침대는 하얗고 고요하며, 많은 생명체가 그 이불 아래로 숨을 수 있습니다.

— 신시아 라일런트, 『11월』

슬픔에 잠겨 조용해질 때, 우리는 꼭 필요한 물러남과 고요함을 위한 겨울 침대를 만들고 있습니다. 우리는 본능적으로 고독을 갈망합니다. 그래서 거북이처럼 스스로를 껍질 안으로 끌어당겨 고립된 채 슬퍼합니다.

하지만 우리의 고요함 아래에도 많은 생명이 숨을 수 있습니다. 우리는 기억하고 생각하고 느끼고 있습니다. 우리 자신만의 영혼의 황무지로 가고 있으며, 그 과정에서 일어났던 모든 일을 재검토하는 데 필요한 작업을 하고 있습니다.

이 조용한 시기가 지나면, 공동체로 나가 우리의 슬픔을 공유할 시간이 또다시 있을 것입니다. 하지만 지금은 쉿, 침묵하세요. 우리는 안에서 자리를 잡아가고 있습니다.

나는 때때로 물러남과 고요함을 갈망합니다.
내 슬픔의 겨울이 나를 부릅니다.

참 신기하다. 가장 힘든 슬픔의 시간을 보내면서도 눈물을 참으며 잘 '처신할' 수 있다. 하지만 누군가 창문 너머로 다정히 손짓하거나, 어제만 해도 봉오리였던 꽃이 갑자기 활짝 핀 것을 발견하거나, 서랍에서 편지 한 통이 스르르 떨어지면…… 모든 게 무너진다.

— 시도니-가브리엘 콜레트

우리는 슬픔 속에서는 놀라울 정도로 연약해질 수 있습니다. 가장 작고 가장 무해한 일상적인 것이 바늘처럼 우리 마음을 찌를 수 있습니다.

마음이 상처 입었기 때문입니다. 마음은 다쳤고, 상처는 쉽게 아파합니다.

놀랄 만한 고통의 순간들은 우리에게 슬픔에 관심을 기울이라고 합니다. 슬픔은 "나 아직 여기 있어요!"라고 말합니다. "나는 아직 당신의 관심이 필요해요!"라고.

단순한 어떤 것이 자신의 마음을 고통으로 찌를 때,
우리는 애도할 시간을 가져야 한다는 것을 알게 될 것입니다.
그 고통이 속도를 늦추고 슬픔을 받아들이라는 신호임을
알게 될 것입니다.

이미 오는 중인 미지의 축복에 감사드려라.

― 아메리카 원주민 속담

추수감사절에는 뒤를 돌아보는 일종의 재고조사 같은 것을 합니다. 과거뿐만 아니라 지금 우리가 특혜를 누리다시피 경험하고 있는 것들을 생각합니다. 그리고 당신에게, 서로에게, 신에게 감사를 표합니다.

이것은 사랑스럽고 의미 있는 전통이지만, 감사를 드리는 것이 어느 때든 앞을 내다보는 기대가 될 수 있다는 점도 생각해 봅시다. 우리는 틀림없이 우리를 찾아오고 있을 축복을 고대하기로 마음먹을 수 있습니다. 다시 말해 우리는 희망과 믿음을 기를 수 있지요.

좋은 일들이 이미 당신을 찾아오고 있습니다. 저는 이것을 믿습니다. 그리고 당신도 믿기를 바랍니다.

내 삶에서 아직 오지 않은 좋은 일에 감사합니다.

우리 마음이 우리가 가진 보물을 의식하는 순간에만 우리는 살아
있다고 할 수 있다.

— 손턴 와일더, 『안드로스의 여인』The Woman of Andros

우리가 슬픔의 처음 며칠과 몇 주를 잘 견뎌 냈다면, 이제 목표는 이
것이 아니겠습니까? 남은 날들을 진정으로 살아가는 것. 애도를 계
속하면서도 정말로, 그리고 온전하게 살아 있는 것.

와일더는 우리의 살아 있음은 우리 인생에 주어진 선물들을 깨어
있는 마음으로 알아차리는 데 달려 있다고 말합니다. 그래서 우리는
순간을 살아가려고, 그리고 사랑하는 이들과 우리가 가진 많은 보물
에 감사하는 마음을 가지려고 노력합니다.

세상을 떠난 이에 대한 우리의 사랑은 그 보물 중 하나였고, 지금
도 그렇습니다. 우리가 그 사랑에 감사드릴 용기를 찾을 때, 우리는
정말로, 그리고 온전하게 살아 있습니다.

오늘 나는 세상을 떠난 이에게 감사합니다. 우리가 나눴던 사랑에도,
내가 여전히 느끼고 있는 사랑에도 감사합니다.

어떤 음식은 몸과 마음에 큰 위안을 주고 영양분을 공급해서 그것들을 먹는 것만으로도 긴 여정 끝에 다시 집으로 돌아온 것만 같다. 그런 음식을 먹는다는 것은 세상이 칼과 폭풍으로 가득하다 할지라도 몸은 친절을 위해 만들어져 있음을 기억하는 것이다.

— 엘라이 브라운

슬픔으로 인해 식욕에 영향을 받는 사람들이 많습니다. 어떤 이들은 허기를 느끼지 않고, 어떤 이들은 스트레스로 인해 폭식하기도 합니다.

우리가 겪는 곤란을 먹어 치울 수는 없지만(또는 그렇게 하지 않지만), 위로와 치유를 위해 이따금 감각적 쾌락에 의지할 수는 있습니다. 위로를 주는 음식이 있다면, 지금은 그것을 적당히 즐길 시간입니다. 저는 푸짐한 스파게티 한 접시를 배불리 먹는 것을 좋아합니다. 스파게티는 독일인이던 아버지를 떠올리게 합니다. 아버지는 세 접시째 스파게티를 담으러 가시며 "나는 이탈리아인인 줄 아는 독일인이야"라고 말씀하시길 좋아하셨습니다. 아버지를 추모하려고 똑같이 따라 하며 그를 애틋하게 기억합니다.

우리 몸은 정말이지 친절을 위해 만들어졌습니다. 몸이 즐거워할 것을 주는 일은 우리가 슬픔의 한가운데서도 즐거움의 순간을 발견하고 살아갈 이유를 재구성하는 데 도움이 됩니다.

내가 가장 좋아하는 음식은 _____입니다.

나는 오늘 내게 한턱내겠습니다.

더 이상 갈 곳이 없다는, 저항할 수 없다는 확신에 몰려 무릎을 꿇었던 적이 수없이 많다. 내 지혜와 주위 모든 사람의 지혜를 모아도 그날은 부족해 보였다.

— 에이브러햄 링컨

더 이상 갈 곳이 없을 때, 많은 사람이 말 그대로든 비유로든 무릎을 꿇고 기도합니다. 슬픔에 대한 기도는 애도입니다. 기도는 슬픔을 외부로 표현하고 다른 누군가에게 슬픔을 전달하려고 시도하는 하나의 형식입니다.

우리는 이 우주에서 너무나 미미한 존재입니다. 우리 삶은 무한히 작은 반점입니다. 그런 맥락에서 우리는 완전히 무력하고 지혜롭지도 않습니다.

하지만 하느님은 우리가 부탁하기만 하면 그분의 지혜를 조금 나눠 주실지도 모릅니다. 어쩌면 슬픈 생각과 감정을 그분과 나누는 것은 오늘 더 희망적인 생각과 감정을 위한 공간을 마련하는 데 필요한 내적 분출이 될지도 모릅니다. 그렇게 해 봅시다.

사랑하는 하느님, 하고 싶은 말과 부탁하고 싶은 것이 너무 많습니다. 당신께서 들어주실 것이라 믿습니다.

당신이 해 준 만큼 당신에게 갚을 능력이 없는 사람을 위해 무언
가를 하지 않았다면…… 당신은 완벽한 하루를 산 것이 아니다.
— 루스 스멜처

슬픔 속에서 보내는 완벽한 하루란 대체 뭘까요? 저는 떠오르는 모
든 생각과 감정을 받아들이고 표현하며, 자신과 다른 사람들에게 정
직하고 친절할 뿐만 아니라 매 순간 감사하려고 노력한 하루라고 말
하고 싶습니다.

하지만 루스 스멜처가 옳을지도 모르겠습니다. 결코 보답할 능력
이 없는 누군가를 위해 무리가 될지언정 적극적으로 돕지 않았다면,
그날은 진정으로 완벽한 날이 아닐지도 모르겠네요. 심지어 도움을
받을 자격조차 없었을 사람이었다고 해도 말입니다.

슬픔은 상황에 어울리게 자신에게 초점이 맞춰지는 경험입니다.
하지만 당신이 준비되었을 때, 매일 주변을 둘러보며 다른 누군가에
게 도움이 될 기회를 찾는다면 우리의 치유가 크게 촉진될 수 있습니
다. 우리가 누군가를 사심 없이 돕는다면, 결국 우리 자신을 구하
게 됩니다.

다른 사람을 도울 준비가 되고 그럴 에너지도 있다면,
일상에서 소소한 기회를 찾아보겠습니다.

12월

먼지가 되느니 차라리 재가 되겠다! 내 불꽃이 마르고 썩어서 서서히 질식해 가느니 눈부신 불길로 활활 다 타버렸으면! 활기 없이 영구히 존재하는 행성이 되느니 내 모든 원자가 장엄한 빛을 발하는 멋진 유성이 되겠다. 사람의 역할은 그저 존재하는 것이 아니라 살아가는 것이다. 나는 남은 날들을 연장하려고 애쓰느라 하루하루를 허비하지는 않겠다. 내 시간을 제대로 쓰리라.

— 잭 런던

이런 심정에 마음이 흔들리지 않는 자가 누가 있을까요? 다행히도 애도 과정에 있는 우리에게 이 메시지는 지루할 때나 기쁠 때뿐만 아니라 슬플 때에도 똑같이 적용됩니다.

슬픔 속에서도 살아간다는 것은 다른 이들에게 다가가는 것, 우리의 생각과 느낌에 대해 말하는 것, 흐느껴 우는 것, 일기를 쓰는 것, 표현하는 것입니다. 슬퍼하는 시간을 잘 활용하는 것은 적극적으로 터놓고 온전히 애도하는 것입니다.

그러니 부정하거나 산만해져 우리에게 주어진 날을 너무 많이 허비하지는 맙시다. 대담해지기로 해요. 슬픔 속에서 빛나는 유성이 되어 모든 이가 볼 수 있도록 우리 내면의 진실을 눈부시게 타오르게 합시다.

나는 그저 존재하는 것이 아니라 살고 싶습니다. 슬퍼하는 시간을 잘 활용하겠습니다.

한때는 삶의 목적이 무엇인지 고민했다. 이제는
살아 있다는 것 자체가 충분한 이유인 것 같다.

— 조애너 필드

세상을 떠난 사랑하는 이들의 삶은 무엇을 위한 것이었을까요? 그
들은 지상의 이곳에서 어떤 원대한 목적을 가지고 있었던 것일까요,
아니면 그저 살아 있었다는 것 자체가 이미 하나의 기적이었다는 걸
이제야 우리가 깨달은 것일까요?

우리는 '인생이 무엇을 위한 것인가'에 대해 만족스러운 결론에
이를 수 없을지도 모릅니다. 하지만 살아 있다는 것, 그 속에는 무수
히 많은 일상의 기쁨과 의미 있는 순간들이 있습니다.

한번 생각해 보세요. 우리는 살아 있습니다. 우리가 사랑하는 사
람들 또한 살아 있었고, 우리 삶이 그들의 삶과 교차했으니 우리에
게는 행운입니다. 정말 놀라운 선물이었습니다.

나는 삶에 감사하려 애쓰고 있습니다.

이별의 괴로움을 피하고 싶다면, 사랑의 기쁨을 결코 경험할 수 없을 것이다. 사랑은 두려움보다 강하고, 삶은 죽음보다 강하며, 희망은 절망보다 강하다. 사랑의 위험은 항상 감수할 만한 가치가 있다는 것을 우리는 믿어야만 한다.

— 헨리 나우웬

우리는 사랑의 결과를 알게 되었습니다. 우리는 사랑했고 상실했습니다. 그래서 이제는 슬퍼해야 합니다.

그렇지만 가장 깊은 고통의 순간에도 우리는 심오한 인식을 품습니다. 바로 그럴 만한 가치가 있었다는 것입니다. 의심의 여지 없이 우리는 처음부터 다시 그렇게 할 것입니다. 그렇고 말고요!

역설적인 것은 우리가 특혜를 누리다시피 경험할 수 있었던 사랑이야말로 슬픔의 무거움이 우리를 으스러뜨리는 것을 막아 줄 유일한 방책이라는 점입니다. 사랑은 원인이자 치료제이고 문제이자 해결책입니다. 우리를 지탱하고 궁극적으로 새로워지게 하는 것도 사랑입니다.

그럴 만한 가치가 있었나? 스스로 자문해 봅니다.

그 대답은 내가 이 상황을 헤쳐 나가는 데 도움을 줄 것입니다.

사랑하는 이를 잃고 나서 그와 단 한 번만이라도 다시 대화를 나누고 싶었던 적이 있는가? 그가 영원히 곁에 있을 거라 생각했던 때로 되돌릴 기회를 단 한 번만이라도 원했던 적이 있는가? 그렇다면 당신은 안다. 평생 아무리 많은 날을 모아도 당신이 되찾고 싶어 하는 그 하루보다 더 소중한 날은 없음을.

— 미치 앨봄, 『단 하루만 더』

아, 단 한 번만이라도 대화를 나눌 수 있기를, 한 번만이라도 껴안을 수 있기를, 한 번만이라도 "사랑해, 너무너무"라고 말할 기회가 있기를 우리가 얼마나 간절히 바라는지 모릅니다. 우리는 떠난 이들과 함께 보낸 시간을 되돌아보며 놓쳐 버린 기회들을 깨닫습니다. 우리가 얼마나 어리석었는지! 얼마나 안일했는지! 우리 앞에 펼쳐진 기적을 얼마나 깨닫지 못하고 있었는지!

그렇지만 우리는 과거에도 현재에도 한낱 인간일 뿐입니다. 그때도 어리석게나마 최선을 다했고 지금도 어리석게나마 최선을 다하고 있습니다. 우리는 완전히 불완전하며, 무조건적인 자기 사랑과 자기 용서를 받을 만한 존재입니다. 그런 것이 인생입니다.

그럼에도 어쩌면 우리는 이 슬픔의 경험을 통해 배운 것을 아직 살아 있는 사람들과의 관계에 적용할 수 있을지도 모릅니다. 지금 기회가 있습니다.

슬픔을 통해 오늘 당장 할 수 있는 지극히 중요한 것들을 배웠습니다.

> 사람은 모두 죽을 때 무언가를 남겨야 한다고 우리 할아버지는 말
> 씀하셨다. 아이, 책, 그림, 집, 직접 쌓은 벽, 직접 만든 신발 한 켤
> 레. 또는 가꿔진 정원. 어떤 식으로든 당신의 손길이 닿은 것이 있
> 으면, 당신이 죽은 뒤 영혼이 갈 곳이 되어 준다. 그리고 사람들이
> 당신이 심은 그 나무나 그 꽃을 볼 때, 당신은 거기에 있다.
>
> — 레이 브래드버리, 『화씨 451』

우리가 사랑하는 이들은 다양한 열정에 시간과 에너지를 바쳤습니다. 그들은 물건, 취미, 장소, 반려동물, 사람들과의 관계 등을 만들고 수집하고 보살폈지요. 그들이 사랑으로 손을 댄 어디든 성스러운 곳입니다.

아버지가 돌아가신 뒤, 그의 사진을 제가 자주 보는 곳에 두었습니다. 아버지의 테니스 라켓과 좋아하셨던 야구 모자같이 아버지와 저를 이어 주는 물건들로 사진을 에워쌌지요. 그곳은 제가 멈춰서 애도하고 기억하고 다른 사람들과 추억을 나누고 치유할 수 있는 신성한 공간이 되었습니다.

사이코메트리psychometry 개념에서는 사람들이 만졌던 물건이나 살았던 장소에 그 진동의 흔적을 남긴다고 봅니다. 그 물건들을 만지거나 잡거나 그 장소에서 시간을 보내는 것은 기억을 통해서만이 아니라 좀 더 물리적이고 실제적인 방식으로 우리를 죽은 자들과 연결한다고 믿지요. 저는 아버지의 시계를 찰 때마다 아버지가 함께한다고 느낍니다.

오늘 나는 사랑하는 사람이 소중하게 여긴 것을 만지거나
그의 영혼의 일부가 여전히 남아 있는 장소에서 시간을 보내겠습니다.

> 낙관주의자: 한 걸음 앞으로 나아간 뒤 한 걸음 뒤로 물러나는 것은 재앙이 아니라 차차차를 추는 거라고 생각하는 사람.
>
> — 로버트 브롤트

슬픔은 한 걸음 앞으로 나아갔다가 두 걸음 뒤로 물러나는 식의 여정인 경우가 많습니다. 또한 원을 그리며 제자리를 뱅뱅 돌기도 하고 때로는 길을 잃기도 하는 여정입니다. 그것은 좌절감을 주지만, 인생이 다 그렇듯 그것 또한 본래 그런 것입니다.

우리는 슬픔 속에서 낙관주의자가 되기로 마음먹을 수도 있고 비관주의자가 되기로 마음먹을 수도 있습니다. 낙관주의자는 미래에 대한 희망을 키우는 방법을 찾고 그 여정이 아무리 힘들어도 자신을 치유로 데려가고 있다고 믿습니다. 우리는 여전히 고통을 겪습니다. 여전히 길을 잃고 분노하고 우울해합니다. 하지만 우리는 불가피한 괴로움 한가운데서도 우리 삶이 의미와 사랑으로 계속될 수 있고 또한 계속될 것이라는 인식의 힘을 기르려고 무척 애쓰고 있습니다.

다음에 우리가 한 걸음, 또는 두 걸음, 세 걸음, 쉰일곱 걸음 뒤로 물러설 때면 이 점을 기억합시다. 슬픔은 춤이며, 춤을 계속 춘다면 우리는 해야 할 일을 하고 있다는 것을요.

오늘 나는 슬픔 속에서도 낙관주의자가 되겠다는 의지를 다시 확인합니다.

지혜는 밖에서 얻어지는 것이 아니다. 누구도 대신해 줄 수 없고
벗어나게 해 줄 수도 없는 여정을 거친 후에 자기 힘으로 발견해
야만 한다.

— 마르셀 프루스트

슬픔을 헤쳐 나가는 여정에서 우리는 더 지혜로워지지만, 지혜를 얻
으려고 우리는 열심히 노력했습니다. 우리는 확실히 지혜를 얻었습
니다.

상실을 경험하는 일 없이 인생을 살아갈 수 있다면, 우리는 지혜
보다는 기쁨으로 가득한 존재 방식을 택할 것입니다. 하지만 유감스
럽게도 그것은 불가능합니다. 더욱이 누구도 우리가 겪는 상실을 없
애 주거나 벗어나게 해 줄 수 없습니다.

그래서 우리는 길을 잃고, 더 지혜로워집니다. 그 과정에서 슬픔
을 더 많이 받아들이고 표현할수록 우리는 더 지혜로워지고, 궁극적
으로는 더 새로워집니다.

오늘 나는 잠시 멈춰 서서 내가 얻은 지혜를 찬찬히 살펴보려고 합니다.
내가 진실이라고 알고 있는 것은 무엇이고, 이 지혜를 어떻게 사용해야
지상에서의 내 남은 날들을 최대한 누릴 수 있을까요?

새로운 슬픔에는 날카로운 날이 있다. 그것은 신경을 끊어 내고 현실과의 연결을 차단한다. 예리한 칼날은 고통을 못 느끼게 하는 자비가 있다. 하지만 시간이 지남에 따라 날이 닳으면서 오히려 진짜 통증이 시작된다.

— 크리스토퍼 무어, 『더티 잡』

새로운 슬픔은 무감각을 특징으로 합니다. 무슨 일이 일어났고 그 일이 무엇을 의미하는지 그 전면적인 실상을 우리가 한꺼번에 다 흡수할 수는 없습니다. 우리는 방향감각을 잃고 혼란스러우며 안개가 낀 것처럼 막막한 기분이 됩니다. 충격은 한동안 우리를 보호합니다.

시간이 지나면서 머리로만이 아니라 마음으로도 죽음이라는 현실을 이해하기 시작하면서 진짜 고통이 시작됩니다.

슬픔을 적이 아닌 친구로 보면 점점 깊어지는 고통을 견디고 살아남는 데 도움이 됩니다. 네, 슬픔은 아픔을 줍니다. 하지만 당연한 것이고 꼭 필요한 아픔입니다. 사실 슬픔을 받아들이고 그것을 탐구하는 일이야말로 결국 슬픔을 덜어 주는 과정입니다.

나는 고통을 겪고 있습니다. 하지만 이것은 당연한 것이며 꼭 필요한 고통입니다.

그녀는 더 이상 슬픔과 씨름하지 않았고, 슬픔을 오래도록 함께할
동행자로 곁에 두면서 자기 생각의 공유자로 만들 수 있었다.

— 조지 엘리엇,『미들마치』

우리가 겪고 있는 슬픔은 누그러지긴 하겠지만 언제까지나 우리와
함께할 것입니다. 슬픔은 이제 우리 삶의 영원한 일부가 되었기에
우리에게는 선택권이 있습니다. 우리는 슬픔을 적으로 여길 수도 있
고 친구로 여길 수도 있습니다.

슬픔을 적으로 대하는 것은 그것을 싫어하고, 그것과 씨름하고,
그것을 피하는 것을 의미합니다. 친구로 대하는 것은 그것을 환영하
고, 그것에 관심을 기울이고, 그것을 가까이 두는 것을 의미합니다.

슬픔을 오래도록 함께할 동행자로 곁에 둘 때, 우리는 진실에 굴
복하게 됩니다. 그 진실이란, 슬픔은 쌍둥이인 사랑과 마찬가지로
우리에게 무엇이 가장 중요한지를 가르쳐 주고, 우리가 허락하기만
한다면 지혜로운 상담을 늘 해 준다는 것입니다. 슬픔은 적이기는커
녕 영원한 절친입니다. 누가 생각이나 했겠습니까?

내가 느끼는 슬픔은 오래도록 함께할 믿음직한 동행자입니다.

한꺼번에 많은 선을 행할 때를 기다리는 사람은 절대 아무것도 행
하지 못한다.

— 새뮤얼 존슨

저는 슬픔을 함께하는 상담사이자 교육자로 일하면서, 슬픔을 애도
하지 않고 '계속 쌓아 두는' 듯 보이는 사람들을 만났습니다. 그들은
그 애도 작업을 미루었습니다. 슬픔을 인정하고 슬픔과 친구가 되고
표현하는 일을 미뤄 왔습니다. 평소 그들은 슬픔을 회피하거나 억제
하거나 부정하려고 바쁘게 지냅니다.

그들은 "언젠가는 다룰 거야"라고 스스로에게 말합니다. 물론 그
런 날은 절대 오지 않는다는 게 문제입니다. 게다가 날을 잡아서 한
차례 크게 애도하는 것으로는 어림도 없습니다.

애도는 매일 조금씩 해 나가는 실천이며, 시간이 지남에 따라 우
리를 천천히 치유로 나아가게 합니다. 결코 한꺼번에 다 이루어질
수는 없습니다. 우리가 내면에서 느끼는 슬픔은 날마다 다르며, 그
날그날의 고유한 슬픔을 표현해야 합니다.

슬픔이라는 내적 경험과 마찬가지로 애도라는 외적 표현 역시 일상적인
실천입니다. 애도는 삶의 한 방식입니다.

후회를 최대한 활용하라. 슬픔을 억누르지 말고, 오히려 돌보면서 소중히 여겨라. 그것이 독립적이고 없어서는 안 될 중요성을 갖게 될 때까지. 깊이 후회한다는 것은 새롭게 산다는 것이다.

— 헨리 데이비드 소로

우리가 슬픔을 전반적으로 돌보고 소중하게 여기는 것처럼 슬픔의 일부일 수 있는 후회도 어떤 것이든 돌보고 소중하게 여길 수 있습니다.

후회를 소중하게 여긴다는 것이 역설처럼 보이지 않습니까? 하지만 저는 소로가 매우 옳다고 생각합니다. 후회를 적으로 여겨서 피하는 대신 소중한 친구로 환영하면서 그것을 느끼고 탐구하는 데 시간과 에너지를 쏟는다면, 우리가 정말로 무엇에 마음을 쓰는지 더 잘 이해할 수 있습니다. 후회가 깊을수록 그것이 매여 있는 가치는 더 중요해집니다.

깊이 후회한다는 것은 배우고 성장할 기회가 주어지는 것입니다. 새롭게 살아갈 수 있는 기회가 베풀어지는 것입니다.

후회에는 내게 가르침을 주는 극히 중요한 교훈이 있으므로
나는 후회를 소중한 친구로 환영합니다.

> 때때로 우리는 꿈이 이루어지면 세상이 어떻게 될지 상상하는 것
> 만으로도 역경을 헤쳐 나갈 수 있다.
>
> — 아서 골든

요즘 우리는 꿈을 꿉니다. 꿈속에서 소중한 그 사람은 여기 이 지상으로 돌아와 우리와 함께 있습니다. 불행히도 그것은 영영 이룰 수 없는 꿈입니다.

매일같이 슬픔에 휩싸이지 않게 될 때, 우리는 우리 삶이 다시 어떤 모습일지 꿈꿀 수 있습니다. 이 꿈속에서 우리는 삶에 만족하고 고마워합니다. 우리는 기쁨과 웃음, 사랑과 연결을 경험합니다.

이 두 번째 꿈은 실현 가능합니다. 그것은 애도라는 힘든 작업의 저 끝에서 우리를 기다리고 있는 삶입니다. 그 삶 속에서 슬픔의 상처는 치유됩니다. 우리가 영원히 간직할 상흔을 남기긴 하겠지만요. 이 두 번째 꿈을 믿으면 희망과 치유가 촉진됩니다.

오늘은 역경이 있을지 모르지만, 앞으로의 내일들 속에서
행복과 의미를 상상해 봅니다.

당신이 다 놓아 버리면, 당신이 힘이 다 빠져 어둠 속으로 가라앉
으면, 아무리 절박하고 아무리 노력해도 당신도 어느 누구도 할
수 있는 게 없다면, 무슨 일이 일어날까? 어쩌면 그때가 되어서야,
자부심도 힘도 없을 때가 되어서야, 비로소 당신은 구원받고 상상
할 수 없을 만큼 큰 상을 받게 될지도 모른다.

— 마크 핼퍼린

사람들은 우리에게 죽은 사람은 놓아줘야 한다고 말합니다. 슬픔을
놓아 버려야 한다고 말합니다.

가능하지 않습니다. 그럴 수 없습니다. 죽은 사람은 우리의 일부
입니다. 영원히.

우리가 놓아 버릴 수 있는 것, 놓아 버려야 하는 것은 슬픔을 통제
하려는 우리의 욕구입니다. 마음껏 슬퍼하도록 자신을 내버려둘 때,
슬픔에 항복할 때, 자부심과 힘에 대한 환상을 버리고 우리가 생각
하고 느끼는 것을 온전하게 경험하고 표현할 때, 우리는 구원받습
니다.

마음껏 슬퍼하도록 나 자신을 내버려두겠습니다. 슬픔에 항복할 때
구원받을 것입니다.

음식, 섹스, 돈 벌고 쓰는 일, 아이 갖는 일, 친구와의 대화 등 모든 일에서 거룩함의 작은 조각을 발견하자는 게 그 취지이다. 모든 일은 기적으로, 신의 계획의 일부로 볼 수 있다. 우리가 이것을 진정으로 볼 수 있을 때, 우리 영혼을 풍요롭게 할 수 있다.

— 랍비 해럴드 쿠쉬너

오늘 우리가 눈여겨본다면, 정말 눈여겨본다면, 거룩함의 어떤 조각들을 발견할 수 있을까요?

바로 이 순간 주위를 훑어봅니다. 창밖으로 상록수의 아름다운 가지들이 보입니다. 가족사진들도 보입니다. 내 손도 보입니다. 관절염에 시달리지만 여전히 민첩하고 유능하죠. 매일 글을 쓰는 동안 저를 보호해 주는 아늑한 공간도 보입니다.

우리 삶은 달콤쌉쓸할지 모르지만, 기적처럼 놀랍기도 합니다.

오늘 거룩함의 조각들을 찾아보겠습니다. 그것들을 발견하면, 조용히 감사의 말을 하겠습니다.

나는 당신과 함께 살았고 당신을 사랑했습니다. 그런데 지금 당신
은 떠났습니다. 내 남은 날들이 모두 끝나기 전까지 내가 따라갈
수 없는 곳으로 떠났습니다.

— 빅토리아 핸리

보고 싶어요.

보고 싶어요.

보고 싶어요.

나는 당신을 따라갈 수 없고, 당신은 내게 돌아올 수 없습니다.

우리의 이별은 몹시 괴롭습니다. 내 남은 날들이 모두 끝날 때까
지 이것을 견뎌야 한다는 걸 상상조차 할 수 없습니다. 하지만 이 점
만은 알아 두세요. 내 남은 날들이 모두 끝나고 나면, 당신을 다시 찾
겠다는 것이 나의 가장 성스러운 다짐입니다.

내 남은 날들이 모두 끝날 때까지 당신을 그리워하겠어요.

> 그녀가 죽은 지 10년이 지났지만, 아직도 나는 어느 아침에는 그
> 녀에게 연락하려고 전화기에 손을 가져가고 있는 나를 발견한다.
> 중력이나 달이 사라질 수 없는 것처럼 그녀 역시 사라질 리 없다.
>
> ― 메리 카, 『리트』Lit

누군가의 죽음을 처음 들었을 때 우리가 겪었던 최초의 충격과 무감
각한 상태는 결코 완전히 사라지지 않습니다. 몇 년이 지났는데도
우리는 여전히 죽은 이가 금방이라도 저 문을 통해 걸어 들어올 것
이라 생각하는 자신을 발견합니다.

시간이 지나면서 우리는 대부분 그들이 떠났다는 사실을 받아들
이게 되지만, 결코 100퍼센트는 아닙니다. 우리 마음과 머리의 일부
는 그 사실을 온전히 믿지는 못하는 것 같습니다. 지금도 저는 여전
히 아버지가 저 문을 열고 걸어 들어와 제 삶 속으로 다시 돌아오기
를 바라고, 또 기다립니다.

어쩌면 죽음이 불가능하다는 사실에 여전히 매달려 있는 우리 안
의 어떤 부분이 옳을지도 모릅니다. 아마도 그 부분은 죽음이란 일
종의 환영에 지나지 않음을 직감하고 있을지도 모르지요. 아무튼 오
늘 하루 동안 깊이 생각해 볼 문제입니다.

가끔은 당신이 떠났다는 사실이 여전히 믿기지 않습니다.

내일 죽을 것처럼 살아라. 영원히 살 것처럼 배워라.

— 마하트마 간디

때때로 슬픔에 잠겼을 때 우리는 죽고 싶다는 생각을 합니다. 적극적으로 자살 계획을 세우는 것을 말하는 게 아닙니다. 이 비참함에서 벗어날 수 있었으면 하는 수동적이고 스쳐 지나가는 생각을 말하는 것입니다. 이것은 정상이고 자연스러운 일입니다. (반면 적극적인 자살 생각과 계획은 즉각적인 도움이 필요합니다.)

잠깐, 우리가 내일 죽는다는 사실을 알고 있다고 상상해 봅시다. 오늘 우리는 무엇을 할까요? 절대로 하지 않을 일은 무엇일까요? 누구와 시간을 보낼까요? 누구와 연락을 취할까요?

그다음으로, 우리가 영원히 산다는 것을 알고 있다고 상상해 봅시다. (상상을 돕기 위해 돈 걱정은 할 필요가 없다고 가정하죠.) 우리는 무엇을 탐구하고 싶을까요? 어떤 제약도 없다면 우리의 버킷 리스트에는 무엇이 올라와 있을까요?

오늘 나는 내일 죽을 것처럼 살기 위해 분투하겠습니다.

그리고 영원히 살 것처럼 새로운 무언가를 배우고자 나서겠습니다.

은총의 선물은 우리 모두에게 찾아온다. 하지만 우리는 이 선물들을 열어 볼 준비가 된 상태에서 기꺼이 받아들여야 한다. 그것은 일종의 희생을 요구할 것이다. 그 희생은 상실이 아무리 고통스럽더라도 삶은 여전히 좋을 수 있음을, 이전과는 다른 방식이긴 해도 좋을 수 있음을 믿는 것이다.

— 제럴드 L. 싯처

처음에 우리는 은총의 선물을 받아들일 준비가 되어 있지 않고 받을 의지도 없는 경우가 많습니다. 상실의 어둠에 지나치게 휩싸여 있죠. 우리는 고통 속에서 뒹굴면서 고통과 친해져 있습니다. 그리고 아직은 선과 희망의 희미한 빛을 인정할 준비가 되어 있지 않습니다.

하지만 시간이 지나면서 적극적으로 애도하게 되는 것은 곧 선과 희망에 눈뜨는 것입니다. 우리는 은총을 기르려고 노력해야만 합니다. 그것은 수동적으로 얻어지는 것이 아니라 노력과 희생이 일궈내는 성과입니다. 삶은 다시 좋아질 수 있습니다. 이전과는 다르긴 해도 여전히 좋은 것으로요.

나는 은총의 선물을 받아들일 준비가 되어 있고 받을 의지도 있습니다.

가장 거룩한 기념일은 혼자서 조용히 떨어져 지내는 날이다. 마음의 비밀스러운 기념일들.

— 헨리 워즈워스 롱펠로

상실의 슬픔을 겪는 우리는 세상을 떠난 사랑하는 이와 함께했던 특별한 순간의 추억을 보물처럼 여깁니다. 이를테면 처음 만났던 시간, 함께 특별한 곳에 갔던 날, 소중한 소식을 들었던 구체적인 시간과 장소 등입니다. 이런 비밀스러운 마음의 기념일들은 대개 생일이나 인기 있는 기념일만큼이나, 혹은 그날들 이상으로 소중합니다. 그것들은 사랑으로 빛나는 내밀한 핵심 기억들입니다.

이 가장 특별한 날들은 말로는 충분히 표현할 수 없는 경우가 많습니다. 이런 날들에 관해 다른 사람에게 이야기하거나 기록하는 것은 실패로 끝납니다. 그러나 상징과 의례는 때로 그날들을 적절하게 기리는 데 도움이 될 만큼 아주 강력합니다.

비밀스러운 기념일과 관련된 물건과 기념품, 이를테면 상자형 액자, 장식용 미니 트리, 벽에 설치하는 작은 제단 같은 것을 이용해 작은 전시물을 만들 수 있습니다. 특별한 장소를 방문하거나 특정 활동을 반복하면서 그날을 보내는 것으로 우리의 거룩한 기념일을 의례화할 수도 있습니다. 말로는 충분치 않을 때 이런 상징물과 의례는 우리의 깊은 슬픔을 표현하는 데 도움이 됩니다.

나는 나의 비밀스러운 기념일을 보물처럼 여기면서
그날들을 기릴 방법을 찾아보겠습니다.

어둠 속에서도 빛을 만들어 내는 것이 가능합니다.

— 엘리 비젤

일 년 중 가장 어두운 이 시기가 되면 슬픔이 드리우는 어둠은 유난히 우리를 절망에 휩싸이게 합니다.

어둠과 친구가 되는 것은 슬픔을 다루는 작업에서 필수적인 부분이지만, 빛의 불꽃을 만드는 것 또한 마찬가지입니다. 우리는 어둠을 조금씩 받아들인 다음, 경쾌함과 연결감, 행복과 기쁨의 순간들을 움켜잡는 방법을 적극적으로 찾거나 만들어 내야 합니다.

가장 어두운 슬픔의 밤에도 우리는 빛을 만들어 낼 수 있습니다. 우리는 친구에게 전화를 걸 수 있습니다. 사랑하는 사람과 코미디 영화를 함께 보면서 팝콘 한 그릇을 나눠 먹을 수 있습니다. 멀리 떨어져 있는 사람과 스카이프로 대화를 나눌 수도 있습니다. 거품 목욕 하기, 맛있는 음식 먹기, 마사지 받기, 좋아하는 책 읽기 등 우리에게 순간적으로 반짝하는 평화나 즐거움을 줄 수 있는 것이라면 뭐든 할 수 있습니다.

슬픔의 어둠 속에서도 빛을 만들어 움켜쥘 수 있습니다.

어둠의 시간에, 눈은 보기 시작한다.

— 시어도어 로스케, 「어둠 속에서」In a Dark Time

일 년 중 요즘처럼 가장 어두운 날들을 보낼 때면, 우리의 가장 어두운 감정과 싸우고 있는 자신을 종종 발견합니다. 슬픔, 공허, 상실, 우울, 절망, 수치, 공포의 감정들이지요.

슬픔의 겨울은 길고 추울 때가 많습니다.

하지만 우리는 그 어둠을 친구로 보는 법을 배워야만 합니다. 사실 우리가 고통으로부터 배우고 고통으로 인해 변화될 능력을 잠금 해제하는 것은 고통과 친구가 될 때입니다. 어두운 감정들은 나쁜 것이 아닙니다. 그런 감정들이 단지 있을 뿐입니다. 우리가 그 감정들을 느끼고 있다는 것은 그렇게 할 필요가 있다는 의미입니다. 우리는 용기를 내어 그것들을 최대한 탐구하고 경험해야만 합니다. 그래야만 그것들은 누그러지고 서서히 사라져서 새로운 사랑과 기쁨을 위한 공간이 마련됩니다.

어둠은 내 친구입니다. 어둠이 노크하면 문을 열어
그와 포옹하겠습니다.

> 삶의 의미는 당신의 재능을 찾는 것입니다.
> 삶의 목적은 그 재능을 나눠 주는 것입니다.
>
> ― 파블로 피카소

선물gift을 주는 철을 맞아 우리가 타고났거나 살면서 키워온 재능gift에 대해 생각해 봅시다.

저는 어떤 사람들에게는 소명이 있다고 믿는 사람입니다. 제 소명은 사람들이 애도를 잘해서 다시 잘 살아가고 사랑할 수 있도록 돕는 것입니다. 당신에게도 소명이 있나요?

특별한 소명이 없더라도, 당신에겐 당신만의 고유한 재능이 있습니다. 당신은 그 재능을 죽은 이와의 관계에서 발휘했었지요. 이제 그 사람은 더 이상 당신의 선물을 받을 수 없는데, 그럼 그 선물은 어쩌지요?

다른 사람들에게 나눠 줄 수 있습니다. 다른 사람들과의 관계에서 고유한 자신이 되는 것이 당신의 목적입니다. 기억하세요. 자신을 표현하는 것이 애도이며, 그것이 당신이 치유되는 방법이라는 것을요. 진정한 자신을 표현할 때면, 당신의 슬픔에 '대한' 특정한 표현이 아니더라도, 당신은 애도하는 것입니다. 진정성이란 당신의 전부를 드러낼 수밖에 없는 것이기 때문입니다.

나의 재능을 남에게 나눠 주면서,
나 자신과 내 슬픔에 진실해지고 있습니다.

크리스마스란 무엇인가? 과거에 대한 상냥함, 현재에 대한 용기,
미래에 대한 희망. 크리스마스는 모든 잔이 풍성하고 영원한 축복
으로 넘치고, 모든 길이 평화로 이어질 수 있기를 바라는 간절한
소망이다.

― 아그네스 M. 파로

크리스마스를 앞두고 우리 마음은 여려집니다. 실제 의자든 마음속
의 텅 빈 의자든, 크리스마스 식탁 앞에 놓여 있는 주인 없는 의자를
생각하면서 우리는 절망합니다. 사랑하는 이가 영원히 떠났다는 사
실을 떠올리면 큰 고통을 느낍니다.

이번 크리스마스철에 우리의 슬픔을 존중하는 가장 좋은 방법으
로 의자를 비워 두기로 결정해 봅시다. 아니면 빈 의자를 채우기로
결정할 수도 있습니다. 크리스마스 모임에 친구나 이웃을 초대해도
괜찮겠지요. 어쩌면 이 죽음으로 마음을 다친 다른 사람에게 손을
내밀 수도 있을 거예요. 우리는 함께 그 사람을 잃었다는 것을 인정
하는 동시에 우리가 서로 곁에 있다는 데에서 위안을 찾을 수도 있
습니다.

이번 크리스마스에 슬픔을 인정하고 받아들이고 표현한다면, 우
리는 평화로 이어지는 길 위에 있는 것입니다.

당신이 앉아 있던 빈 의자가 나를 슬프게 합니다. 크리스마스를
맞이하는 내 마음은 여립니다. 오늘, 당신을 기억하고 애도하겠습니다.

크리스마스는 집에 있어도 향수를 느끼는 날이다.

— 캐롤 넬슨

사랑하는 이가 죽었을 때 명절은 매우 고통스러울 수 있습니다. 명절의 핵심이 갈기갈기 찢어졌으니까요. 사랑이 없는데 삶이 무슨 의미가 있겠습니까? 사랑하는 사람이 없는데 기념일이 다 뭔가요?

그렇지만 명절의 그런 전통적인 의식이 치유의 힘을 선사하기도 합니다. 우선 일상의 활동이나 평범한 대화로는 우리 안의 가장 깊은 생각과 감정을 담아낼 수 없기에 명절 의식이 만들어졌습니다. 의식은 그런 생각과 감정에 목소리와 형태를 부여합니다. 그래서 우리는 크리스마스트리를 장식하고, 메노라 촛대에 불을 밝히고, 선물을 주고, 손을 맞잡고, 기도를 합니다. 그 순간 우리가 느끼는 감정을 어떤 일상의 말이 담아낼 수 있겠습니까?

슬픔의 시간을 보내는 동안 이런 명절 의식이야말로 우리가 슬픔을 잘 견뎌 내도록 도와줍니다.

집에서 촛불을 밝히며 죽은 이를 기릴 수 있습니다. 성탄 노래를 부르며 음악이 우리 안에 불러일으키는 어떤 슬픔의 감정이든 받아들일 수 있습니다. 예배당 의식에 참석해 기도하고 명상하는 것도 이 크리스마스 시즌에 의식이 주는 치유의 힘에 다가가는 의미 있는 방법입니다.

당신이 그립습니다. 명절 의식을 치르면서 당신을 애도할 방법을 찾아보겠습니다.

크리스마스, 그것은 우리를 감싸는 마술 담요, 향기처럼 만질 수 없는 그 무엇. 그것은 노스탤지어의 주문을 걸지도 모른다. 크리스마스는 축제의 날이나 기도의 날일 수도 있지만, 언제나 추모의 날일 것이다. 우리가 사랑했던 모든 것을 생각하는 날.

— 어거스타 E. 런델

많은 이에게 크리스마스는 한 해의 절정이 되는 기념일입니다. 다른 어떤 기념일보다도 가족과 친구를 위한 날이고 친절함과 너그러움을 보여야 할 날입니다. 크리스마스는 사랑을 위한 날입니다.

우리가 크리스마스를 축하하든, 아니면 다른 계절의 다른 중요한 기념일을 축하하든, 그 특별한 날이면 우리는 사랑과 대비되는 상실감을 느낍니다. 네, 사라진 것이 있지요. 하지만 사랑 또한 여전히, 그리고 언제나 있습니다.

이 추모의 날에 우리는 모든 사랑을 기억하며 감사하는 마음을 갖습니다.

오늘 나는 당신을 향한 내 사랑이라는 마술 담요로 나 자신을 감싸겠습니다. 그 사랑을 그것에 걸맞게 표현하겠습니다.

삶은 값을 매길 수 없는 순간과 기억의 아름다운 콜라주이다. 모든 조각을 함께 이어 맞출 때 독특하고 보물 같은 걸작이 탄생한다.

— 멜러니 M. 쿨루리스

우리 삶은 특정한 한 장면을 묘사하거나 단 하나의 이야기를 들려주는 그림이 아닙니다. 그보다는 수백 개의 장소, 수천 개의 기억, 수백만 개의 순간이 뒤섞여서 만들어진 크고 웅장한 콜라주 작품입니다.

콜라주 더미에 파묻혀 있으면 그것들이 엉망진창이고 무의미하게 느껴질 수 있습니다. 하지만 한 걸음 물러나 그 콜라주를 볼 기회와 여유가 있다면 그것들이 걸작임을 알게 됩니다.

저는 사랑하는 사람들을 콜라주를 이루는 색깔로 생각하고 싶습니다. 우리가 사랑했던 모든 이가 색깔을 가지고 있습니다. 뒤로 물러서서 보면, 어느 부분은 그 사람의 선명한 노란색이 보이고, 어느 특별한 한 귀퉁이에서는 이 사람의 티파니 블루가 보입니다. 애착이 강할수록 그 색깔도 많이 나타납니다.

오래 살수록 콜라주는 더 커집니다. 하지만 우리가 세상을 떠난 이와 함께 완성했던 그 부분들은 우리의 특별하고 보물 같은 걸작의 정수가 되어 언제나 그렇게 남을 것입니다.

내 인생은 값을 매길 수 없는 순간들과 기억의 아름다운 콜라주이고, 앞으로도 계속 그럴 것입니다.

인생은 앞을 보며 살아야 하지만, 뒤돌아볼 때만 이해할 수 있다.
— 쇠렌 키르케고르

최근 저는 아내와 사별한 사람을 상담했습니다. 아내가 세상을 떠난
지 8주가 되자 친구들이 그에게 말했습니다. "이제 그만 잊고 앞으
로 나아갈 때야." 그는 자기 내면에서 느끼는 것과 친구들의 조언을
화해시킬 수가 없어서 저를 찾아왔습니다. 말할 필요도 없이 저는
앞으로 나아가기 전에 뒤로 돌아갈 필요를 느끼는 그의 본능적 욕구
를 긍정해 주었습니다. 제가 상담했던 44세의 여성도 유사한 경험을
했습니다. 남편이 비교적 젊은 나이에 세상을 떠났는데, 세상을 뜬
지 겨우 사흘 만에(!!!) 이웃 여성들이 무리 지어 찾아와 말했다지
요. "계속 당신 이야기를 나눴어요. 당신은 여전히 너무 예뻐요. 온
라인 데이트 사이트에 당신을 소개하려고 해요."

어이쿠! 슬픔 속에서는 당장 '앞으로!'가 없습니다. 현재의 슬픔
과 과거의 추억만이 있을 뿐입니다. 아, 물론 우리는 평소처럼 침대
에서 나와 일상생활을 계속 하겠지만, 그렇다고 정말로 앞을 향해
나아가고 있는 것은 아닙니다. 그렇게 할 수가 없습니다. 특히 처음
몇 주와 몇 달은 우리에게, 그리고 다른 누구에게도 그런 걸 기대해
서는 안 됩니다.

우리는 뒤를 돌아보며 현재의 슬픔 속에서 뒹굴고 있습니다. 그것
이 바로 지금 우리가 있어야 할 곳이기 때문입니다.

앞으로 나아갈 준비가 되지 않았다면,
앞으로 나아갈 준비가 안 된 겁니다.

> 사별을 겪었어도 우리는 혼자가 아니다. 우리는 전 세계에서 가장
> 큰 단체에 소속되어 있다. 바로 괴로움을 아는 사람들의 단체이다.
>
> — 헬렌 켈러

겨울 휴가철인 연말은 상실의 슬픔을 겪는 우리에게는 너무나 힘들 수 있습니다. 이맘때는 사랑하는 사람들이 함께 모여 신나게 놀고 또 놀고 또 노는 게 전부이기 때문이죠. 하지만 우리가 사랑하는 누군가는 여기에 함께하지 못합니다. 그리고 즐거운 사람의 무리 한가운데에서 우리는 겉도는 기분이고 왠지 훨씬 더 외로운 듯합니다.

하지만 우리는 사별을 겪었어도 혼자가 아닙니다. 다른 많은 이들도 역시 괴로움을 겪고 있습니다. 함께 모여서 우리 슬픔을 이야기합시다. 신나게 노는 대신 함께 애도합시다.

오늘, 틀림없이 조용히 슬퍼하고 있을 누군가를 알고 있다면, 그와 대화를 한번 시작해 보세요. 그리고 무슨 일이 일어나는지를 보세요. 방어선이 허물어지고 벽이 무너집니다. 상호 치유가 일어납니다. 우리가 손을 내밀어 적극적으로 애도하면, 연말은 신나게 놀기 위한 시간인 것 못지않게 치유를 위한 시간일 수도 있습니다.

혼자 슬픔 속에 있는 것이 아닙니다.

오늘, 슬퍼하는 또 다른 이에게 손을 내밀어 주세요.

존재의 신비에 대한 답은 우리가 나눴던 사랑에 있다. 비록 그 사랑이 때로는 불완전했을지라도, 상실로 인해 그 사랑의 더 깊은 아름다움과 신성함에 눈을 뜨게 되면 오래도록 무릎을 꿇게 된다. 상실의 무게 때문이 아니라 상실에 앞선 사랑에 감사하는 마음 때문에. 통증은 항상 남아 있겠지만, 언젠가 공허함은 사라질 것이다. 그 공허함을 키우고 그것을 위안으로 삼는 것은 삶이라는 선물에 대한 결례이기 때문이다.

— 딘 쿤츠, 『살인예언자』

우리가 겪은 상실은 죽은 이들과 나눴던 사랑의 거룩함에 눈을 뜨게 해 주었습니다.

우리는 고통으로 인해 무릎을 꿇을 수밖에 없습니다. 네, 하지만 관계의 중요성에 대한 새로운 이해 때문에 그렇기도 합니다. 맞습니다. 우리는 사실 우리가 가진 것이 무엇인지, 그것이 사라지기 전까지는 모릅니다.

고통은 항상 있겠지만, 적극적인 애도를 통해 줄일 수 있습니다. 그럼 공허함은요? 애도 작업을 해야만 그 공허함을 채울 방법을 찾을 수 있습니다. 이것이 우리의 당면 과제이자 신성한 책임입니다. 그렇게 하지 않고 공허함에 매달리는 것은 살아 있으나 죽은 것이며, 그건 세상을 떠난 사람에게 결례가 됩니다.

상실은 사랑과 삶이라는 선물에 새로이 눈을 뜨게 해 주었습니다.

애도 작업을 하는 것은 그 선물을 예우하는 일입니다.

삶은 시작과 끝에 관한 것이라기보다는 계속, 계속, 그저 계속 나
아가는 것에 관한 것이다. 삶이란 결국 중간을 무사히 헤쳐 나가
는 것이 중요하다.

— 애너 퀸들런

죽음은 죽은 자들에게는 일종의 결말인지 모르겠지만, 우리에게는
결말이 아닙니다. 우리는 여전히 여기에 있고, 긴 중간을 그럭저럭
헤쳐 나가고 있습니다.

오래 살수록 그 중간이 후추를 뿌린 듯 상실로 뒤덮인다는 사실을
절실히 깨닫게 됩니다. 후추가 너무 많이 들어간다고 말할 수도 있
겠네요. 그렇다 해도 상실이라는 후추 알갱이들 사이에는 좋은 재료
로 만들어진 진하고 영양가 높은 국물이 있습니다. 슬픔을 받아들인
다는 것은 후추를 포함한 수프 전체를 음미하는 법을 배우며 감사하
는 마음을 갖는다는 의미입니다.

운이 좋으면 중간은 계속되고 계속되고 또 계속됩니다. 크나큰 상
실을 적극적으로 애도할수록 우리는 그 중간을 강렬하고 기쁘게 살
아 낼 것입니다.

나는 중간을 무사히 헤쳐 나가는 법뿐만 아니라

잘 헤쳐 나가는 법도 배웁니다.

희망은 다가올 새해의 문턱에서 웃고 있다.

"더 행복해질 거예요"라고 속삭이면서.

— 알프레드 로드 테니슨, 『숲을 가꾸는 사람들』The Foresters

희망은 아직 일어나지 않은 좋은 일에 대한 기대입니다. 그것은 상황이 더 나아질 수 있다는 확신과 믿음입니다. 슬픔이 우리의 현재와 과거를 고통스럽게 만들 때, 희망이 있어서 얼마나 다행인지요. "희망이란 지금 당신이 느끼는 그 감정이 영원하지 않을 거라는 걸 느끼는 것이다." 극작가 진 커는 이 유명한 말을 남겼죠.

우리는 현재를 누렸을 뿐만 아니라 다가올 달과 해를 기다렸습니다. 우리는 현재에 충실했고, 또 희망에 차 있기도 했습니다. 정말 멋진 조합 아니겠습니까?

우리가 겪은 상실을 온전하게 터놓고 애도하는 데 전념한다면, 우리는 다시금 현재와 미래가 조화를 이루던 그 시너지를 되찾을 수 있고, 또 되찾을 것입니다.

나의 슬픔에 집중하면서 현재에 충실하고,

또 다가올 새해를 희망차게 맞이할 것을 다짐합니다.

나오는 말

이 책을 통해 배우셨듯이 슬픔은 하루하루 조금씩 헤쳐 나가야 할 여정이지만, 1년이 지났다고 해서 슬픔이 마술처럼 '끝나는' 것은 아닙니다. 그러나 지난 365일 동안 이 책과 교감하고 그 과정에서 여러분의 생각과 감정을 적극적으로 탐색하고 표현했다면, 슬픔이 느리고 점진적으로 누그러지는 것을 경험했을 겁니다. 슬픔은 절대 끝나지 않지만, 점점 더 편안해집니다.

우리가 적극적이고 진정으로 슬픔을 애도하면, 시간이 지나면서 우리는 '화해'로 부르는 단계로 나아갑니다. 화해와 함께 새로운 활력과 자신감이 생기며, 죽음의 현실을 온전히 인정할 수 있게 되며 다시 삶의 활동에 몰두할 수 있는 역량이 생겨납니다.

화해의 단계에 이르면 늘 날카롭고 생생하던 슬픔의 고통은 서서히 새로운 의미와 목적을 낳습니다. 상실감은 완전히 사라지지는 않더라도 누그러지며, 슬픔의 극심한 통증이 찾아오는 빈도도 줄어듭니다. 세상을 떠난 사랑하는 사람이 절대 잊히지 않을 것을 깨닫는 동시에 우리의 삶이 계속 나아갈 수 있고 또 나아갈 것이라는 걸 인식하면서 우리가 미래에 헌신할 때, 앞으로의 삶에 대한 희망이 모습을 드러냅니다.

한 해의 끝에서

이 책과 함께 1년을 다 보낸 후, 그다음 해에 다시 이 책에 몰입하고 싶어질 수 있습니다. 이 명상의 글을 재차 읽으면서 되새기다 보면 이 글들이 또 다른 새로운 방식으로 당신에게 말을 건네는 것을 알게 될 것입니다. 또는 지난 365일 동안 이 책이 도움이 되었다고 생각한다면, 슬픔을 겪고 있는 다른 누군가에게 당신의 든든하고 끊임없는 지지와 함께 이 책을 전하고 싶을 수도 있겠지요.

이 땅에서 남은 소중한 날들을 보내는 동안 당신에게 평화와 사랑, 그리고 더 많은 행복이 함께하길 기원합니다.

옮긴이의 말

매일 하루치의 슬픔

오스카 와일드는 연인에게 보내는 편지에서 이렇게 썼다. "비록 내 마음이 부서지긴 했지만, 마음은 원래 부서지도록 만들어진 것이다."(9월 20일 인용문) 시인 메리 올리버도 비슷한 말을 한다. "마음은 찢어지는 게 찢어지지 않는 것보다 낫다."(『긴 호흡』) 예술가들은 왜 마음이 부서지고 찢어지는 것을 당연하게, 심지어 기꺼이 받아들이는 것일까? 그것은 이 책의 저자인 앨런 울펠트가 이야기하는 것처럼 우리 마음은 연결되도록 만들어졌기 때문일 것이다. 우리는 그것을 '사랑'이라고 부른다. 그러나 연결된 모든 것은 언젠가 끊어지고 결합해 있는 것은 부서질 수밖에 없다.

가족, 연인, 친구, 반려동물 등 가까운 이들이 세상을 떠났을 때 마음이 산산이 부서지는 고통을 느끼는 것은 우리가 그들을 사랑하기 때문이다. 어떤 면에서 행복과 고통, 사랑과 슬픔은 함께 존재하기로 "잔인한 흥정"을 한 것만 같다.(5월 31일) 하지만 저자는 그렇기에 우리가 슬픔을 온전히 받아들이고 소중히 여겨야 한다고 말한다. 상실의 슬픔이 견딜 수 없을 정도로 크다는 것은 그만큼 사랑이 크다는 뜻이며, 그런 점에서 슬픔은 사랑의 샴쌍둥이라고 할 수 있다. "사랑이 거룩하다면 슬픔 역시 거룩"한 것임을 받아들여야 한다.(9월 20일)

그런데 현대 사회는 죽음과 고통을 받아들이지 못하는 경향이 있다. 늘 우리에게 떠난 사람을 얼른 잊고 빨리빨리 앞으로 나아가라고 다그친다. 저자는 이 '빨리빨리' 때문에 극심한 고통을 겪은 이들의 이야기를 전한다. 한 남성은 아내가 세상을 떠난 지 8주가 되었을 때 친구들로부터 "이제 그만 잊고 앞으로 나아갈 때야"라는 말을 듣는다. 친구의 슬픔이 두 달 이상 계속되고 있다는 사실이 걱정되고 견딜 수 없었던 것이다. 남편을 잃은 지 사흘밖에 되지 않은 한 여성을 찾아온 이웃 사람들은 그녀의 프로필을 온라인 데이트 사이트에 올려 놓겠다고 한다. 이 남성과 여성은 자기 안의 깊은 슬픔과 친구들의 근심 사이에 놓인 간극을 해소할 길이 없어 저자를 찾아왔다.(12월 27일)

의학적으로는 성인의 경우 슬픔이 12개월 이상 지속되면 복합 애도complicated grief가 아닌지를 의심한다. 떠난 이를 계속 그리워하며 고통스러워하는 것, 그 사람의 죽음이 억울하고 부당하다는 생각이 드는 것, 그가 없다는 사실 때문에 세상 전체가 무의미하고 절망스럽게 느껴지는 것 등의 여러 심리적 증상이 뒤얽혀 오랫동안 지속될 때는 치료를 받아야 할 수도 있다는 것이다. 그러나 사별과 상실이 주는 슬픔을 억누르고 회피하려는 문화에 반대하며 저자는 단호히 말한다. 상실의 슬픔은 질병이나 장애가 아니며 사랑과 짝을 이루는 자연스러운 감정이다. 그렇기에 슬픔은 '치료' 받을 필요가 없다. 슬픔은 '극복'하는 것이 아니라 우리 삶의 일부로 인정하고 받아들여야 한다. 저자는 이것을 '느린 슬픔 운동'으로 명명한다. 이 운동은 상실이 사랑만큼이나 인간 경험의 중요한 부분이고, 또 그 슬픔으로 인해 우리 자신이 영원히 변하게 될 것이라는 점을 믿는 것이다.

애도 전문가로 널리 알려신 엘리사베스 퀴블러 로스는 애도자들이 다시 살아갈 수 있음을 깨닫고 자신의 에너지를 삶에 집중할 수 있을 때 슬픔은 '끝이 난다'고 보았다. 저자는 이런 시각에 동의하지 않는다. 슬픔은 우리가 그것을 자신의 일부로 받아들이고 밖으로 표현하는 애도 작업을 해 나감에 따라 조금씩 누그러지고 완화될 뿐이지 완전히 끝나지는 않는다는 것이다. 그러나 그 상처와 고통을 받

아들이는 과정은 우리를 새로운 온전함의 자리로 이끈다는 퀴블러-
로스의 주장에는 저자도 동의한다.(9월 15일) 물론 이 과정은 쉽지
않다. 상실이 자기에게 닥쳐왔을 때 어떻게 행동해야 하는지를 제대
로 배운 적이 없는 사람들에게는 더욱 어려운 일이다. 게다가 우리
중 대다수는 상실을 겪고 있는 사람들 앞에서 어떻게 해야 할지 몰
라 상황을 악화시킨다. "세월이 약이에요" "좋은 곳에 가셨을 거예
요" "산 사람은 살아야죠" "하느님은 당신이 감당할 수 있는 만큼만
주세요" 같은, 누구나 한 번쯤 해 봤을 법한 상투적인 말로 슬픔에
잠긴 이들에게 상처를 준다. 다정함의 온기가 가장 필요한 순간에
그들을 가장 고립된 상황에 놓이게 한다.

하지만 저자가 인용하는 헬렌 켈러의 말은 옳다. "사별을 겪은 우
리는 혼자가 아니다. 우리는 전 세계에서 가장 큰 단체에 소속되어
있다."(12월 28일 인용문) 사별은 떠나간 이와 남은 이의 연결을 끊
어 놓지만, 그 끊어짐을 누구나 겪을 수밖에 없다는 것, 모든 사람이
사랑하는 사람과의 사별을 겪었거나 언젠가 겪게 될 운명이라는 사
실이 우리를 다시 이어질 수 있게 한다. 먼저 상실을 경험한 이들 그
리고 상실을 아직 경험하지는 않았더라도 그것이 삶의 일부임을 깨
달아서 특별히 슬픔을 다루는 일에 조심스러운 태도를 지닌 사람들
은 어디에나 있다. 깊은 슬픔에 빠진 사람은 이 사람들의 동행으로
척박한 슬픔의 황무지를 헤쳐 나갈 수 있다. 많은 이의 도움이 필요
한 것도 아니다. "함께 시간을 보내 주고, 말하고 싶을 때 내가 하는
말에 귀 기울여 주며, 대부분 곁에 있어 줄 한 사람. (……) 선량하고,
자신의 판단을 덧붙이지 않으면서 그저 귀 기울여 주고, 우리가 필요
할 때 선뜻 시간을 내줄 수 있는 한 명의 동료"만 있어도 충분하다.

그런데 곁에만 있다면 우리의 슬픔과 동행해 줄 것이 분명한 한
사람이 불가피한 이유로 우리가 가장 필요로 하는 순간에 아주 멀리
있을 때가 있다. 번역하는 동안 이 책이 그 한 사람을 대신할 수는 없

을지라도 타닥타닥 소리를 내며 타오르는 모닥불처럼 우리 곁을 따뜻하게 지켜 줄 것이라는 느낌이 들었다. 저자는 자신의 목소리로 다른 수많은 이의 목소리들을 불러온다. 애도 전문가인 엘리자베스 퀴블러-로스는 물론이고, 시인 라이너 마리아 릴케와 실비아 플라스, 오스카 와일드와 손턴 와일더 같은 작가, 철학자 키르케고르, 신화학자 조지프 캠벨, 다양한 종교의 영적 교사들, 동아시아 고대의 현자들, 정치가인 에이브러햄 링컨과 프랭클린 루스벨트, 찰스 슐츠의 만화 주인공 찰리 브라운 그리고 작자 미상인 익명의 목소리까지 인용문의 형식으로 상실의 슬픔을 겪는 이들에게 한 마디 말을 건네게 한다. 그렇다고 이 목소리의 주인공들이 큰 어려움 없이 자신들의 슬픔과 마주하거나 영웅적으로 상실을 극복했던 것도 아니다. 그들도 여느 사별자와 마찬가지이다.

　미국의 작가 조앤 디디온은 배우자와의 사별 경험을 다룬『상실』이라는 책(원서 제목은 'The Year of Magical Thinking'(마술적 사고의 해)이다)으로 유명하다. 그녀는 자신과 대화 중이던 남편이 쓰러져 급작스럽게 세상을 떠난 후, 극심한 고통과 함께 그가 다시 돌아올지도 모른다는 '마술적 사고'에 휩싸였다. 그녀는 힘든 일이 생길 때면 책 읽고 공부하던 어린 시절 습관에 따라 사별에 관한 글을 찾아 읽거나 다시 읽기 시작했다. 상실의 고통을 다룬 소설이나 시 같은 문학 작품들로부터 정신의학자나 심리학자의 연구 논문, 이럴 때는 이렇게 하라는 식의 실용적 지침서에 이르기까지 닥치는 대로 읽어 나갔다. 그런데 그중에서도 그녀에게 위로가 되었던 책은 1922년 에밀리 포스트가 쓴 에티켓 책이다. 디디온은 그 책에서 장례를 마치고 돌아온 유족에게는 "소화를 촉진하고 혈액순환이 잘되도록 북돋울 수 있는 따뜻한 음식이 가장 필요하다"라는 대목을 읽고는 남편이 죽은 날 밤 병원에서 자신이 얼마나 추워했는지를 떠올리며 이 실용적 지혜에 마음이 끌렸다고 고백한다. 요즘처럼 즐겁게 사는 게

윤리적 의무인 양 죽음을 '격리'하고 슬픔을 '감추는' 것을 존경할 만한 태도로 간주하는 시대 이전에 쓰인 포스트 여사의 책은 일상과 격리되지 않은 죽음에 대해 섬세하게 포착함으로써 자신의 슬픔을 달래는 데 도움이 되었다는 것이다.

프로이트 이래 상실의 슬픔을 어떻게 이해하고 극복해야 할지를 이야기하는 여러 애도 이론이 있지만, 실제로 상실로 고통받는 이들에게는 하루하루를 어떻게 살아갈지가 절박한 문제다. 사랑하는 이의 죽음 이후 우리가 살아야 하는 일상은 이전의 일상과는 완전히 다르기 때문이다. 이전의 삶을 안정감 있게 지탱하던 루틴은 다 힘을 잃는다. 우리는 부재와 결핍의 커다란 빈자리를 매 순간 마주해야 하는 일상을 살아가는 법을 배운 적이 없다. 떠나간 이와 관련해 떠오르는 온갖 생각과 거대한 파도처럼 덮쳐 오는 속수무책의 감정을 스스로 어떻게 이해해야 할지, 그 생각과 감정을 어떻게 다루어야 할지를 배운 적이 없다. 우리는 떠나간 이를 매일매일 사랑했으므로 그가 부재하는 매일매일 슬퍼한다. 그러나 매일의 사랑이 비슷하면서도 조금씩 달랐던 것처럼 매일의 슬픔 역시 비슷하면서도 다르다. "슬픔은 매일매일의 도전"이며,(들어가는 말) "길고 구불구불한 길"이다.(1월 8일) 따라서 그 슬픔과 동행하는 법 역시 그 길의 모습에 따라 달라질 수밖에 없다.

이 책의 원제인 'Grief One day at a Time'은 직역하면 '한 번에 하루치의 슬픔'이다. 사랑하는 이를 잃은 슬픔은 너무 크고 강력해서 한꺼번에 감당할 수 없으므로 하루하루 조금씩 감당하자는 의미도 있지만, "부분적으로는 우리가 빈번히 마주치는 상실의 새로운 국면들과 관련"이 있기도 하다.(3월 16일) 이 책은 365일의 여정에 맞춰서 365개의 내용으로 구성되어 있다. 365일 사이에는 생일이나 기일처럼 떠난 이와 관련된 기념일이 있고, 그와 함께 보낸 크리스마스 같은 명절이 있으며, 그와 잊지 못할 특별한 경험을 했던 모든 나

날이 포함되어 있다. 또한 우리가 함께 보낸 일상의 하루하루는 계절의 질감과 색깔이 배어 있다. 저자는 사랑하는 이가 부재하는 그런 일상의 시간 속에서 슬픔을 하루하루를 보내는 것을 도우려고 세심하게 주의를 기울인다.

지금 사랑하는 사람을 잃은 사람에게 이 온기 가득한 책을 권한다. 그리고 오래전 사랑하는 사람을 잃었던 사람에게도 권한다. 긴 시간 동안 슬픔을 제대로 표현할 수 없어 힘겨워했던 이들이 우리 주위에는 무척 많다. 또한 비탄에 빠진 이의 곁을 서성거리며 어떻게 그의 슬픔과 함께할지 몰라서 난감해하는 이들에게 이 책을 권한다. 저자가 말하듯이 사랑하는 이를 잃은 "슬픔은 갈비뼈가 부러진 것과 같다."(4월 10일) 겉으로는 괜찮아 보이지만 숨을 쉴 때마다 아픔을 느끼는 사람에게 다가가는 일이니 얼마나 천천히 조심스럽게 움직여야겠는가. 그런 동행에 이 책이 도움이 되었으면 한다.

오늘의 애도
: 슬픔의 시간을 지나는 이들을 위한 매일 치유 365

2026년 1월 14일   초판 1쇄 발행

지은이	옮긴이
앨런 울펠트	김경희

펴낸이	펴낸곳	등록
조성웅	도서출판 유유	제406-2010-000032호(2010년 4월 2일)

주소
경기도 파주시 돌곶이길 180-38, 2층 (우편번호 10881)

전화	팩스	홈페이지	전자우편
031-946-6869	0303-3444-4645	uupress.co.kr	uupress@gmail.com

	페이스북	트위터	인스타그램
	facebook.com /uupress	twitter.com /uu_press	instagram.com /uupress

편집	디자인	조판	마케팅
사공영, 김은경	이기준	정은정	전민영

제작	인쇄	제책	물류
제이오	(주)민언프린텍	라정문화사	책과일터

ISBN 979-11-6770-146-6 03180